SHODENSHA
SHINSHO

皇諡《し》号《ごう》が語る
代史の真相

裕二 監修

祥伝社新書

はじめに

本書は、天皇の名に焦点をあてたものである。

日本人の姓氏というものは、その多くが地名から起こっている。ところが、古代天皇の諡号《しごう》（死後、贈られる名）をいくつか例にとってみたら、「神武《じんむ》」「崇神《すじん》」「垂仁《すいにん》」「応神《おうじん》」「雄略《ゆうりやく》」「継体《けいたい》」「推古《すいこ》」「皇極《こうぎよく》」「天智《てんじ》」「天武《てんむ》」「持統《じとう》」……と、どれひとつとして地名に由来するとは思えないものばかりだ。それらの二文字をあらためて眺めると、いわくありげでもある。

それなのに、過去の研究は、これら古代天皇の名を、「漢籍《かんせき》からの美字《びじ》や好字《こうじ》の引用であって、それじたいに重要な意味はない」――その一点張りで無視しつづけてきた。

私は、こうした姿勢に対して、ずっと大きな疑問を持っていた。天皇の名には、それじたい大きな意味を持つものがふくまれているのではないか。

漢字には、それぞれの字形と、さまざまな音とがある。これらが巧みに組みあわされて、そのなかに史実が織りこまれているのが、『日本書紀《にほんしよき》』『古事記《こじき》』『万葉集』などの古代の史書である。

記紀などの執筆者たちは、採用する漢字に、さまざまな意味をこめたはずである。そこには、通りいっぺんの意味もあれば、秘められた意味もあるにちがいない。表向きの意味と、裏側の意味があったにちがいない。

そう思いながら、書き進めていくと、天皇というものがどういう存在だったのかが、おぼろげながらに見えてきた。また、古代天皇制に関わる氏族たちの正体が、従来の説とは違った形で浮かびあがってきたのである。そして、これまで私が述べてきた古代史への見解とも符合《ふごう》していった。

いにしえの人は、天皇の名に、古代史の深層を語らせようとしたのではなかったか。

平成二十八年四月

関《せき》 裕二《ゆうじ》

天皇諡号が語る　古代史の真相――目次

はじめに　3

序章　天皇の名　15

二つの諡号《しごう》　16
漢風《かんふう》諡号も意読《いどく》できる　20

第一章　タラシの名を持つ天皇　25

「特別」な女王　26
「オキナガ」の「タラシヒメ」　27
本名を消された著名人　30

難波津《なにわのつ》でおこなわれていた祭祀《さいし》 34
八十嶋祭《やそしまさい》の目的をめぐって過熱する論争 38
神功皇后《じんぐうこうごう》と八十嶋祭の深いつながり 46
伊勢《いせ》の斎王《さいおう》は、なぜ都をさしおいて難波津に向かったのか 51
伊勢の神は、男神 54
神々の終着地——サルタヒコとイセツヒコ 59
三神《さんしん》形式の意味 66
伊勢神宮の祭神の正体 70
三人のタラシヒコ 74
日本海に栄えた朝鮮王子の子孫 79
ひょうたんと丹波《たんば》 87
歴史から消された神の祟《たた》り 96

第二章　神の名を持つ天皇　99

四人の「神」――神武《じんむ》、崇神《すじん》、神功《じんぐう》、応神《おうじん》　100
神は鬼――よく祟り、よく恵む　102
祟る天皇、祟られる天皇　106
出雲神《いづものかみ》の祟り　110
オオモノヌシの正体　113
崇神天皇の諡号の意味　119
出雲と吉備《きび》――協力　121
出雲と吉備――対立　127
最重要とされた応神《おうじん》天皇　130
ヤマトタケルの「建《たけ》く荒き情《みこころ》」　134
草薙剣《くさなぎのつるぎ》の霊力　138

もうひとつの霊剣　146
似たような二つの話　156
見えてきた崇神天皇の正体　160

第三章　淡海《おうみの》三《み》船《ふね》と漢風諡号の謎　167

漢風諡号の意義　168
文人の首《かしら》　171
淡海三船の人物像　173
漢風諡号はいつ、誰が撰定《せんてい》したのか　178
なぜ漢風諡号は、すぐに普及しなかったのか　182
『懐風藻《かいふうそう》』序文が語るもの　186
理解されてこなかった淡海三船の真意　191
『懐風藻』が語る歴史——大友《おおともの》皇子《みこ》　197

『懐風藻』が語る歴史――川嶋皇子《かわしまのみこ》と大津皇子《おおつのみこ》　202
『懐風藻』が語る歴史――葛野王《かどののおおきみ》　211
鑑真《がんじん》の伝記　217
淡海三船の怒り　222

第四章　武の名を持つ天皇　227

「武の王」のあるべき姿　228
「武」を冠する天皇たち――武烈《ぶれつ》、天武《てんむ》、文武《もんむ》、聖武《しょうむ》、桓武《かんむ》　231
輝かしい天武天皇の事蹟《じせき》　233
天智《てんじ》と天武　237
「武の王」の系譜　241
「武の王」の終焉《しゅうえん》　244
ほかにもいた「武の王」　246

平定の勇者 254
ヤマトタケルと雄略《ゆうりゃく》天皇に共通する暴虐性 259
神との対決 263
神と人のあいだにある存在 268
ヤマトタケルの祟りにあった天皇 272
「武」があらわす、もうひとつの意味 277
武内宿禰《たけしうちのすくね》の正体 280
「正史《せいし》」の壮大な脚色《きゃくしょく》 285
王権交替《こうたい》はあったか 291
「武の王家」を支えた東国の豪族 298
消された氏族・尾張《おわり》氏 302
壬申《じんしん》の乱の後見人 306
葛城《かづらき》という地 312
武内宿禰の腹違いの弟 318

祟り神を祀る尾張氏　323

第五章　トヨの名を持つ天皇　329

『日本書紀』と『古事記』の重要な違い　330
推古《すいこ》と持統《じとう》　332
トヨの王家　334
物部《もののべ》氏と蘇我《そが》氏の対立　340
雀《すずめ》と鈴　346
豊国法師《とよくにのほうし》と豊国奇巫《くしきかんなぎ》　348
蘇我馬子《うまこ》による二件の皇子殺し　354
奇妙な崇峻《すしゅん》天皇の即位　357
謎の女人、小姉君《おあねのきみ》　359
大々王《おおおおきみ》と大王《おおきみ》による政権　362

物部の女人と「妹《いも》の力」 367
「神の子」の誕生 373
「フル」の意味 378
トヨの符号《ふごう》 382
二人目の女帝 387

第六章　古代の終わり 395

女帝が前夫とのあいだに生んだ皇子 396
山背大兄王《やましろのおおえのみこ》は、ほんとうに聖徳太子の跡継《あとつ》ぎだったのか 400
隠された天武天皇の青年期 403
蘇我入鹿虐殺の目撃者 408
古人大兄《ふるひとのおおえ》と中大兄《なかのおおえ》 412
二度出てくる「吉野《よしの》入り」の話 414

隠された系図の発掘　417
嶋宮《しまのみや》と近江遷都《おうみせんと》　420
神功皇后は「邪馬台国《やまたいこく》の女王」　425
憑依《ひょうい》した神の正体　429
神功皇后が九州に残った理由　432
蘇我氏は越《こし》からやってきた？　437
「出雲神」を祀る人たち　439
コトシロヌシと蘇我氏　446
持統天皇の嫉妬心が日本を変えた　453
すっきりしない治世　457
天皇が死の前におこなったこと　463

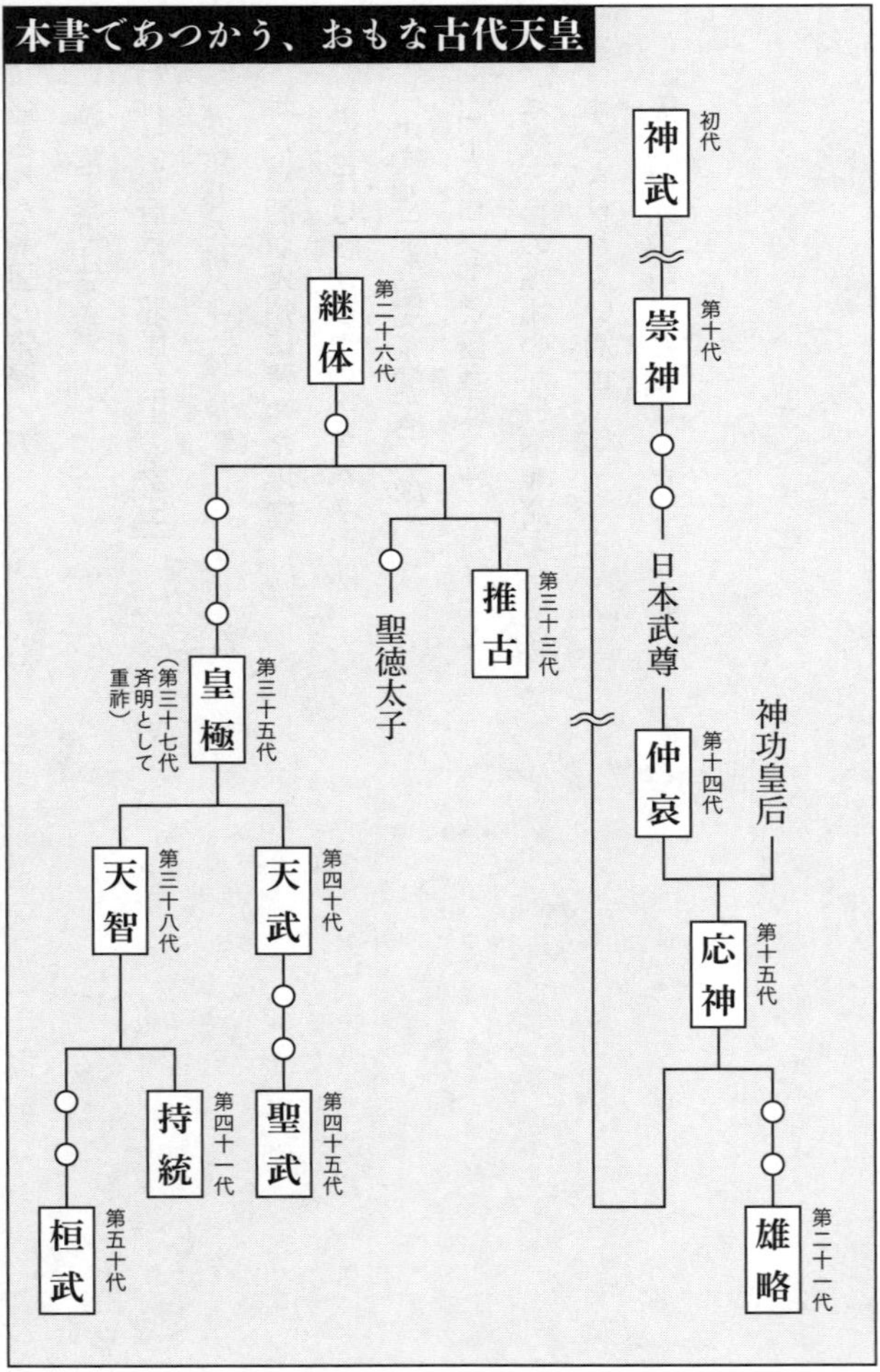
本書であつかう、おもな古代天皇
神武
初代
崇神
第十代
日本武尊
仲哀
第十四代
神功皇后
応神
第十五代
雄略
第二十一代
継体
第二十六代
推古
第三十三代
聖徳太子
皇極
第三十五代
（第三十七代斉明として重祚）
天智
第三十八代
天武
第四十代
持統
第四十一代
聖武
第四十五代
桓武
第五十代

序章　天皇の名

二つの諡号《しごう》

天皇には姓氏がない。あるいは、そういわれている。もしかすると、ひそかに伝えられているのかもしれないが、それが明かされることはなかった。わたしたちが天皇の一族を総称するときは、「天皇家」と呼んでいる。

しかし、名はある。先代天皇の名を例にとって考えてみよう。その名は「裕仁《ひろひと》（裕仁親《しん》王《のう》）」である。ただ、わたしたちがこの天皇を「裕仁さま」と通称することは、ごく年少のころに限られるであろう。即位すると、一般的な呼び名は「天皇陛下《へいか》」であり、即位する前は、「皇太子殿下《でんか》」である。「裕仁」のように生前からつけられた名を「諱《いみな》（忌《い》み名《な》）」という。

そして、陛下が亡くなると、その呼称は元号《げんごう》をとって「昭和天皇」となった。この「昭和天皇」が「諡《おくりな》」、つまり諡号《しごう》である。死後に贈られる尊称という意味の「贈り名」である。これに対する生前の号は、「今上《きんじょう》天皇」である。

明治以降、天皇の諡号は、そのまま元号を冠《かん》するようになるが、江戸以前はもちろん違っていた。たとえば、平安時代後期の鳥羽《とば》天皇の治世《ちせい》は、元号でいうと嘉承《かしょう》から保安《ほうあん》までの時期にわたっていたが、諡号に用いられたのは、天皇の宮があった鳥羽（京都市南部の安楽寿院《あんらくじゆいん》）の地名である。

平安中期以降の天皇の諡号は、地名が一般的だった。一条《いちじよう》天皇も、白河《しらかわ》天皇も、正親《おおぎ》町《まち》天皇も、すべて京都の地名から名づけられた。

これに対し、古代天皇の諡号は、どうか。

七世紀の天武《てんむ》天皇を例にあげると、「天武」は地名ではないし、元号でもない。この「天武」は何をもとに名づけられたのか。

諡号であるから、天武天皇が存命中にそう呼ばれたことはない。もっといえば、死後何年も経《た》ってから天武天皇と呼ばれるようになることすら、天武天皇自身、想像もしなかったのである。

天武天皇の諱で明らかなものは、「大海人《おおあま》（大海人皇子《みこ》）」である。しかし、彼が即位してから、どのように名のったのかはわからない。すくなくとも「天武」でなかった。

いま手に入る『日本書紀』を見ると、たしかに、その巻《まき》第二十八の頭には、「天渟中原《あまのぬなはら》瀛真人天皇《おきのまひとのすめらみこと》上　天武天皇」と題されている。

ところが、ここで大きな問題が出てくる。『日本書紀《にほんしょき》』は、元正《げんしょう》天皇の時代、養老《ようろう》四年（七二〇）に完成したとされるが、「天武天皇」という諡号が撰進《せんしん》されたのは、さらにくだって、八世紀後半以降のことと考えられるからだ。

天武天皇という呼び名は、天皇の死の直後はもちろんのこと、『日本書紀』が完成した時点においても、まだ影《かげ》も形もなかったことになる。いま、わたしたちが目にしている『日本書紀』巻頭の「天武天皇」の文字は、後世になって書き加えられたものである。

では、天武天皇の死の直後に与えられたと思われる諡号は何かといえば、「天渟中原瀛真人天皇」とあるのが、それである。

古代天皇には、すくなくとも二つの諡号があるのである。ひとつが、「天武天皇」のように、後世新たに与えられたことが、はっきりしている名で、すなわち「漢風諡号《かんふうしごう》」だ。

もうひとつは、「天渟中原瀛真人天皇」のような、天皇の死後、まもなく贈られたと見なされる号で、これを「和風諡号《わふうしごう》」という。ただ、初期の天皇においては、和風諡号も当初からのものであるかは疑わしい。

ちなみに、大同《だいどう》二年（八〇七）、斎部広成《いんべのひろなり》によって撰進された『古語拾遺《こごしゅうい》』に登場する

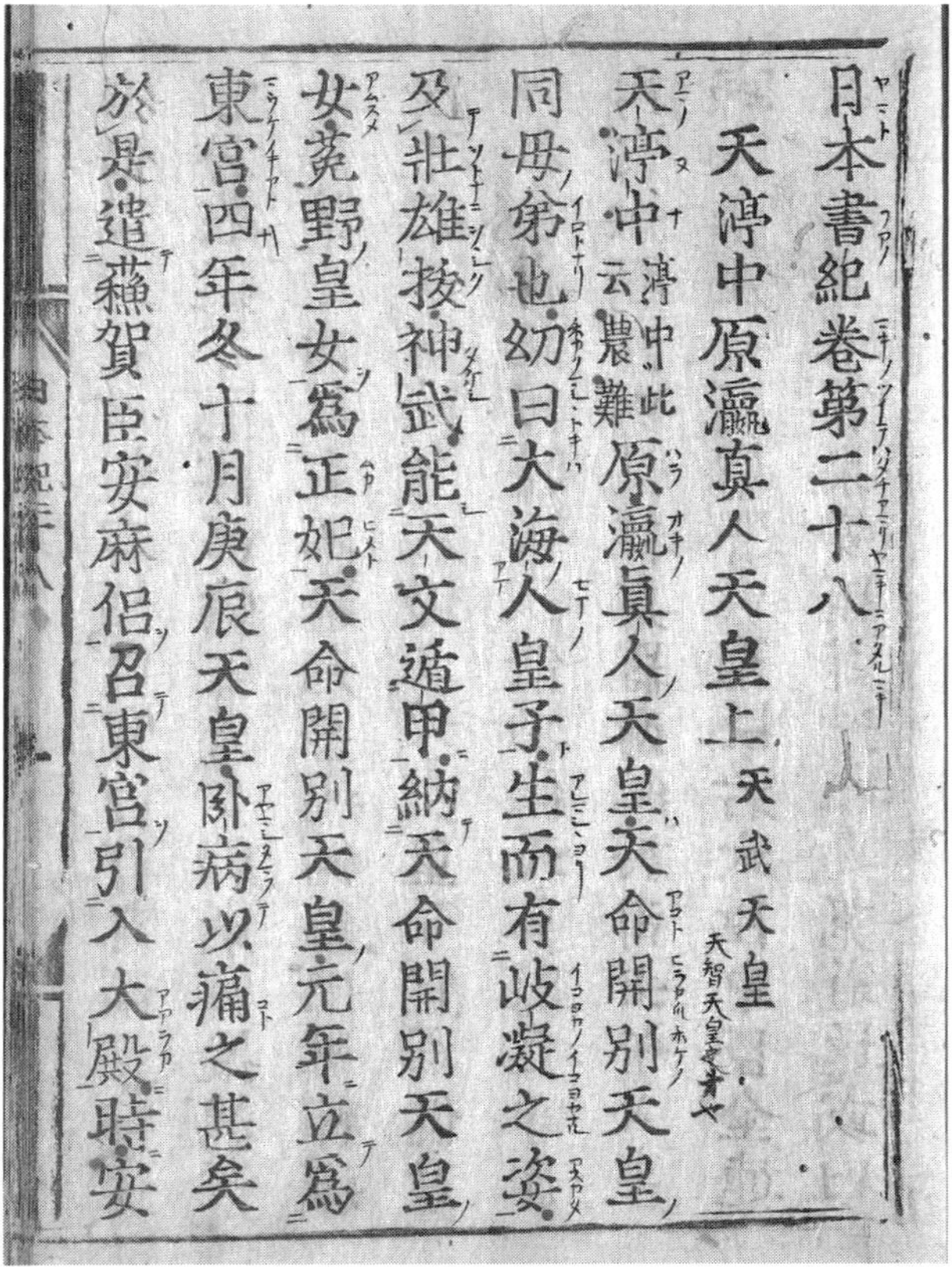

日本書紀卷第二十八
天渟中原瀛真人天皇上　天武天皇
天渟中渟中此云農難原瀛真人天皇天命開別天皇同母弟也幼曰大海人皇子生而有岐嶷之姿及壯雄拔神武能天文遁甲納天命開別天皇女菟野皇女為正妃天命開別天皇元年立為東宮四年冬十月庚辰天皇臥病以痛之甚矣於是遣蘇賀臣安麻侶召東宮引入大殿時安

『日本書紀』天武天皇上巻の巻頭。「アマノヌナハラオキノマヒト天皇」と和風諡号がある下に、小さく「天武天皇」とある。漢風諡号の部分は後世につけくわえられたものと考えられる天皇のなか、漢風諡号で呼ばれるのは神武《じんむ》天皇だけである。ほかの天皇は、名ではなく、天武天皇が「浄御原朝《きよみはらのみよ》」、推古《すいこ》天皇が「小治田朝《おはりだのみよ》」、応神《おうじん》天皇が「軽嶋豊明朝《かるしまのとよあかりのみよ》」、崇神《すじん》天皇が「磯城瑞垣朝《しきのみずがきのみよ》」といったぐあいに、「都があった場所の名」、つまり地名で示される。「朝」とは「天皇の御世《みよ》」のことである。

漢風、和風を問わず、諡号が呼び名として普及していたわけではない。

漢風諡号も意読《いどく》できる

「天武」だけでなく、「神武」「継体《けいたい》」「推古」……、これらは、すべて漢風諡号である。歴代天皇の業績を顕彰《けんしょう》するために、漢籍《かんせき》（中国の書籍）にあらわれた美字《びじ》や好字《こうじ》を引用し、あてがったものと考えられてきた。なりたちは、元号と同じである。

たとえば、第十三代成務《せいむ》天皇、この人はヤマトタケルの兄弟にあたるが、「成務」とは、読んで字のごとく、「務《つと》めを成《な》しとげる」の意である。五経のひとつ、『周易《しゅうえき》』にある「夫《ソ》レ易《エキ》ハ物《ブツ》ヲ開《ヒラ》キ務《ム》ヲ成《ナ》ス」の「務ヲ成ス」から採用したものと考えられる。

そのため、漢風諡号それじたいには、とりたてて大きな意味はないと考えるのが一般的だった。だが、はたしてそうだろうか。

ひとつの気になる例として、記録上の初代王《しょだいおう》である「神武天皇」、実際の初代とされている「崇神天皇」、古代日本に重要な画期を残した「神功皇后《じんぐうこうごう》」と「応神天皇」の親子の漢風諡号には、いずれも「神」の一文字が用いられている。しかし、この三人の天皇とひとりの皇族をのぞいては、「神」の諡号を与えられた天皇はほかにいない。

もうひとつ、古代天皇には、「神武天皇」をはじめとして、「武烈《ぶれつ》天皇」「天武天皇」「文《もん》武《む》天皇」「聖武《しょうむ》天皇」「桓武《かんむ》天皇」と、六人もの天皇が「武」の一文字を与えられている。ところが、桓武天皇を最後に、「武」をふくむ諡号は、ぱったりとなくなる。

そして、初代王の神武天皇には「神」と「武」がともにつけられている。このことはいったい、何を意味しているのだろうか。とても偶然や思いつきとは思えない。「特別」な意味が隠されているのではないか。

一般に、「神」と聞けば「こうごうしい」をあらわし、「武」と聞けば「たけだけしい」をあらわしたものと考えるだろう。天皇の諡号も、こういった美字や好字にすぎないのであって、それ以上の深い意味がない。そう、筆者もかつては考えていた。

しかし、漢字の意味というのは、とおりいっぺんのものだけではない。よく用いられている意味のほかに本来の意味があるし、標準的な意味も時代によって変わっていく。そこに個人的な意味合いをふくませることだってあっただろう。ようするに漢字は、それを表現する人がさまざまな思いをこめられる魔法の記号だ。

すると漢風諡号には、いかにも漢籍から引用してきたかのように見せかけて、そこにあたかも符丁《ふちょう》のような「意」を隠したものもあるのではないか。「神」や「武」などの文字に、別の意味を持たせているのではないか。

この着想に確信をいだくようになったのは、歴史作家の梅澤恵美子《うめざわえみこ》が『額田王《ぬかたのおおきみ》の謎』のなかで、それまで解読不能と信じられてきた、ある額田王の万葉歌《まんよううた》（巻一—九）を、非常識ともいえる方法を用いて解読してしまったときからである。

漢字を万葉仮名《まんようがな》として「音」に変えて読む従来の方法を捨て、用いられる漢字の一字一字の「意」を拾いなおすという、まさにコペルニクス的転回であった。

その歌は、「紀温湯《きのゆ》に幸《いでま》しし時、額田王の作る歌」で、あとに続く歌から類推して、謀《む》反《ほん》の嫌疑をかけられ死を賜《たまわ》った有間皇子《ありまのみこ》の悲劇を詠《よ》んだものと思われる。

「莫囂円隣之　大相七兄爪湯気　吾瀬子之　射立為兼　五可新何本」

梅澤恵美子は、この歌を次のように読み解いた。

「栄枯盛衰《えいこせいすい》はいつも隣り合わせにあって、円のように一巡《いちじゅん》するもの。紀温湯《きのゆ》の地から、天帝《てんてい》の車（北斗七星）に乗って行ってしまった有間皇子よ。そのあなたが天空から放つ矢が、死の元凶《げんきょう》となった人物に打ちこまれ、（栄枯盛衰の自然の理によって）また新たな世がめぐってくるでしょうから」

有間皇子を死に追いやったのは、中大兄皇子《なかのおおえのみこ》（のちの天智《てんじ》天皇）である。額田王は、有間皇子の非業《ひごう》の死をとむらうとともに、その元凶である中大兄皇子を呪うために、この歌を詠んだ、と推測したのである。

しかし、時の権力者に対する呪詛《じゅそ》の歌を、誰にでもわかるような言葉で表現するわけにはいかない。この歌が『万葉集』随一の難読歌となったのも、その「特別」な意味から考えると、むしろ当然のことといわねばなるまい。

筆者は「紀温湯《きのゆ》の万葉歌」の解読を目にして、一文字の漢字を「意」の深いところから読みこむことの大切さを痛感した。

「なぜ、書き手（歌い手）は、その漢字を選んだか」――私たちはもう一度、この基本的なことの大切さに目を向けなくてはならない。

だから漢風諡号も、後世の人によってつけられたからといって、ないがしろにできないのである。すくなくとも、諡号を撰進した人が、その天皇をどのように見ていたのかがわかるからだ。

天武天皇が亡くなってから天武天皇の諡号がつけられるまで、一〇〇年近くが経っているが、それでも一〇〇年である。当時の知識人や関係者は、一三〇〇年後を生きる私たちには想像もつかないような事実をも知っていたにちがいない。撰進者が二文字の諡号のなかに閉じこめた古代史の謎を追ってみよう。

第一章　タラシの名を持つ天皇

「特別」な女王

歴代天皇の列に加えられなかったにもかかわらず、「神」の名を贈られた唯一の存在が、「神功皇后《じんぐうこうごう》」である。

年配の方なら、妊娠中に「三韓征伐《さんかんせいばつ》」をおこなった、勇猛な女帝として認識しておられるだろう。戦前の国史教科書には、渡海《とかい》する神功皇后の挿《さ》し絵が定番だった。のちに、子の応神《おうじん》天皇とともに神格化され、「八幡三神《はちまんさんしん》」として祀《まつ》られる。

この女王のあつかいは、古代より「特別」である。『日本書紀』は、天皇ごとに一巻をあてている。例外として、数人で一巻の場合もあり、また、天武天皇のようにひとりで上下二巻を用いる場合もあるが、天皇以外で唯一、独立した巻（巻第九）をもうけて述べられているのは、神功皇后だけである。

もはや、みなし天皇といってもよいほどだが、あえてそうしなかったのにも、やはり「特別」の事情があったのだろう。そのためか、神功皇后の生涯と事蹟《じせき》は、神秘のベールに包まれてしまっている。現代にいたるまで、多くの研究者が神功皇后の実体を解明しようとしたが、いまだ全貌《ぜんぼう》をとらえきれたとはいえない。

一般には、崇敬《すうけい》されるあまり神秘化されたものと見られているが、理由はそれだけではないだろう。彼女の実体が、のちの権力者にとって都合の悪い話と結びついているために、あえて神秘のベールのなかに封《ふう》じこめられたのではないか。この人物のことを調べるたびに、そう確信するようになった。

「オキナガ」の「タラシヒメ」

神功皇后には「オキナガタラシヒメ」という和風諡号《わふうしごう》がある。『日本書紀』では、気長足姫尊《おきながたらしひめのみこと》、『古事記《こじき》』では、息長帯比売命《おきながたらしひめのみこと》と表記されている。

「気長」や「息長」は、近江国坂田郡《おうみのくにさかたのこおり》（滋賀県米原市《まいばら》）の地名に由来する。「息（気）が長い」という表現が、「ふいごから送った風」を連想させることから、「オキナガ」は製鉄と関わりのある名ではないかとも考えられている。

まず浮かぶのが、六世紀に勃興《ぼっこう》した「息長氏《おきなが》」である。オキナガタラシヒメの名は、「オキナガという氏族（あるいは土地）出身のタラシヒメ」だということになるのだろうか。

『古事記』によれば、息長氏は、応神天皇の皇子、若野毛二俣王《わかのけのふたまたのみこ》の子、意富々杼王《おおほどのみこ》の末《まつ》裔《えい》であるという。大王家の外戚《がいせき》として、のちに公《きみ》や真人《まひと》の姓《かばね》を賜わった。

さらに息長氏は、近江の琵琶湖《びわこ》周辺だけでなく、敦賀《つるが》（福井県西部）の気比神宮《けひじんぐう》とも関わりが深い。朝鮮から日本に渡ってきて定住した「アメノヒボコ」という謎の人物の関係を指摘する説もある。ようするに息長氏は、朝鮮半島から渡来した人たちの末裔《まつえい》ではないかというのだ（ちなみに『古事記』では、神功皇后もアメノヒボコの末裔とする「注《ちゅう》」がある。これについてはのちにふれよう）。

ところが、その後の研究によって、息長氏は、六世紀の終わりから七世紀にかけて、ようやく大王家と姻戚《いんせき》関係を持つようになった新興の氏族であることがわかってきている。彼らが皇親《こうしん》勢力に仲間入りするや、その出自を、応神天皇や「応神五世《いつつぎ》の孫《みまご》」としてヤマトにやってきた継体天皇の系譜のなかに潜《もぐ》りこませるため、「オキナガタラシヒメ」の名を考案したのではないかというのが、近年の通説である。

七世紀には、舒明《じょめい》天皇と皇極《こうぎょく》天皇の夫婦が登場するが、彼らの和風諡号はそれぞれ、「オキナガタラシヒヒロヌカ」と「アメトヨタカライカシヒタラシヒメ」である。舒明天皇は「オキナガ」と「タラシ」の名を持ち、皇極天皇は「タラシ」の名を持つ。

また、舒明天皇の諡号にある「ヒロヌカ」は、祖母の名「広姫《ひろひめ》」と母の名「糠手姫《ぬかてひめ》」からとったものと考えられる。この祖母の広姫が、息長氏（息長真手王《まてのみこ》の娘）である。ということは、舒明天皇は、息長氏を外戚《がいせき》に持つ天皇だということになる。

そして、舒明天皇の諡号をつける段になって、箔をつけるために「タラシ」を加えたが、ついでに「タラシの代表」ともいうべき神功皇后にも「オキナガ」をくっつけてしまったというのが、真相だろう。

いまとなっては、「神功皇后」や「オキナガタラシヒメ」と呼ばれた歴史上の人物の本当の名を知るよしもないが、三世紀の神功皇后が、ようやく六世紀ごろから歴史に登場する氏族の名を負《お》っていたというのは、とうてい考えられないのである。

平安時代に神功皇后が祟《たた》ったという記事が残されている。このときは「オオタラシヒメ」と呼ばれており、神功皇后の一般的な呼び名は、しばらくのあいだ、このオオタラシヒメや「タラシヒメ」であって、神功皇后やオキナガタラシヒメと名のる例は少数であった。

また、『播磨国風土記《はりまのくにのふどき》』揖保郡《いほのこおり》の段には、「大帯日売命《おおたらしひめのみこと》が韓国《からくに》から帰ってきたとき」とか、「大帯日売命が韓国を平《たい》らげようとして」とかいった話が出てくる。「息長帯日売尊」の名でも登場するが、表記の統一はされていない。

『風土記』は、『日本書紀』とほぼ同時期に撰進されているのだから、「息長帯日売尊」が用いられるのは当然としても、八世紀の段階で、「オオタラシヒメ」の名が播磨（兵庫県南西部）では通用していたことになる。それが書きかえられることなくそのまま記載されているのだから、中央でもこの名が認知されていたのだろう。

また、宇佐神宮《うさじんぐう》（大分県宇佐市）の祭神は、応神天皇、神功皇后、比売大神《ひめのおおかみ》の三柱《みはしら》だが、このうち神功皇后は、古くは「タラシヒメ」として祀られていた。

本名を消された著名人

タラシヒメの伝承が、北部九州でさかんに語りつがれていることは、つとに知られてきた。おそらくこの名は、九州で生まれ、伝えられてきたのだろう。

塚田義信《つかだよしのぶ》は『神功皇后伝説の研究』のなかで、「オオタラシヒコ」や「オオタラシヒメ」

の尊称は、「偉大な王」「偉大な女王」を意味し、推古天皇の時代より古く、民間信仰的な呼称として用いられていたと述べている。そして、さきほどのように、後世の息長氏の手によって「気長足姫尊」の名が編《あ》みだされたのだろうとしている。

また前田晴人《まえだはると》は、『神功皇后伝説の誕生』のなかで、オオタラシヒメ伝説が、播磨、豊前《ぶぜん》（大分県北部）、筑前《ちくぜん》（福岡県西部）などに広く伝存していた理由として、『古事記』や『日本書紀』の編纂《へんさん》以前から、これらの地域で伝えられてきたからだろうと推理している。

二人の考えを合わせると、このようになる。つまり、オオタラシヒコやオオタラシヒメは一種の尊称であり、朝廷だけでなく、一般にも広く用いられていた。それが、とくに北部九州や中国地方においては、ある「特定」の伝説上の人物を呼ぶ際に用いられたというのである。

その「特定」の伝説上の人物が誰かといえば、神功皇后である。

「オキナガ」があとづけであることがわかった以上、「オオタラシヒメ」という名はあまりにも漠然《ばくぜん》としている。そのために通説は、この人物を「あくまでも伝説上のことであるから、実在したわけではない」と切り捨ててきた。

しかし、興味深いのは、『隋書《ずいしょ》』倭国伝《わこくでん》に、似たような名が出てくることである。

隋の年号で開皇《かいおう》二十年のこと、日本の推古天皇八年（六〇〇）にあたるこの年、倭王が隋に使者をつかわした。この記事のなかで、倭王の姓は「阿毎」、字《あざな》は「多利思比孤《たりしひこ》」で「阿輩雞弥」と号す、とある。

ここにある「阿輩雞弥」は、「オオキミ」あるいは「アメキミ」ではないかとされる。天皇号が成立する以前の「大王」のことであろう。このうしろに、王の妻は「雞弥」だったとある。「雞弥」は「ヒメ」とでも読めばいいのだろうか。

問題は、隋が名と見なした「阿毎」と「多利思比孤」である。「阿毎」は「アメ」か「アマ」のどちらかだろう。この「阿毎」と「多利思比孤」を合わせると「アメノタリシヒコ（あるいはアマノタリシヒコ）」となる。

ところが、これはどうやら名称ではないようだ。おそらく権力者に対する尊称であろう。この時代の倭国では、「オオキミ」が政治的実権を握った王をさし、「タリシヒコ」は宗教的な支配者をさしていたのではないかと考えられている。そして、『隋書』のいうタリシヒコは、「タラシヒコ」のことにちがいない。

このことをふまえて、神功皇后が「オオタラシヒメ」と呼ばれていたことをもう一度考えてみよう。それはたんなる尊称であるから、神功皇后は長いあいだ、本名を持たず、つまり名無しの権兵衛《ごんべえ》のまま、ただ尊称のみで語られていたことになる。

これをもって、「ほら見ろ、やっぱり実在していないじゃないか」というのは、あまりにも短絡《たんらく》的な見方であって、むしろ筆者が驚かされたのは、「あの女王さま」といっただけで、それを聞いた当時の人が「ああ、あのお方」と認知できていたことである。

歴史上あまた登場したであろうオオキミやタラシヒメのなかで、「あのタラシヒメ」がひとりの人物に「特定」されていたのは、まったく稀有《けう》なことといわねばならない。

さらに、尊称で通用した人物の本名を述べることに「憚《はばか》り」があったのか、あるいは、尊称で通用させなくてはならない「特殊な動機」があったということであり、ここに神功皇后をめぐる深い謎のありかを感じずにはいられない。

通説のいうとおり、ほんとうに神功皇后が実在しなかったのなら、説話のリアリティを補《おぎな》うために、もっともらしい名を創作しておくのが、通常の作業ではないだろうか。しかし、神功皇后の本名は残されず（つくられず）、「あの女王さま」で通された。ここに重要なポイントがある。つまり、その本名はあえて消されたのである。

難波津《なにわのつ》でおこなわれていた祭祀《さいし》

タラシヒメの謎を解くヒントは、すでに失われた祭りのなかにあった。それが、「八十《やそ》嶋祭《しまさい》」である。

大阪府北部を流れる淀川《よどがわ》の河口付近、かつての難波津《なにわのつ》には、中洲や小さな島が点在していた。八十嶋祭は、中世には廃絶するが、それまでこの地でおこなわれていた。天皇家が関《かか》わる重要な神事だった。

いちがいに「八十嶋」といっても、実際にその数の島があったわけではなく、「数多くの島」の意味である。いまは陸地だが、福島《ふくしま》、姫島《ひめしま》、御幣島《みてじま》、加島《かしま》と、このあたりには「島」のつく地名が多い。文楽《ぶんらく》『曾根崎心中《そねざきしんじゅう》』の舞台となったお初天神《はつてんじん》も、こういった数ある島のひとつだった。

平安末期の歌学書《かがくしょ》『袖中抄《しゅうちゅうしょう》』には、「代始《だいはじ》め（新しい天皇がつくとき）」にこの祭がとりおこなわれるとある。この地に女官らがつかわされ、西の海に向かって、島々の神を祀るのだという。

また、平安後期を代表する文化人、大江匡房《おおえのまさふさ》の『江家次第《ごうけしだい》』には、祭りのくわしい進行が記録されている。

それによれば、八十嶋祭は、「大嘗祭《だいじょうさい》（即位後の天皇が、はじめておこなう新嘗祭《にいなめさい》。収穫された新米を神にささげ、みずからも食す神事）」の翌年におこなわれていた。

いよいよ難波津に向かう日、「宮主《みやじ》（宮中の神事をつかさどる）」という役が「麻《あさ》」を献上すると、天皇は、その麻で体をひと撫《な》でし、息を吹きかけ、宮主に戻す。これで穢《けが》れを祓《はら》うのである。

天皇の使いが乗った五艘《そう》の船は、淀川を下り、難波津に向かう。河口のある地点（正確な位置は特定されていない）の祭場に壇《だん》をこしらえると、祭物を並べ、西の海に向かって祭祀をとりおこなう。

そして、琴を弾《ひ》き、御衣《みそ》が入れられた筥《はこ》を女官が振《ふ》る。これが、祭りのクライマックスである。「御衣」は、たんなる衣ではない。天皇の象徴としての衣である。

とはいっても、この祭りがいつごろから始められたのかも、定かなところはわかっていない。文献上の初見は、『文徳実録《もんとくじつろく》』の嘉祥《かしょう》三年（八五〇）九月八日の条、摂津国《せっつのくに》においてて八十嶋祭がとりおこなわれたとあるから、この年までには、八十嶋祭が始まっていたのだろう。嘉祥三年は、文徳天皇の即位した年である。

では、八十嶋祭の意味はどこにあったのか。ざっくりと見れば、つぎの二つの考え方ができるだろう。

ひとつは、「祓《はら》い」の神事という考え方である。これは禊祓《みそぎはらえ》ともいい、身の罪を洗い、穢れを洗い流す。つまり、清《きよ》めである。

もうひとつは、国土の生成と発展を祈願するための神事という考え方である。

祓いの神事とする根拠は、いくつもある。海に向かって祭祀がおこなわれること（海に罪や穢れを流す）。「祓《はらえ》つ物《もの》（罪や穢れをはらうために差しだされる品物）」が用意されること。実際の祭式次第のなかに「祓い」があること。それから『延喜式《えんぎしき》』に、「東宮《とうぐう》の八十嶋祭」の主祭神として「住吉神《すみよしのかみ》」をあげていることなどである。

住吉大神《すみよしのおおかみ》は、イザナギが日向《ひむか》の地で禊《みそぎ》をしたときに生まれたと神話にもあるから、祓いに関連する神と考えられる。

難波の地図
比売許曽神社
大阪駅
お初天神
福島
淀川
大阪城
難波宮跡
四天王寺
鶴橋駅
JR環状線
大阪湾
天王寺駅
住吉大社

もういっぽうの国土生成の呪術と考える理由も、はっきりとしている。『古語拾遺《こごしゅうい》』は、八十嶋祭に登場する「生島神《いくしまのかみ》」について、「これ、大八洲《おおやしま》の霊なり」とし、「生島《いくしま》の巫《かんなぎ》」がこの神を祀っていると記す。ここでいう「大八洲」は、日本列島をさしている。だから「八十嶋」も、難波津の狭い地域だけをさすのではなく、もっと広く日本の国土全体をあらわしている可能性が出てくる。生島神はそもそも、国土の造成をつかさどる神である。

したがって、八十嶋祭の本来の目的は、この国土生成の呪術にあったが、その本来の目的がしだいに忘れられ、祭りの中心が祓いに移っていったのではないかというのが、一般的な見方だった。

八十嶋祭の目的をめぐって過熱する論争

住吉大社《すみよしたいしゃ》は、難波を代表する社である。「住吉」は、もとは「すみのえ」と読んでいた。「墨江」と表記されたこともあるように、海の信仰と深く関わる社である。

その住吉大社の研究で知られる田中卓《たなかたかし》は、『神社と祭祀』のなかで、文献上の初見とされる「嘉祥三年の八十嶋祭」が、大嘗祭の前年にとりおこなわれていたことを重視し、八十嶋祭の本来の目的が「禊祓」にあったと指摘した。

すなわち、先帝《せんてい》の崩御《ほうぎよ》があって、その喪《も》が明けた直後に修《しゆう》せられる「鎮魂《ちんこん》と禊祓の儀礼」である。そのうえで、難波津において、イザナギとイザナミによる「国生《くにう》みの神話」をしのび、大八洲の霊をあおいで、国土の恢弘《かいこう》（押し広めること）を祈ったのだろうと、田中卓は考えた。

ところが、古代祭祀の権威である岡田精司《おかだせいし》は、これに反論した。二三回おこなわれた八十嶋祭のうち、嘉祥三年のそれは例外中の例外であって、そのほかの八十嶋祭は、大嘗祭の翌年におこなわれているから、この祭りの本来の目的は「禊祓」ではないというのだ。

岡田精司はまず、『江家次第』に祭儀の中心として示されている「女官が御衣筥《みそはこ》を振る」という行為に着目した。これは禊祓ではなく、毎年十一月に宮中でとりおこなわれている「鎮魂祭《たましずめのまつり》」に近い。しかも、小道具に「琴」を使うことも、この祭りと共通していると した。

ここでの「鎮魂」とは、冬になって魂が体から抜けだすのを防ぎ、しっかりと落ちつかせるための呪術である。

また、「衣」と「筥」という設定も、宗教的に深い意味をふくんでいるとし、「筥（中空の容器）」のなかに「霊」を招きいれ、これを神聖な「衣（天皇そのもの）」に付着させようとしたのだろうと考えた。

日本史ファンの方ならすぐにピンときたかもしれない。これは、大嘗祭の内容とたいへん似ている。大嘗祭のそれは、「天皇霊」を即位する天皇に付着させるための呪術だった。

岡田精司は、大嘗祭と比較して、八十嶋祭の意味を読み解いた。

つまり、八十嶋とは大八洲であって、「大八洲の霊」である「生島神・足島神《たるしまのかみ》」を天皇に付着させることが、八十嶋祭の本来の目的であるという。

さらに岡田精司は、八十嶋祭の起源は平安時代ではないとし、それよりさかのぼるものと考えた。

その理由のひとつとして、八十嶋祭の祭神が人格神ではなく、アニミズムの名残《なごり》をとどめた古い形である点をあげた。いわゆるシャーマン的な巫女《みこ》は、七世紀に没落し、中臣氏《なかとみ》らが担《にな》う男性神祇官僚にとって代わられたが、八十嶋祭では、女官が中心的役割を担っているからである。

もうひとつ、祭場となる難波津は、応神天皇や仁徳天皇の時代に都がおかれ、五世紀の大王たちの巨大な陵墓《りょうぼ》が築《きず》かれた地域でもある。彼らの即位儀礼として始められた祭祀が、八十嶋祭のルーツではないかというのである。

この見方は、五世紀に王朝交代があって、その中心地が河内《かわち》におかれたとする「河内王朝」の支持者から歓迎された。

これに対し田中卓は、得意分野の住吉大社を持ちだして反論する。

重要なのは、八十嶋祭の主たる祭神が何かということである。一般には、祭りに生島の巫が登場することで、いかにも生島神がそうであるような考えが根強くあるが、主たる祭神は「住吉大神」をおいてほかにないとした。

住吉大社では生島神を「住吉大神の御子《みこ》」として祀っており、もろもろの神はみな住吉大神と関わるものばかりであるとし、また、八十嶋祭の舞台となる地域も、ことごとく住吉大社の神領《しんりょう》や支配下にあることを指摘した。

そのうえで、住吉大神の神徳《しんとく》である禊祓こそが、祭りの本来の目的であって、八十嶋祭

住吉大社は、ほぼ同型の本殿が四棟並んでいる

住吉大社の本殿を横から見たところ。本殿（右）の前に、幣殿（左、へいでん）という建物が接続しており、妻入りで朱塗りの本殿に対し、幣殿は素木（しらき）である

幣殿の内部。宮殿のように簾（すだれ）がかかっている。中央の通路から渡殿を経て本殿にいたる

に関わる神々が、「諸国の神々を代表する意味などは、おそらく存在しないであろう」といいきったのである。

しかし、岡田精司も譲《ゆず》らない。八十嶋祭が五世紀の王家によって始められたとする彼は、倭王武《わおうぶ》の上表文《じょうひょうぶん》にもあるように、当時の大王には「島々からなる国土の支配者」という自覚があって、その就任儀礼である八十嶋祭が海に向かってとりおこなわれたことこそ、重要であるとする。

島々の精霊である生島神・足島神が「大八洲＝日本全土」を象徴した神であり、八十嶋祭の中心には、これらの神が立っていなくてはならない。したがって、住吉大神が主役であるということは、およそ考えられないとする。

ただし『延喜式』は、八十嶋祭の祭神の筆頭に「住吉神四座《ざ》」をあげている。「四座」というのは、住吉三神の三座と神功皇后である。これにつづくのは、「大依羅神《おおよさみのかみ》四座、海神《わたつみのかみ》二座、垂水神《たるみのかみ》二座、住道神《すむじのかみ》二座」であって、このなかに「生島神・足島神」の名はない。

のちに「生島の巫」は出てくるが、生島神の名がないのは、岡田説にとって不利なことのように思われる。

それでも岡田精司は、住吉大神の重要性を認めようとはしなかった。巫女による祭祀が没落する過程と反比例するようにして、住吉大社の勢力が拡大していった。それで、朝廷の祭事にも住吉大社が介入するようになり、八十嶋祭の主役も入れかわってしまったのだと、彼は結論づけた。

田中卓と岡田精司の議論の応酬《おうしゆう》は、このように過熱したが、史学界の通説は、どういうわけか、おおむね岡田説を支持しているようだ。

神功皇后と八十嶋祭の深いつながり

そんななか、岡田精司の推理に対して、魅力的で壮大な構想としたうえで、「問題がないわけではない」と反論を試みた研究者があらわれた。『日本古代国家の成立と息長氏』の著者、大橋信弥《おおはしのぶや》である。

大橋信弥は、岡田説では八十嶋祭が大嘗祭の翌年にとりおこなわれる理由が説明できないとしたうえで、神功皇后と八十嶋祭のつながりを指摘した古代文学研究者の阪下圭八《さかしたけいはち》の考えに注目する。阪下圭八があげた、神功皇后伝説と八十嶋祭のあいだに認められるつながりを簡単にまとめると、次の三点である。

1、住吉神の役割の共通性
2、背景の類似性
3、主役の関係性（神功皇后と応神天皇の母子関係と、天皇の乳母《うば》としての八十嶋の使いと天皇の関係が一致する）

このことから阪下圭八は、神武天皇が「大嘗祭的な始祖《しそ》」として構想されたのに対し、神功皇后と応神天皇の母子は、河内王朝の「八十嶋祭的な始祖」として構想されたのではないかと考えた。

阪下圭八の着想を発展させた大橋信弥は、神功皇后と八十嶋祭がつながり、住吉神が神功皇后と深く関わっていることで、やはり八十嶋祭にとって住吉大社が大きな意味を持つことを認めている。

そして、八十嶋祭が五世紀に成立したという岡田説は飛躍だとし、八世紀の『日本書紀』と『古事記』の成立と八十嶋祭の関係に注目すると、すくなくとも平安時代以降の文献に見える八十嶋祭は、禊祓の性格を帯びているとした。

また、議論の中心にされた「生島の巫」は、八十嶋祭の中心に立っていたのではなく、生島神や足島神を奉斎していたわけでもなく、宮主《みやじ》や御巫《みかんなぎ》のもとに参加していたにすぎず、そもそも八十嶋祭で、生島神と足島神を祀ったと明記する文書がないことをあらためて指摘した。

八十嶋祭の「衣を筥に入れて振る」という所作《しょさ》は、大嘗祭で付着された「天皇霊＝大八洲の霊」を、一年後に住吉大社の祭神の力を借りて禊祓《みそぎはらえ》するもの、というのが大橋信弥の八十嶋祭に対する結論である。

ここで、筆者がとくに強調したいのは、神功皇后と八十嶋祭の関係が指摘されたという点だ。たしかに岡田説は、神功皇后の存在に無頓着《むとんちゃく》であった。

神功皇后といえば、「新羅《しらぎ》征討」に臨《のぞ》み、腰に「石」をはさんで「産《う》み月《つき》を遅らせた」という説話がある。いわゆる「鎮懐石《ちんかいせき》」の伝承である。この石は、壱岐《いき》の本宮《ほんぐう》八幡神社、糸島《いとしま》（福岡県）の鎮懐石八幡宮、京都の月読《つきよみ》神社に伝わっている。

　そして、九州に凱旋《がいせん》した神功皇后は、応神天皇を無事出産された。

　通説は、このような一連の説話を、まったくの観念的述作《かんねんてきじゅつさく》とし、軽視してきた。しかし大橋信弥は、この説話の深意を「天孫降臨《てんそんこうりん》」と見なしている。

　応神天皇には、「胎中天皇《たいちゅう》」の異名が知られる。すなわち神功皇后の胎内に「降臨」した。これが、「真床覆衾《まとこおふすま》」（聖なる布といわれている）に包まれて地上界に降臨した天孫ニニギ（天津彦彦火瓊瓊杵尊《あまつひこひこほのににぎのみこと》）の姿と重なってくるという。

　そして、大嘗祭において真床覆衾が重要な意味を持つように、それと酷似《こくじ》した「神功皇后の胎内」というものが重要な意味を持ってくる。「天孫降臨神話」も、「胎中天皇説話」も、同じ祭式的基盤の上にあったというのである。

　さらに、応神天皇の北部九州からのヤマト入りが、「神武東征《とうせい》」と酷似していることも、「降臨→東征」という同一のテーマを共有している。

　そして大橋信弥は、次のようにまとめた。

京都市西京区、松尾（まつのお）大社の南に鎮座する摂社（せっしゃ）月読神社。境内の右手奥に、聖徳太子社の祠（ほこら）と「月延石（つきのべいし)」が並ぶ

大きな石の上に乗る小さな石が「月延石」で、神功皇后の懐妊伝承をともなう鎮懐石と思われる。よく見ると、とぐろを巻いた蛇のような形をしている。周囲には安産・子授けを祈願する白い丸石が多数奉納されている

「大嘗祭として祭式化された、倭王権の即位儀礼は、記紀において、天孫降臨――神武東征――神功伝説として、繰《く》り返し表現されたのであって、岡田精司氏のごとく、即位儀礼の変遷を、八十島祭から大嘗祭へ、河内王朝から継体王朝という歴史的な段階でとらえようとするのは、祭儀および神話の形成の論理に反するものと考えるのである」（『日本古代国家の成立と息長氏』）

けれども、ここで投げかけたい疑念は（もちろん個人の研究者ではなく、史学界全体に対してである）、神功皇后と応神天皇、住吉大神を、はたして「観念的な存在」と決めつけてよいのかということである。

観念的とされてきた人物たちをめぐる説話や伝承の裏側には、何かしら歴史が隠されていると見れば、もっと違った八十嶋祭論に発展するのではないだろうか。

伊勢《いせ》の斎王《さいおう》は、なぜ都をさしおいて難波津に向かったのか

ここで、八十嶋祭を「伊勢斎宮《いせさいぐう》」と関係づけた研究者があらわれた。民俗学者の上井久《うわいひさ》

義《よし》である。

伊勢の斎王《さいおう》は、天皇の即位ののち、現地にある斎宮に赴《おもむ》き、天皇の崩御と同時に任を解かれると、都に戻ってくる（伊勢に赴く斎王は「斎宮」とも呼ばれる）。

都が平城京《へいじょうきょう》におかれていた時代、斎王は伊勢国を出る際、潔斎《けつさい》をおこなってから、古い衣類を捨て、新しい衣に着がえると、新しい輿《こし》に乗って都を目ざしていた。

ところが、平安京に遷都されてからの伊勢斎王は、大和《やまと》から木津川《きづがわ》を下るが、そのまま京を素どおりして淀川に入り、いったん摂津国に向かうと、難波の海で「祓い」をするようになったのである。

上井久義は、その行程の変化に着目した。『民俗宗教の基調（上井久義著作集第一巻）』のなかで、斎王職の解除と天皇即位後の八十嶋祭は、「たがいに思想的な関連を持って形成されてきた」とし、次のように述べている。

「難波の海浜で行なわれる八十嶋祭の成立も、その原義と源流は、より古型が存在したことも予想されるが、一応その成立は平安期のことと考えられる」（『民俗宗教の基調』）

としたうえで、つぎのように結論づけた。

「その原初的形態は、天皇の象徴的衣服をめぐる宗教的儀礼にもとづくものであるが、八十嶋祭としては、斎王の場合と同様に、他に行なわれる同類の潔斎の儀礼と同じで、天皇の祓いの行事の一つとしての意味に端《たん》を発するものであったと考えることができるようである」（『民俗宗教の基調』）

伊勢斎王が都をさしおいて、まっさきに難波津に向かったことの意味は、ことのほか深いように思われる。上井久義の指摘は、じつは、彼が考えていた以上に重要な意味を持っているのではあるまいか。

というのも、田中卓が述べていたように、「禊祓」は、神事の前とあとにおこなわれるのであり、そうすれば、斎王が大嘗祭の前に難波津で禊祓をし、大嘗祭が終わったあとには、八十嶋祭がとりおこなわれたという解釈もなりたつであろう。

伊勢と難波は、何か関連があるのだろうか。

伊勢の神は、男神

住吉大神は、難波を代表する神である。とはいえ、住吉大神の信仰は、難波に固有のものではなく、もっと全国的なものだった。

筑前国《ちくぜんのくに》（福岡県）の一宮《いちのみや》である住吉神社（福岡市博多）、長門国《ながとのくに》（山口県）の一宮で住吉大神の荒魂《あらみたま》を祀る住吉神社（下関市）は、摂津国《せっつのくに》（大阪府北部）にある住吉大社と同時代か、あるいはもっと古い信仰地と考えられるが、住吉大神信仰の深みは、それだけにとどまらない。形を変えて全国に散らばっているのである。

結論から先に述べると、筆者は、斎王が祀る「伊勢の神」（あえて「天照大神《あまてらすおおみかみ》」とは呼ばないでおく）も、住吉大神と同一神ではないかと考えている。

しかも住吉大神は、「日向の地でイザナギが禊《みそぎ》をしたときに生まれた」というような、観念上で創作された神ではなく、実在の人物を神格化し、神格化することによって正体を抹殺されてしまった人物だったのではないかと考えている。

この謎についてはおいおい解いていくが、八世紀の朝廷にとって、伊勢の神は、よく祟《たた》る、恐ろしい神であったにちがいない。

一般には、いまも伊勢神宮の祭神といえば、「天照大神」という「女体《にょたい》の皇祖神《こうそしん》」と信じられている。しかし、ここに「天照大神」が祀られるようになった以前には、土着の太《たい》陽神《ようしん》が祀られていて、その神は「男神」であったが、ある時期、意図的に「女神である天照大神」とすりかえられたというのが、今日的な解釈である。

それには、いくつかの理由がある。

まず、伊勢神宮の本殿の床下《ゆかした》には、「心《しん》の御柱《みはしら》」が隠されているが、どのような位の高い神官もふれることができない。これを祀ることができるのは、「大物忌《おおものいみ》」という四、五歳からつかえた「童女」だけなのである。

なぜ、幼い女子だけに祭祀が許されるのかといえば、それは「祟る神」だったからである。心の御柱は「リンガ（男根）」であり、「隠された男神」の象徴である。一般に、巫女は神の妻として奉仕するものだが、これが年長の女子ではなく童女であるのは、童女が人並みはずれたパワーの持ち主だと信じられていたからだろう。

祟り神にあてがわれるのは、童子や童女というのが、通例である。彼らは、神聖な存在であるゆえ、「祟る神＝鬼」に対抗することができた。昔話で「鬼退治」に向かうのが、成人男子ではなく少年（童子）であるのも、そのためだ。

伊勢神宮の祭神が「祟る神」であったことは、『日本書紀』も認めている。第十代崇神《すじん》天皇は、「天照大神」を宮中で祀っていたが、その「神《かみ》の勢《いきおい》（神威《しんい》）」に圧倒され、やむなく宮《みや》の外に出した。その後も祭祀場所は転々とし、めぐりめぐって「西の東端」である伊勢の地に落ちついたという経緯がある。

天皇家の祖神である「天照大神」が、なぜ天皇家に祟ったのだろう。よくよく考えてみれば、不思議な話である。天皇家にとっての「天照大神」は、けっして油断ならない神だったのではないだろうか。

伊勢斎王には、天皇の娘や妹など近親者が派遣されていた。たとえば、実在する最初の斎王といわれているのは、天武天皇の子、大来皇女《おおくのひめみこ》である。これは、祀られる神の側から見れば、最上の待遇である。

また、斎王は結婚を許されず、任を解かれてからも、多くの場合、独身を通したとい

伊勢神宮内宮にある瀧祭神（たきまつりのかみ）。本殿がない代わりに、一面に敷かれた白石のなか、小さな霊石が祀られている。これも、とぐろを巻いた蛇のような形をしている

内宮の聖地、四至神（みやのめぐりのかみ）。やはり小さな霊石のみが祀られる。原初的な信仰は、このようなものだったのだろう。参拝客がひっきりなしに訪れて、手をかざしていた

う。任務中に人間の男性と関係を持つと、即座に解任された。そうした解任の記録も、いくつか残されている。細心の注意をはらって祀られたのが、伊勢の神である。

これはなぜかといえば、「斎王は伊勢の神の妻」という意識が強くあったからだろう。斎王のもとには、夜な夜な「蛇（伊勢の神の化身）」が通ってきて、翌朝ウロコが落ちていたという話が残されている。

また、伊勢神宮は、内宮《ないくう》と外宮《げくう》に分かれるが、外宮の祭神である「豊受大神《とようけのおおかみ》」は、内宮の天照大神が「独り身でさびしい」といいだしたので、丹後《たんご》（京都府北部）から連れてこられたという。

すると、いよいよ伊勢の神は「男神」でなければ、つじつまが合わない。

さらに、大神神社《おおみわじんじゃ》（奈良県桜井市《さくらいし》）やその周辺には、「大神神社の祀る神と伊勢神宮の祀る神は同体（同一の神）」という伝承が伝わる。大神神社の祭神は、「出雲神《いづものかみ》」のオオモノヌシ（大物主神）である。この神が、崇神天皇を苦しめたのである。オオモノヌシについては、のちにくわしく考えたい。

一般には、伊勢神宮の祭神が「女神」であると信じられているから、大神神社の伝承は無視されてしまってきた。しかし、ヤマト朝廷がもっとも恐れ、重視した神とは、裏切ったヤマトに祟る「出雲神」だった。

だからこそ崇神天皇は、「出雲神」を丁重《ていちょう》に祀ったのであり、それでも「祟り」がやまないと、それまで宮中で祀っていた神を遠ざけるようになったのである。

こう考えると、伊勢の神が「男神」であり、「出雲神」であったことは、もはや疑う余地がない。にもかかわらず、八世紀以降、伊勢神宮は「女体の皇祖神」を祀っていると主張しつづけなければならないのか。この謎解きも、おいおい進めていこう。

その前に、なぜ伊勢斎王が難波津に向かうのか、そこに秘められた重大な秘密をあばかなくてはならない。

神々の終着地――サルタヒコとイセツヒコ

ここで、なぜ伊勢の神と住吉大神を同体と見なすことができるのか、その理由を見ておこう。

双方の神をとりもつのは、サルタヒコ（『古事記』では猿田毘古神、『日本書紀』では猿田彦命と表記）である。この神は、アマノヤチマタ（天八達之衢）ともいい、天皇家の祖であるニニギ（天津彦彦火瓊瓊杵尊）を待ち受けていたと神話にある。

すなわち、サルタヒコは「嚮導《きょうどう》の神」であり、ニニギを天界から地上界に導く役目を負うのだが、この登場の場面で『日本書紀』は、サルタヒコの異形《いぎょう》を描写している。それによると、サルタヒコは巨漢で、鼻が異様に長かった。口じりが明るく光り、目は八咫《やた》の鏡《かがみ》のように輝き、まるでホオズキのようであったという。

この神は、明らかに照り輝いている。ただの道案内役ではなく、もうひとりの太陽神（「天照大神」とは別の太陽神）ではなかったか。いや、もっといえば、こちらがほんとうの太陽神だったのではなかったか。

それを証拠に、『日本書紀』には、アマノヤチマタのサルタヒコは、「上は高天原《たかまのはら》（天上界）を、下は葦原中国《あしはらのなかつくに》（日本）を照らす神」であったと記されている。

そして、天照大神をおびき出すという「天岩戸神話《あまのいわと》」では、のちに妻となるアマノウズメが、サルタヒコの前に立ち、紐《ひも》をほどき、女性器（陰）をあらわにしている。

いっぽう、異様に長かったというサルタヒコの鼻は、この神が「男のなかの男」であっ

伊勢の地図
椿大神社
四日市
鈴鹿
能褒野
伊　勢　湾
津
阿射加神社（大阿坂）
松阪
阿射加神社（小阿坂）
伊勢神宮外宮
伊勢
伊勢神宮内宮

たことを示している。伊勢神宮の「心の御柱」と同じく、この鼻は「陽根《ようこん》」であり、太陽の「陽」である。

ところがサルタヒコは、ニニギを日向の地に誘うと、みずからは伊勢の地にやってくる。そして、『古事記』によれば、伊勢の阿邪訶《あざか》の海で、サルタヒコは手を貝にはさまれ、海の底に引きずりこまれて溺《おぼ》れ死んでいる。

伊勢で亡くなったサルタヒコを祀るのが、阿射加《あざか》神社（三重県松阪《まつさか》市の「大阿坂《おおあざか》」と「小《こ》阿坂」に二社ある）と、椿大神社《つばきおおかみやしろ》（三重県鈴鹿《すずか》市）である。また現在、外宮から内宮に向かう途中にも、猿田彦《さるたひこ》神社が鎮座している。

なかでも、阿射加神社はたいへん重要な神社だ。

古代において、その神社の重要度をはかる目安として、『延喜式』の「巻第九」と「巻第十」（いわゆる「神名帳《じんみょうちょう》」）を参照するのがよい。とくに、ここで「名神大社《みょうじんたいしゃ》」として記載された神社を最重要と見なしている。

伊勢国で最重要と見なされていた神社は、何といっても、伊勢神宮の両宮とその摂社《せっしゃ》だが、このほかに伊勢国の名神大社は二社ある。そのひとつが上《あ》げ馬《うま》神事で知られる多度《たど》大

大阿坂にある阿射加神社のみごとな森

境内に鳥形の霊石がある

社（三重県桑名市《くわな》）で、もうひとつが阿射加神社だ。これだけでも、伊勢の地におけるサルタヒコの祭祀が、いかに大切であったかがわかる。

サルタヒコの信仰は各地にあるが、伊勢で亡くなったということが、重要な意味を持っているのだろう。

そして、サルタヒコの「溺死《できし》」の伝承は、新しい権力者への服属儀礼《ふくぞく》を示唆《しさ》するものと思われる。服属儀礼において、溺れたようなポーズは恭順《きょうじゅん》を表現している。

溺れたようなポーズと聞いて、すぐに思い浮かべるのは、「隼人舞《はやとまい》」だろう。天皇家の祖である山幸彦《やまさちひこ》のあやつる潮盈珠《しおみつたま》の霊力によって、潮が満ち、隼人の祖である海幸彦《うみさちひこ》は溺れ苦しむ。そのときの苦しんだ様子を再現したというのが隼人舞で、天皇家への服属儀礼とされる。

溺れたようなポーズをとることによって、昔の太陽神が、新しい太陽神に支配権を譲ったのである。たしかにそのとおりかもしれないが、ではどうして、サルタヒコは、わざわざ伊勢までやってこなければならなかったのか。

それは、伊勢という地が、東へ東へと遷《うつ》し祀られていく神々の終着地であったからだろう。

伊勢の地名の由来になったと「伊勢国風土記逸文《いつぶん》」が伝えるイセツヒコという神もまた、ここまで追われてきた。イセツヒコは『播磨国風土記』に登場し、「出雲神」だということがわかっている。そしてこの神は、終着地であるはずの伊勢の地さえ追われ、東の海へと消えている。ついには、信濃国《しなののくに》（長野県）まで逃げていったという。

多くの神は、こうやって「西」から「東」へと遠ざけられていった。サルタヒコしかり、イセツヒコしかりである。そういえば、東国を「征討」して戻ってきたヤマトタケルが亡くなったのも、伊勢の能褒野《のぼの》である。なにやら伊勢には、悲劇の匂いが漂《ただよ》っている。

伊勢のすぐ東の海は、そのまま東国に続いていた。追われた神々はのちに、蝦夷《えみし》対策としての東国鎮護《ちんご》の役目を負わされるようになる。

いまもって伊勢が、畿内《きない》にも、中部地方にも属さない、あいまいな立場におかれているのも、ここが「西と東の境界」だからだろう。

ちなみに、サルタヒコも、「出雲神」と接点がある。

『日本書紀』の「出雲の国譲り神話」の場面（神代《かみよ》第九段本文）では、大己貴神《おおなむち》（＝オオクニヌシ、オオモノヌシ）が天神《あまつかみ》にいよいよ国を譲るというとき、国を平定したときに用いたという「広矛《ひろほこ》」を献上している。天孫がこの広矛で国を治《おさ》めれば、かならず天下は安定するという。

さらに同じ第九段の「一書《あるふみ》（第二）」には、広矛ではなく、「岐神《ふなとのかみ》」をさし出し、「私に代わって、この神がつかえるでしょう」と告げたとある。「岐」とは「ちまた」のことで、道の分岐点や峠、境などをあらわす。「岐神」は「道祖神《どうそしん》」である。サルタヒコが「道ひらきの神」といわれているのは、これによる。

三神《さんしん》形式の意味

サルタヒコが伊勢で亡くなったとき、三つの名前を与えられた。ソコドクミタマ、ツブタツミタマ、アワサクミタマである。海に沈んだから名が三つになったと『日本書紀』はいうが、なぜ海に沈んだら三つの名になるのか。

それは、サルタヒコがもともと「海の神」だったからにほかならない。

たとえば、沖ノ島《おきのしま》（福岡県、玄界灘《げんかいなだ》の沖合）を奉斎する宗像《むなかた》氏の神は、タギリヒメ、タギツヒメ、イチキシマヒメであり、やはり海の民の阿曇氏《あづみ》が奉斎する神は、ソコツワタツミ、ナカツワタツミ、ウワツワタツミである。そして問題の住吉大神も、ソコツツノオ、ナカツツノオ、ウワツツノオで、このように「三神《さんしん》」の形式をとるのは、海の神の代名詞のようなものといえる。

サルタヒコと住吉大神は、「海」という共通点を持っている。さらに、サルタヒコは嚮《きよう》導《どう》の神であったが、住吉大神も、たびたび皇祖神を導いている。

たとえば、神武天皇を導いたシオツチオジ（塩土老翁）は、住吉大神の化身である。このシオツチオジは、海幸彦から借りた釣針を失くし途方《とほう》に暮《く》れる山幸彦を、海神の宮に案内した神でもある。

さらに、『日本書紀』神代第九段「一書（第四）」によると、高天原《たかまのはら》から降りてきたニニギを出迎えたのは、サルタヒコではなく、事勝国勝長狭《ことかつくにかつながさ》なる神だったという。しかも、この聞きなれない名を持つ神の別名は、シオツチノオジだとされている。

この「異伝」は何を意味するのだろう。サルタヒコが住吉大神と同体だったことを意味しているのではあるまいか。

サルタヒコは、別名「白鬚大神《しらひげのおおかみ》」として、全国の白鬚神社で祀られている。白い鬚から連想されるのは、老翁である。ここでも、シオツチノオジと重なってくる。

特定の場所に祀られる神を数えるとき、「座《ざ》」を用いるが、さきほどの『延喜式』の「神名帳」には、この祀られる神の数も記載されている（多くの場合、郡《こおり》の単位で一括されているが、神社によっては単独で記載されている。もっとも単独記載の神社のほうがずっと少ない。なぜ、単独で言及されるものとそうでないものがあるのか、また、その基準が何であるのかはわからない）。

伊勢国にある記載神社を例に見てみよう。伊佐奈岐宮《いざなぎのみや》は、二座。これは簡単、イザナギとイザナミの夫婦神である。

サルタヒコを祀る阿射加神社は、どうか。「神名帳」には、はっきり「三座」と記されている。サルタヒコ一神としてではなく、ソコドクミタマ、ツブタツミタマ、アワサクミタマの「三神」として祀られているのである。

小阿坂にある阿射加神社の本殿は三棟ある。
サルタヒコを三神として祀っている

伊勢神宮の祭神の正体

では、次の二社は、どうだろう。こちらは、難題である。

大神宮《おおみかみのみや》——三座（うち相殿《あいどの》にいます神二座）
度会宮《わたらいのみや》——四座（うち相殿にいます神三座）

「大神宮」と「度会宮」は、それぞれ、伊勢神宮の内宮と外宮である。相殿というのは、複数の神を合祀《ごうし》することである。おそらく、ほとんどの人は、「内宮の祭神は天照大神、外宮の祭神は豊受大神《とようけの》」と教えられてきたのではないだろうか。伊勢神宮に「主祭神《しゆさいじん》以外の複数の神」が祀られていることを知る人さえ、多くないにちがいない。

現在、内宮の祭神は、「天照大神」を主殿に祀り、相殿に、天手力男神《あめのたぢからおのかみ》、万幡豊秋津姫命《よろづはたとよあきつひめのみこと》の二神が祀られているという。このことは、あえて大っぴらにはされていないが、隠されているわけでもない。天手力男神は、天の岩戸を押し開けた神であり、万幡豊秋津姫命は、ニニギの母神である。

この二神は、どういった経緯で合祀されたのか。とってつけたようなといったら語弊《ごへい》があるかもしれないが、ピンと来ないのは、筆者だけではないだろう。どうも、天手力男神と万幡豊秋津姫命の二神が、伊勢神宮の祭祀に深く関わってきたという歴史が見えてこないのだ。

ところが、伊勢の神が住吉大神であったなら、話は簡単だ。この「三座」には、そのまま「住吉三神」があてはまる。住吉大神を「天照大神」という単独神に変えたとき、「二座」余ってしまったから、まとめて相殿神にしたというわけだ。天手力男神と万幡豊秋津姫命はあとづけである。

いっぽうの外宮「四座」は、もっと秘密裡《り》にされている。じつは、相殿の「三座」は「御伴神《みとものかみ》（いっしょにいらっしゃる神）」とだけ伝えられ、どういった神であるかさえ、いっさい明らかにされていないのである。

そして、この秘密を解こうとする人がほとんどいないのも、不思議なものだ。しかし、明かせないのには理由がある。これが明かされたら、いまの神道の概念が根本から覆《くつがえ》ってしまうからだ。

外宮の相殿で祀られる「三座」は、「住吉三神」をおいてほかにない。すると、主祭神である「豊受大神」の正体も察《さっ》しがつくではないか。おそらく「神功皇后」だろう。

外宮の祭神「四座」は、住吉大社の祭神「四座」と同じだということがわかった。

そして、ここから神功皇后をのぞいた「三座（住吉三神）」について、「神功皇后の代理をつとめる斎王」が祀っていたのが内宮だということになる。都に戻る斎王が、真っ先に難波津に向かった理由も、これで理解できるだろう。

さらにいえば、阿射加神社で祀られる「三座」も、「住吉三神」である。

また、伊勢神宮内宮の入り口でサルタヒコを祀る猿田彦神社は、宇治土公《うじとこ》氏が奉斎《ほうさい》しているが、この宇治土公氏は、伊勢神宮内宮の玉串大内人《たまぐしおおうちんど》という職を代々つとめていた。ところが、明治になって神道の改革が断行され、多くの神職が神社を追われた。宇治土公氏もその例外ではなく、神宮の祭祀を離れると、現在地に猿田彦神社を創建したのである。

したがって、猿田彦神社じたいは古い神社ではない。しかし、宇治土公氏のサルタヒコ信仰は、たいへん歴史のあるものだろう。問題は、神宮の要職にあった氏族が、なぜサルタヒコを信仰していたかということである。

伊勢とは、住吉大神と神功皇后を祀る特別な場所だった。ヤマトをはさんで、まさに「西の難波」に対する「東の伊勢」だった。

『古事記』の仲哀《ちゅうあい》天皇の段に興味深い記事が残っている。

ある日、神託《しんたく》が下って、神功皇后の胎内にある御子《みこ》（応神天皇）が、男子であり、朝鮮をおさめる王となる人物であることがわかった。そこで、神託を下した神に向かって御名《みな》を問うたところ、次のように答えたのである。

「これは、天照大神の御心《みこころ》である。また、底筒男《そこつつのお》、中筒男《なかつつのお》、上筒男《うわつつのお》の三柱《みはしら》の大神である」

ソコツツノヲ、ナカツツノヲ、ウワツツノヲの「三柱の大神」といえば、住吉三神である。つまり、住吉大神が天照大神と同等であり、しかも託宣《たくせん》する神と言っているのだ。このことから、住吉大神が太陽神の性格を帯びていたことの暗示ととらえることが可能だ。

住吉大神が天照大神と並び称される太陽神だということであれば、この神は、サルタヒコと同体でもあるだろう。

三人のタラシヒコ

住吉大社と八十嶋祭の話に戻そう。

前田晴人は『神功皇后伝説の誕生』のなかで、「オオタラシヒメ」と「オオタラシヒコ」はセットで、この二柱の神は神功皇后伝説を飾る神であり、オオタラシヒコは住吉大神の祭儀神話に登場する神であることを指摘した。

そしてオオタラシヒコは、『古事記』や『日本書紀』のなかで、「第十二代景行《けいこう》天皇」となって新たな装《よそお》いで登場するとした。

この着想は、大きな意味を持っている。

住吉大社には、同型の四つの本殿（本宮）がある。そのうちの三つ（第一本宮、第二本宮、第三本宮）がタテに並んで、住吉三神を祀り、第三本宮の真横にある第四本宮には、息長足姫命、すなわち神功皇后が祀られる。

『住吉大社神代記《じんだいき》』によると、神功皇后と住吉大神は「夫婦の密事《むつびごと》」を通わせたという。古代の夫婦神は「～ヒコ」と「～ヒメ」のように対となる称を有しているから、神功皇后である「タラシヒメ」の夫神は、「タラシヒコ」だということになる。つまり、タラシヒコは住吉大神である。

あらためて景行天皇の和風諡号を見ると、『古事記』では大帯《おおたらし》日《ひ》子《こ》淤《お》斯《し》呂《ろ》和《わ》気《け》天皇、『日本書紀』では大足彦《おおたらしひこ》忍《お》代別《しろわけ》天皇、いずれも「オオタラシヒコオシロワケ」で共通している。

なにより『古事記』では、この天皇が、父である第十一代垂仁《すいにん》天皇の段で、「大足彦《おおたらしひこの》尊《みこと》」の名で登場している。むしろ諡号よりも、こちらのほうが重要な記述かもしれない。いずれにせよ、「オオタラシヒコ」といえば、景行天皇であった。

ここで問題なのは、神功皇后の「オオタラシヒメ」と同様、「オオタラシヒコ」という言葉じたいからは、なんの固有性も見いだせないということだ。これもまた名無しの権兵衛である。それもあって、諡号に「オシロワケ」という具体的な名が追加されたのだろう。

ちなみに「タラシ」の名は、景行天皇の子である第十三代成務《せいむ》天皇、孫である第十四代仲哀天皇にもつけられている。

第十二代景行天皇――オオタラシヒコオシロワケ（記紀とも）
第十三代成務天皇――ワカタラシヒコ（記紀とも）
第十四代仲哀天皇――タラシナカツヒコ（記紀とも）

『日本書紀』『古事記』ともに、成務天皇が「ワカタラシヒコ（稚足彦天皇）」、仲哀天皇が「タラシナカツヒコ（足仲彦天皇）」である。「稚《わか》」や「仲《なか》」といった記号的な一文字が加えられてはいるが、こちらも名無しの権兵衛にはちがいない。

ひとりの「タラシヒコ」の頭に「大」「稚」「仲」をつけて、三人の名にしているのだ。これは、同じ「ツツノヲ」の頭に「底《そこ》」「中《なか》」「表《うわ》」をつけた「住吉三神」のなりたちと、たいへんよく似ている。

さらにいえば、仲哀天皇は、成務天皇の子ではない。成務天皇は、景行天皇の第四子で

「タラシ」の大王

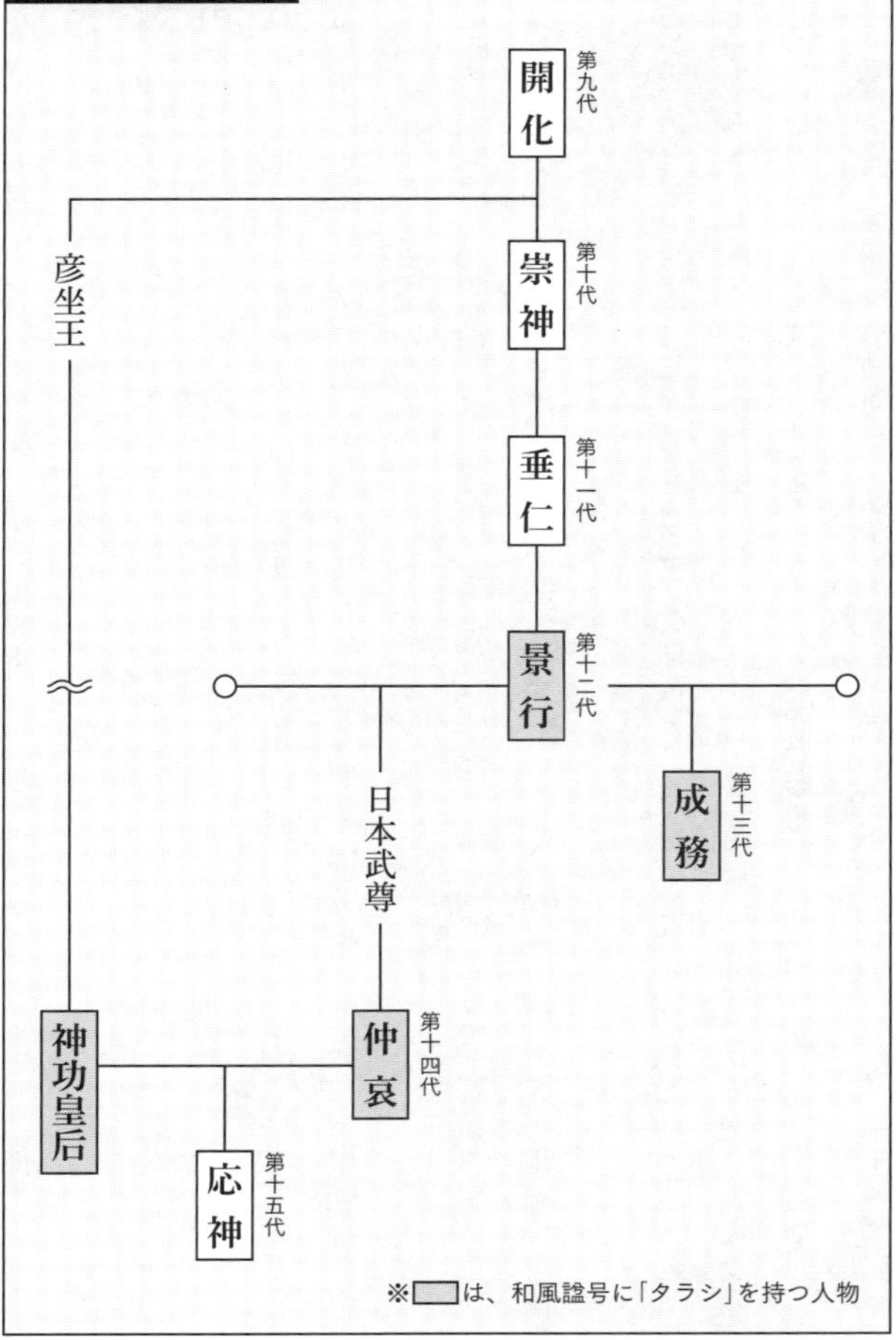
開化 第九代
崇神 第十代
垂仁 第十一代
景行 第十二代
成務 第十三代
仲哀 第十四代
応神 第十五代
彦坐王
日本武尊
神功皇后
※□は、和風諡号に「タラシ」を持つ人物

あるが、仲哀天皇は、景行天皇第二子のヤマトタケルの子である。つまり、仲哀天皇にとって、成務天皇は叔父にあたる。

では、実際の父であるヤマトタケルに「タラシ」の名がつけられなかったのは、どうしてなのか。

それだけではない。景行天皇は、みずから「九州征討」に赴き、東国行幸《ぎようこう》もおこなっている。その足跡は、子であるヤマトタケルの「熊襲《くまそ》（南部九州）征討」や東国行きをなぞっているといってもよいだろう。

また仲哀天皇は、「熊襲征討」の強行を主張したあげく、神の怒りにふれて亡くなった。この哀れな最期《さいご》も、伊吹山《いぶきやま》で傷つき、伊勢の能褒野で亡くなったヤマトタケルの姿を彷彿《ほうふつ》とさせないだろうか。

すると、もともとは同じ「タラシヒコ」の所伝《しよでん》を、景行、成務、仲哀という三人の天皇と、ヤマトタケルという皇子に分解したと考えられなくもない。なぜ正史が、こんな面倒なことをしたのかといえば、「タラシヒコ」の実像をなるべく薄めたかったからである。

タラシヒコも、ヤマトタケルも、名無しの権兵衛、つまり固有性を持たない名をつけられたという事実が重要なのだ。ならば、この人物の実体は何なのか。

ここで、景行、成務、仲哀、応神、仁徳の五代の天皇につかえたという「武内宿禰《たけしうちのすくね》」という人物が浮上してくるのだが、それについては第四章で述べたいと思う。

日本海に栄えた朝鮮王子の子孫

もうひとつ、タラシヒコやヤマトタケルとつながる重要人物についても見ておく必要がある。それは、『古事記』において「神功皇后の祖」と記された「アメノヒボコ」である。

アメノヒボコは、『日本書紀』には「天日槍」、『古事記』に「天之日矛」の表記で登場する（読み方はともに「アメノヒボコ」）。この人物にまつわる興味深い説話が、『古事記』の応神天皇の巻にある。

ある日、新羅の王子アメノヒボコは、ひとりの男と出会う。その男は、阿具奴摩《あぐぬま》という沼のほとりで、虹のような光に感応《かんおう》して妊娠した女が「赤玉《あかだま》」を生むのを目撃したといい、女からもらい受けた赤玉を携行していた。

そこでアメノヒボコは、汚い手を使って（ありもしない罪で勾留《こうりゅう》し、放免《ほうめん》の交換条件として）男から赤玉を奪うと、それを家の床《とこ》のべに飾っておいた。すると、赤玉から美しい嬢子《おとめ》が生まれる。

アメノヒボコはその嬢子を妻にして、毎日珍味を提供してもらっていた。まもなくすると、「われは、あなたの妻となるべき女ではありません。わが祖国《おやのくに》に行きたいと思います」といって、アメノヒボコの前から姿を消してしまった。

彼女は、小舟に乗って日本に渡り、難波に着いた。この地で、比売碁曾社《ひめこそのやしろ》（現在の比売許曽神社、大阪市東成区《ひがしなり》）にアカルヒメ（阿加流比売）として祀られたという。

いっぽう、妻に逃げられたアメノヒボコも、そのあとを追って日本にやってくる。いったん難波にまで来るが、渡《わたり》の神によって追い返され、「多遅摩国《たぢまのくに》（但馬国）」まで戻った。そして、この地に根づき、現地の娘とのあいだに子をもうけた。

その子孫は代々続き、そこからタヂマモリ（多遅麻毛理）などが出た。

タヂマモリは、天皇への純粋な忠誠心で知られる人物で、垂仁天皇より「非時香菓《ときじくのかぐのみ》」（いまの橘《たちばな》とされ、不老長寿の薬）を探すよう求められ、常世国《とこよのくに》に向かう。ところが、よ

比売許曽神社の社頭。鶴橋駅近くの住宅地のなかに埋もれるようにして鎮座する

垂仁天皇陵（右)。その濠に浮かぶ小さな墳墓が、タヂマモリの墓とされる

うやく戻ってきたら、時すでに遅く、天皇は亡くなっていた。タヂマモリは、その陵墓の前で嘆き悲しみ、そのまま亡くなったという（それで、垂仁天皇陵の横にある小さな墳墓は、タヂマモリの墓とされる）。

『古事記』に掲載されたアメノヒボコの系譜は、葛城之高額比売《かづらきのたかぬかのひめ》という女人で終わっているが、興味深いことに、この人物には「息長帯比売命の御祖《みおや》（神功皇后の先祖）なり」という注記がつけられている。

以上をまとめると、およそ次のような系譜になる。

アメノヒボコ――タヂマモリ――葛城之高額比売――神功皇后

つまり、朝鮮から海を渡ってきた貴人の子孫が「但馬国（兵庫県北部）」において栄え、「葛城（奈良県西部）」の女人はその子孫であり、これが神功皇后にもつながるという壮大な系譜である。

ここで注目すべきは、日本海の権力者がヤマトに進出し、葛城の地に住みついたという地理的な移動だろう。

さて、『日本書紀』の垂仁天皇の巻に登場するほうのアメノヒボコ（天日槍）も見ておこう。こちらにも、タヂマモリ（田道間守）の祖となったという話はあるが、さきほどの「赤玉」と「嬢子」のくだりは出てこない。

その代わりに、アメノヒボコが日本に七物《ななくさ》の神宝《かんだから》をもたらし、これを但馬国で祀っているという記事がある。そしてこの神宝を、垂仁天皇がアメノヒボコの子孫から奪おうとする話にいたる。

さらに、アメノヒボコの記事のひとつ前に「一書にいわく」として、崇神天皇の時代に、やはり朝鮮からやってきた「ツヌガアラシト（都怒我阿羅斯等）」という王子が登場する。そして、このツヌガアラシトにまつわるものとして、さきほどの赤玉と嬢子のくだりと瓜二《うりふた》つの話が、「白石《しろきいし》」と「童女《おとめ》」に形を変えて出てくるのだ。

ツヌガアラシトは「意富加羅国《おおからのくに》の王子」とあるが、おそらくアメノヒボコと同一人物をさしているものと思われる。意富加羅国は「大加羅」であり、新羅《しらぎ》と百済《くだら》に囲まれた伽耶《かや》諸国の一国だろう。

また、ツヌガアラシトの名の由来は「額に角《つの》のある人」であるという。この角のある王子が最初にやってきたのが、いまの福井県敦賀《つるが》市である。

敦賀を代表する社《やしろ》といえば、越前国《えちぜんのくに》一宮の気比《けひ》神宮だ。その境内の東隅には、摂社の角鹿《つぬが》神社が鎮座し、ツヌガアラシトが祀られている。「角鹿」は、もちろんツヌガアラシトの名に由来し、そこから敦賀の地名が生まれた。

アメノヒボコとツヌガアラシト——同類の説話が、崇神天皇や垂仁天皇の時代と応神天皇の時代にわたっている。二つの時代は、三百年近いへだたりがあるが、このころの王統《おうとう》譜《ふ》は、時代が前後している。これについては、次章でくわしく述べたい。

『日本書紀』において、アメノヒボコの話を垂仁天皇の巻で描いているのは、タヂマモリの話（天皇への強い献身性）をここに入れたかったからだろう。

さらに、これだけではない。じつは朝鮮の史書である『三国史記《さんごくしき》』にも、アメノヒボコ説話と似たような話が出てくるのだ。

そのむかし、倭国の東北一千里にある「多婆那国《たばなこく》」の王が、ある女人国の王女を娶《めと》った。ところが、この妻が「卵」を生んだため、箱に入れ、海に流した。

気比神宮のシンボル、大鳥居

気比神宮摂社の角鹿神社。
この小社あっての気比神宮であり、
敦賀である

この箱が、伽耶諸国の一国である金官《きんかん》伽耶に流れ着くが、やはり気味悪がって、誰も拾わなかった。さらに箱は、辰韓《しんかん》（のちの新羅）の浜に流れ、土地の老婆に拾われた。すでに箱のなかの卵はかえり、男児が入っていた。老婆はこの男児をわが子として育てる。これが、のちに辰韓の王となる「脱解《だつかい》」である。

ここで、多くの人が日本のおとぎ話を思い浮かべたにちがいない。「卵」を「桃」に変えれば、海を川に変えれば、そのまま「桃太郎」である。赤玉、白石、卵、桃と、形こそちがっているが、いずれも丸く、霊力をおびた自然からの贈りものだ。

ひょうたんと丹波《たんば》

さて、朝鮮で王となった脱解を補佐したのが、瓠公《ここう》という倭人《わじん》だった。瓠公の「瓠《こ》」は、「ひさご（ひょうたん）」のことである。

『三国史記』には、この倭人がひょうたんを身につけて海を渡ったことが記されている。ひょうたんの内部の空気によって浮力を得るというイメージから、船が水没しないための呪術としたのだろう。

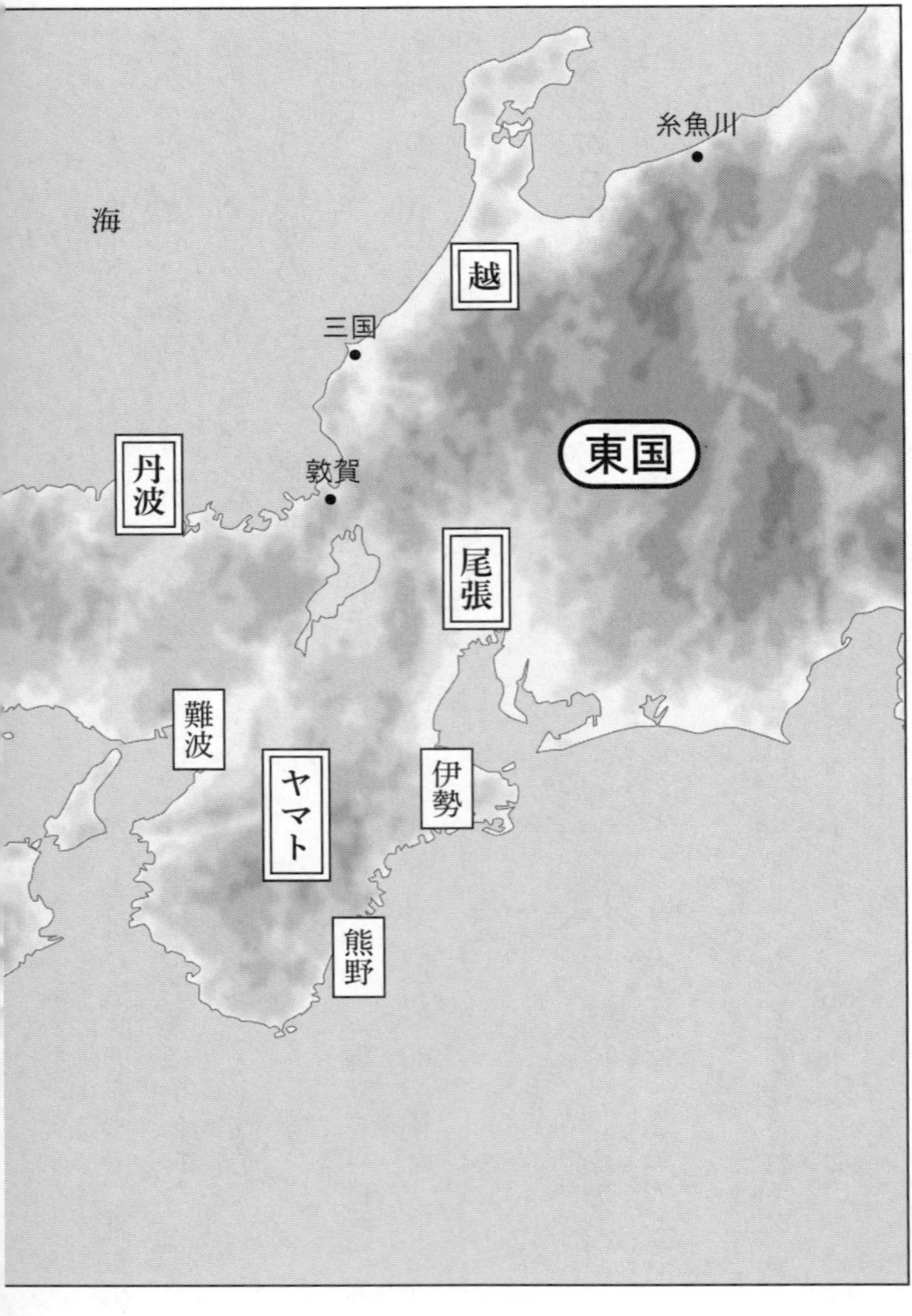

糸魚川
海
越
三国
東国
丹波
敦賀
尾張
難波
ヤマト
伊勢
熊野

本書に登場する重要地域

『古事記』のなかで、天照大神と住吉大神があらわれ、「神功皇后の胎内の応神天皇が朝鮮をおさめる王となる」という神託を下したとき、ご丁寧《ていねい》なことに、そのために何をすべきかも語ってくれた。ここにも、箸《はし》や皿といっしょに「瓠《ひさご》」の霊力が示されている。

「いままことに、その国（朝鮮）を求めようと思うのであれば、天神地祇《あまつかみくにつかみ》、山の神、河と海の神のすべてに、幣帛《みてぐら》をたてまつり、わが御魂《みたま》を船の上に祀って、真木《まき》の灰を瓠に納《い》れ、また箸《はし》と比羅伝《ひらで》（葉の皿）をいっぱいつくって、これらをみなみな大海に散らし浮かべながら、海を渡るべき……」

筑前守《ちくぜんのかみ》羽柴秀吉《はしばひでよし》が、千成瓢簞《せんなりびょうたん》を旗印にしたのも、こういった「ひさご」の霊力を知ってのことだろう。もし彼が、「朝鮮をおさめる応神天皇」の後継となることを意識していたのだとすれば、まさに歴史は、歴史によってつくられたことになる。

丹後《たんご》半島の付け根、天橋立《あまのはしだて》の付け根となる地に、丹後国《たんごのくに》一宮の籠《この》神社がある。ここに伝わる神鏡《しんきょう》は、伝世鏡《でんせいきょう》（出土したものではないということ）としては現存最古のものであ

籠神社の奥宮、真名井神社の境内

木と石の神聖な世界

籠神社の門前に立てられた石柱。「豊受」の文字が見える

る。また、籠神社の宮司家である海部《あまべ》氏の系図は、日本最古の系図として国宝に指定されている。

金久与市《かねひさよいち》の『古代海部氏の系図』によると、籠神社の海部氏には、「丹波の人である瓠公が新羅に渡り、脱解となった」という伝承があるという。

そして、籠神社の奥宮《おくみや》である真名井《まない》神社は、近隣随一の聖地であり、いまも鬱蒼《うつそう》とした森と磐座《いわくら》を残し、豊受大神の最古の信仰地とも考えられる。かつては「吉佐宮《よさのみや》」と称し、これが与謝郡《よさのこおり》の由来になったのだろう。

また、「よさのみや」は「匏宮」とも表記されていた。「匏」は、「ひさご」である。また、この字は、形から「胞（えな）」にも通じる。胞衣といえば、「神功皇后――応神天皇」母子の「胎中天皇説話」を思わせる。ここでも神功皇后の影がちらつく。

脱解が瓠公と同一人物であるかはわからないが、筆者は、脱解も倭人だったのではないかと考える。彼の祖国という「多婆那国」は、「倭国の東北千里」とあることからも、本州の、それも日本海側のどこかと考えてよさそうだ。「タバナ」という音から、「タニハ（丹波）」や「タヂマ（但馬）」にあてる説がある。

そして、アメノヒボコやツヌガアラシトと称された人物は、脱解の子孫だったのではないかと考えている。

朝鮮と丹波の通交が深まっていくなかで、人的交流も活発になった。丹波から朝鮮に渡ってそこに根づく人がいれば、朝鮮から来て丹波に根づく人も多くいたにちがいない。すると、朝鮮に渡った丹波出身者の子孫が祖国に帰ってくる例もあっただろう。その代表的人物がアメノヒボコ（ツヌガアラシト）だった。けっして、逃げた女房の尻を追ってきたわけではないのである。

丹後国や但馬国も、かつては広大な「丹波国《たんば》」の一部だった。それが、七世紀から八世紀にかけておこなわれた再編により独立したのである。敦賀のある若狭国《わかさのくに》も、いまは福井県に編入されているが、「丹波」にごく近い地域である。

いずれにせよ、日本海に広く面する「丹波」の地は、朝鮮半島への玄関として、いちじるしい繁栄を謳歌していたにちがいない。その勢力こそが、のちに「ヤマト建国」の原動力ともなった。

なぜなら、ヤマトからそれほど遠くない「丹波」の存在によって、それ以前に圧倒的な勢力を誇っていた、はるか遠くにある「北部九州」の力をもはや借りずとも、ヤマトという内陸に一大勢力圏を築《きず》くことができたからである。

さて、ヤマト政権やその後の政権の思惑《おもわく》はいざ知らず、住吉大社が今日にいたるまで、「住吉大神＝オオタラシヒコ」と「神功皇后＝オオタラシヒメ」を並べて祀りつづけたということに、大きな意味がこめられているのではないか。

そして、これら「タラシ」の王家は、おそらく脱解と通じている。

脱解を韓国語で発音すると「タレ」である。「脱」と「解」を個別に発音すると、それぞれ「タル」と「ヘ」となるが、この「タレ」や「タル」は、「タラシ」やタリシヒコの「タリ」とまったく無関係とは思えない。

もっといってしまえば、垂仁天皇の「垂」も「タレ」「タル」である。そうすると、崇神天皇と応神天皇にはさまれた四人の天皇は、すべて「タラシヒコ」だったということになる。

「丹波」から朝鮮に渡って王となった脱解の末裔がアメノヒボコであることも、アメノヒボコが「丹波」に帰ってきて、その末裔が神功皇后とされることも、すべて話がつながってくる。

「タラシヒコ」の正体は、アメノヒボコだろう。つまり神功皇后は、アメノヒボコの遠い末裔ではなく、妻である。これで、神功皇后と朝鮮の関係が色濃いことや、子の応神天皇が「特別」な王と見なされていることにも、理由がついてくるのである。そして、比売碁曾社に祀られるアカルヒメは、神功皇后である。

もっとも、こんな壮大な歴史は、『日本書紀』や『古事記』はもちろん、どこにも書かれていないから、そのはしばしに残された断片から、想像をたくましくするしかない。

しかし、『日本書紀』や『古事記』が何か重要な事実を隠していることもまた確かなのである。だからこそ、「タラシヒコ」の系譜はあえて、ここまでわかりにくく記されたと見るべきではないだろうか。

歴史から消された神の祟り

ふたたび話を戻そう。難波津でとりおこなわれる八十嶋祭が、天皇の即位と密接に関わっていることはわかったが、そもそも何のためにとりおこなわれたのか、いぜん大きな謎を残したままである。

まず、禊祓だったのではないかという説が強まってきた。それはなぜかということで、伊勢から戻ってきた斎王が、都を素どおりして、そのまま難波津に向かうことに目を向けた。どうやら、難波津で禊祓をすることに大きな意味が隠されているようだ。

そして、この地で斎王が八十嶋祭の前座のような役を果たしていることから、伊勢の神と住吉大神が同体ではないかと推測した。

そこで、あらためて八十嶋祭がいつ始まったかに注目してみると、驚くべき記事につきあたる。

正史である『続日本後記《しょくにほんこうき》』承和《じょうわ》十年（八四三）四月二十一日条に、神功皇后の山陵《さんりょう》の樹木を誤って伐採《ばっさい》してしまい、「祟り神としての神功皇后」を恐れた朝廷が、これを丁重《ていちょう》に祀りあげたというのである。

八十嶋祭の文献上の初見は、『文徳実録』の嘉祥三年（八五〇）であるから、その七年前のことである。筆者は、承和十年の「神功皇后の祟り」の記事と八十嶋祭がとりおこなわれるようになった動機のあいだには、深い関係があると見ている。

『住吉大社神代記』のなかで、住吉大神のことを「祟る神」といったのは、神功皇后である。そして、その神功皇后もまた、「祟る神」として恐れられていた。

たしかにそうだ。夫（タラシヒコ）が祟るのに、その妻（タラシヒメ）が祟らないはずがない。彼らは、祟るために権力者から忌《い》み避けられ、その姿を封《ふう》じられ、結果としてほんとうの名を奪われた。そしてついには、歴史から消されてしまったのである。

第二章

神の名を持つ天皇

四人の「神」——神武《じんむ》、崇神《すじん》、神功《じんぐう》、応神《おうじん》

漢風諡号《かんふうしごう》に「神」の一字を持つ天皇は、三人いる。初代神武《じんむ》天皇、第十代崇神《すじん》天皇、第十五代応神《おうじん》天皇である。これに応神天皇の母である神功皇后《じんぐうこうごう》を加えると、たった四人だけが、「神」の名を与えられたことになる。

この文字も表向きは、漢籍《かんせき》から採用されたものとされる。『逸周書《いつしゅうしょ》』（孔子《こうし》が『書経《しょきょう》』から漏《も》らした内容をまとめたという書籍）には、「民能《タミヨ》ク名《ナヅ》クル無《ナ》キヲ神ト曰《イ》フ」とある。神とは、無上の存在だ。

だから、「神」の諡号を与えられた天皇も「まるで神のような、偉大な王」だったから、そう名づけられたと誰もが考えてきた。

神武天皇はまぎれもなく、記紀（『古事記』と『日本書紀』）が描く「初代王」である。天皇の系譜のいちばん最初に出てくるのだから、そう考えるのが一般的だろう。

いっぽうの通説では、そこから約五〇〇年後に登場する崇神天皇こそ、「実在した初代王」と見なされている。『日本書紀』では、両天皇とも、「ハツクニシラススメラミコト（はじめて国を治《おさ》めた天皇）」として称《たた》えているのだが、「神武天皇は架空の人物だが、崇神

天皇は実在しただろう」というのだ。

通説では、『日本書紀』の神武天皇と崇神天皇、それぞれの記事に空白の時間があって、両天皇の話を合体するとぴったり穴が埋まる。こういったことなどから、崇神天皇をモデルにして、神武天皇が編《あ》みだされたのではないか、あるいは、ひとりの初代王の話を二人の天皇の伝記に振りわけたのではないか、などと考えられている。

そして、崇神天皇の約三〇〇年後に登場する応神天皇は、「王朝交代説」をとなえる人たちから、「河内《かわち》王朝の初代王」と位置づけられている。

応神天皇の母、神功皇后は、そのたぐいまれな統率力によって、息子の即位の道を開いたということだろう。

では彼らは、国の基礎を築《きず》いた功績により、「神」と称えられたのだろうか。

ただ、それをいうなら、多くの天皇が「神」であったはずだ。なぜ、はるか古代の四人だけが「特別あつかい」されなくてはならなかったのか、その説明はつかない。もっとも、この考え方は、現代日本人の勝手な思いこみであるのだが。

神は鬼――よく祟《たた》り、よく恵む

「神」とは、かつての日本人にとって、大自然の象徴であった。雨が降れば、作物が育ち、恵みがもたらされる。雨を降らせてくれるのが「神」であれば、旱魃《かんばつ》も「神」のしわざであった。さらに大雨となれば、田畑や人家は流される。

それは、「恵みをもたらすありがたい存在」であると同時に、「禍《わざわい》をもたらす恐ろしい存在」でもあった。つまり、人間から見たところの善と悪とをあわせもち、それを超越した存在が、「神」の本来の姿なのだ。

古代において、この概念をあらわす言葉は「モノ」である。「もののけ姫」の「もの」といえば、わかるだろう。「物部氏《もののべ》」の「もの」も、同じである。物部氏は、経済と軍事の面で権力をにぎったと見られてきたが、この名から、本来の性格は、宗教的な権威をつかさどる氏族であったことがわかる。

すると「神」は、その正反対の「鬼」でもあった。「神」と「鬼」は、表裏一体であり、総じて「鬼神《きじん》」といわれるゆえんである。これは、相反《あいはん》する鬼と神ではなく、「鬼であり、かつ神である」という意味にほかならない。

たとえば、『日本書紀』には、百済《くだら》の貴族が多く登場する。その代表が鬼室《きしつ》氏である。百済王豊璋《ほうしょう》をいただき百済を復興しようとした鬼室福信《ふくしん》、それから、天智《てんじ》天皇の時代に冠位を与えられる鬼室集斯《しゅうし》などが知られる。

「鬼室」の名の由来について、弘仁《こうにん》六年（八一五）にまとめられた、名族の紳士録ともいうべき『新撰姓氏録《しんせんしょうじろく》』は「鬼神感和《かんわ》の義《ぎ》（意味）によりて」と説明している。鬼室氏は、のちに百済公《くだらのきみ》の姓《かばね》を賜《たまわ》った。

この「鬼」が何なのかということだろう。鬼室氏は、百済王族と並ぶ名家であるから、「鬼」が悪い意味をあらわしているはずがない。「神」なる存在であったから、そう名づけられたのだろう。

古来日本においても、「鬼」という言葉や文字に、これを貶《おとし》めるような意味合いはなかった。むしろ「鬼」は、畏怖《いふ》し、崇《あが》め尊《とうと》ぶべき対象である。だから、豆まきの「鬼は外」は、後世につくられた慣習である。

そこで思い起こされるのが、「魏志倭人伝《ぎしわじんでん》」（正しくは、『魏書《ぎしょ》』東夷伝倭人条《とういでんわじんのじょう》）の有名な一節、「卑弥呼《ひみこ》、鬼道《きどう》につかえ、よく衆《しゅう》を惑《まど》わす」である。この「鬼道」こそが、本来の日本人の神観念であるはずなのだ。鬼道は、そのまま神道である。

しかし、こういった考え方は、当時の中国の権力者たちから見れば、彼らの儒教的価値や人工的な秩序と対立するものだった。そのため、「原始的で野蛮だ」というふうに受けとめられた。

いっぽうの日本人は、恐ろしい存在も、丁重《ていちょう》に祀《まつ》り、称えることによって、恵みをもたらす存在になる——そう、思いたかった。このとき、彼らが恐れていたのは、鬼である神による「祟《たた》り」である。「祟り」がなければ、平穏な暮らしが保障される。

菅原道真《すがわらのみちざね》は、時の権力者である藤原《ふじわら》氏の陰謀によって、九州に追いやられ、当地で不遇の死をとげた。これにより、関係者の死や大極殿《だいごくでん》の落雷など、さまざまな不幸が起こって、人は「菅原道真の祟り」と噂するようになった。

その結果、菅原道真は「祟り神である天神《てんじん》」として祀られることになり、それが、いまでは学問の神「天神さん」として、受験生の絶大な人気を誇っている。

また、福神《ふくじん》としてセットで信仰される大黒天《だいこくてん》と恵比須《えびす》は、「出雲神《いづものかみ》」である「オオクニヌシ（大国主）」とその子「コトシロヌシ（事代主）」がモデルとなった。

オオクニヌシとコトシロヌシといえば、武力でせまる天孫《てんそん》に対して、いわゆる「出雲の国譲り」を受けいれた神であり、『古事記』は、このときのコトシロヌシの奇妙な行動を記している。

「船を踏《ふ》み傾けて、天逆手《あめのさかて》を青柴垣《あおふしがき》に打ち成《な》して、お隠れになった」

この有名な一文がどういった状況を示しているのかは、いまもって明確ではないが、「天逆手」の「逆」や「青柴垣」の「青」といった字が、不吉な死のイメージを漂《ただよ》わせている。いずれにせよ、コトシロヌシは、征服者たちに「呪い」をかけて、姿を消したのである。

そういったこともあって、オオクニヌシとコトシロヌシは、天孫も恐れる「祟り神」となった。それが、時代を経て、代表的な福神に変わったのだ。もっとも、このことは不思議ではなく、「神」の本来の性質を考えれば、ごく当然のことだと思う。

祟る力もない神が、大きな恵みをもたらす力を持てるはずがない。だから、よく祟るからこそ、よく恵む。それだけ霊力が強いということだろう。

現代人の感覚だと、どうしても「祟り」より、「恵み」のほうに意識がいきがちなのだが、本来の祭祀の目的は、その逆である。いかにして祟られないようにするかに重きがある。したがって、「神」の本来の姿は「鬼」だ。

祟る天皇、祟られる天皇

そうすると、「神」の名を負う天皇たちもまた、同時に「鬼」の名を負ったことになるのであろう。実際の彼らも、「鬼のように恐ろしく、祟る存在」であり、あるいは「激しい祟りに向きあわされた存在」だった。

前章でも述べたとおり、神功皇后は平安時代になっても、なお「祟り神」として知られていた。

応神天皇は、神功皇后が「新羅征討《しらぎせいとう》」を終えて九州に戻ったところで生まれたが、ヤマトの居残り組は、神功皇后と応神天皇の母子のヤマト入りを阻止しようと、陣を張った。応神天皇の異母兄、香坂王《かごさかのみこ》と忍熊王《おしくまのみこ》の兄弟である。彼らは、応神天皇の即位を拒《こば》んだ。

『古事記』に描かれた、このときの状況は興味深い。「応神天皇はすでに亡くなった」というウソの話をわざと漏らし、「喪船《もふね》」に乗せられた天皇が、ひそかに瀬戸内海を東に向かったとある。

死んだフリをして、敵を油断させたとも読みとれるが、これは、おそらくコトシロヌシの「天逆手」や「青柴垣」と同じく「呪い」の表現であろう。こうして「呪い」をかけられたヤマトの敵対勢力は撃退される。香坂王は、戦死ではなく、「猪《いのしし》」に襲われて命を落とした。いわば敵失によって得た勝利である。

一般に同一人物と推定されている神武天皇と崇神天皇は、対照的に「祟る天皇」と「祟られる天皇」だった。それにしても、「祟る天皇」と「祟られる天皇」が同一人物などということは、ありうるのだろうか。

まず、「神武東征《じんむとうせい》」の一節を追ってみよう。最初、難波《なにわ》に上陸してヤマト入りを計画した神武天皇は、土着のナガスネヒコの強い抵抗にあって、這々《ほうほう》の体《てい》で退散する。

このとき、神武天皇の長兄のイッセが深い傷を負いながら、「われは日神《ひのかみ》の御子であるから、日に向かって戦うことはよくない。ぐるりと回ってでも、（東の方角から）日を背負って戦おう」と提言する。そこで、紀伊《きい》半島に沿って南下するが、イッセはその途中で亡くなり、竈山《かまやま》の地に埋葬される（和歌山市の竈山神社）。

結局、紀伊半島の反対側の熊野《くまの》村までやってきて、さらに二人の兄（イナヒとミケイリヌ）を失う。その後も現地の抵抗に苦戦していると、タカクラジという人物と会い、彼を介して神託を受けた。この神託のおかげで、神武天皇は戦に勝利する霊力を得ることができたのである。

神武天皇の軍は、けっして無敵の強さではなかった。というより、三人の兄を失うほどの苦戦であった。しかし、敵に「呪い」をかけることで、念願のヤマト入りを果たしたのである。抵抗したナガスネヒコは味方に殺され、神武天皇は、ヤマトを支配していたニギハヤヒから王権を禅譲される。

つまり神武天皇は、「祟る天皇」だった。

崇神天皇は、どうだろう。彼は一転して「祟られる天皇」だった。その時代、天変地異に苦しめられ、疫病《えきびょう》が蔓延《まんえん》し、人口は激減、残る民も流浪した。政権にそむく者もあらわれた。

そこで占ってみると、「出雲神」オオモノヌシによる「祟り」であることがわかった。

オオモノヌシは、「わが子オオタタネコによって、われを祀らせれば、たちどころに世は平穏《へいおん》をとり戻すだろう」と神託を下し、崇神天皇はいわれたまま、オオタタネコを探しだすと、彼にオオモノヌシを祀らせた。「オオモノ」とは、その名のとおり「スーパー鬼神」ということだろう。この祭祀《さいし》が、のちの大神《おおみわ》神社の信仰となる。

天皇につけられた「神」の名は、「鬼神の祟り」とおおいに関係がありそうだ。

それにしても、「天皇が神に崇られることなどあるのか」と思う人がいるかもしれない。

しかし実際は、崇られっぱなしなのが、天皇なのである。

『古事記』によると、葛城山《かづらきやま》（奈良県御所《ごせ》市）の山上で遊んだ雄略《ゆうりゃく》天皇は、「大猪《おおいのしし》」に襲われている。これも、香坂王を食い殺した猪と同じ、神の化身にちがいない。雄略天皇は最初、手持ちの武器で応戦するが、そのためにますます猪を怒らせてしまい、恐れた天皇は木の上に逃れて、歌を詠《よ》む。

「やすみしし　わが大君《おおきみ》の　遊ばしし　猪《しし》の病猪《やみしし》の

嗿《うた》き畏《かしこ》み　わが逃げのぼりし　あり尾《お》の　榛《はり》の木の枝《えだ》」

木の枝にしがみつき、「わが逃げのぼりし（木の枝）」と歌う雄略天皇の様子を想像するだけでも滑稽《こっけい》で、思わず笑いがこみあげてくるではないか。天皇とはいえ、このように現代人の感覚を通してみれば、恥とも思えるような話が、はっきりと記されているのだ。

崇神天皇を悩ませた「祟り」も、神の怒りと無関係ではなかった。

ここで疑問が起こってくる。崇神天皇は祟られたのに、なぜ神武天皇と応神天皇が祟る側だったのかということだろう。初期の天皇家は、「祟る天皇――祟られた天皇――祟る天皇」という系譜を持っていたことになるが、そんな奇妙な系譜ができあがったのは、なぜなのかという問題である。

それには、崇神天皇に祟った神の正体をつきとめなくてはならない。

出雲神《いづものかみ》の祟り

「出雲の神は、天孫に国譲りをし、姿を消してからは、ほとんど出番がない。なぜなら、出雲の神世界は、人間の天皇の時代とは無関係だからである」——そう、誤解している人は、意外に多いのではないだろうか。

通説は、出雲を「神話に限定された世界」としてきた。学校でも、「出雲神話は、史実とは無関係の、とるに足りないおとぎ話」と教えられてきた。

ところが、神代《かみよ》を離れて天皇の時代になっても、「出雲神」は登場している。その頻度《ひんど》は、のちに皇祖神《こうそしん》となる「天照大神《あまてらすおおみかみ》」より多い。ヤマト朝廷がもっとも重視していた神は、皇祖神ではなく「出雲神」ではなかったかと思われるほどである。

天皇の時代になっても、「出雲神」が重要だったからこそ、あれだけ多く神話のなかで語られたのだ。そう、考えたほうが自然だろう。

ただ、誰が見ても一目瞭然《いちもくりようぜん》というわけではない。ほとんどの場面において、「出雲神」であることが、わかりにくくされているのは事実で、それがミソでもある。わかる人だけがわかるようになっている。

いっぽうで、はっきりと「出雲神」のしわざと明記された事件もある。その話は、『古事記』の垂仁《すいにん》天皇の段に出てくる。

垂仁天皇には、ホムチワケという御子《みこ》がいた。

この御子、八拳鬚《やつかひげ》が胸にかかるまで（すっかり成人するまで）、言葉を発することができなかった（真事問《まこと》わず）。それが、高く飛ぶ鵠《たづ》の声を聞いて、はじめて「あぎ」と声に出したのだった。そこで天皇は、山辺之大鶙《やまべのおおたか》をつかわして、その鵠を追わせた。

この鳥は、木国《きのくに》（和歌山県）から、針間国《はりまのくに》（兵庫県西南部）にいたり、さらに追うと、稲《いね》羽国《ばのくに》（鳥取県）を越え、旦波国《たんばのくに》（京都府中部から兵庫県東部）、多遅麻国《たぢまのくに》（兵庫県北部）にいたり、東の方角まで追うことになって、近淡海国《ちかつおうみ》（滋賀県）にいたり、そして三野国《みぬ》（岐阜県）を越え、尾張国《おわりのくに》（愛知県西部）をつたって、科野国《しなののくに》（長野県）まで追い、ついに高《こ》志国《しのくに》（北陸地方）にいたった。

そして、高志国の和那美之水門《わなみのみなと》というところで網を張ると、ようやくその鳥をつかまえることができ、献上されたのである。

ところが、その鳥を見れば言葉を発すると思っていたのに、御子は、何も話さなかった。ショックを受けた垂仁天皇だったが、今度は、その夢のなかに神があらわれ、そして告げた。

「わが宮を天皇の宮と同じように立派につくれば、御子はかならず言葉を発するであろう」

目をさました天皇が、布斗摩邇《ふとまに》で占って、夢のお告げがいかなる神の述べたものかを求めたところ、その祟りは、「出雲大神《いづものおおかみ》の御心《みこころ》」だということがわかったのである。

このように御子が言葉を発しないのは、「祟り」であり、祟った神の正体を『古事記』は明らかにしている。「出雲神」が天皇家に祟っていたのだ。

オオモノヌシの正体

ヤマト建国は、三世紀の纏向《まきむく》遺跡の出現に求められる。纏向遺跡は、オオモノヌシが祀られる三輪山《みわやま》のふもとに広がる。周囲には、崇神天皇陵などの前方後円墳《ぜんぽうこうえんふん》や大神《おおみわ》神社、檜原《ひばら》神社などの古跡が残され、いまも山《やま》の辺《べ》の道《みち》や万葉歌が刻まれた石碑を訪ね歩く人が多い。

三輪山麓《さんろく》は、ヤマト朝廷揺籃《ようらん》の地であり、同時に「出雲神」の祭祀地でもある。

オオモノヌシ（大物主）は、「出雲神」であるオオクニヌシ（大国主）の別名である。『日本書紀』の「一書《あるふみ》（第六）」によると、オオクニヌシには、オオモノヌシのほかにも、クニツクリオオナムチ（国作大己貴）、アシハラシコヲ（葦原醜男）、ヤチホコ（八千戈）、オオクニタマ（大国魂）、ウツシクニタマ（顕国魂）と六つの別名があったという。

オオクニヌシは、スクナヒコナ（少彦名）と力を合わせ、心をひとつにして、国造りにはげむが、スクナヒコナが常世《とこよ》に行ってからは、オオクニヌシがひとりでその意を受けついだ。そして、建国を実現したのである。

そして、出雲国までやってきたオオクニヌシが、建国の仕上げに、「いまこの国をおさめるのは、ただわれひとりのみである」と「言挙《ことあ》げ（言葉を発して神に宣言すること）」したところ、目の前の海を「神光《あやしきひかり》」が照らし、オオクニヌシの言挙げに対し、異議をとなえた。

「もし、われ（神光の主）がいなければ、あなたはこの国を平《たい》らげることができただろう

三輪駅から望む三輪山

稲佐の浜にある弁天岩。杵築の出雲大社から西にまっすぐ出たところにある。
オオクニヌシが「神光」を見たのは、この場所だったのか

か。われがいたからこそ、あなたは建国の大業をなしとげることができた」

オオクニヌシがその名を問うと、神光の主は「あなた自身の幸魂《さきみたま》と奇魂《くしみたま》である」と答え、さらに、次のように求めたのである。

「われは、日本国の三諸山《みもろのやま》に住みたく思う」

そこで、オオクニヌシの幸魂と奇魂は、ヤマトの三諸山、つまり三輪山に祀られることになった。これが、大神神社におけるオオモノヌシ祭祀のはじまりである。

もっとも、オオクニヌシがみずからの分身から祭祀を要求されるというのも、奇妙な話だ。実際は、ヤマトの為政者が、祟るオオクニヌシを「オオモノヌシ」として祀ったのだろう。

中世の三輪流神道《みわりゅうしんとう》によると、このオオモノヌシは、「天照大神」と同体とされている。三輪流の考え方を受けた謡曲《ようきょく》『三輪』は、「思えば伊勢と三輪の神が、一体分身であることなど、いまさらあらためて述べるまでもない」と述べて結ばれる。

この伝承に対しては、たしかに、「大神神社の関係者が、偉大な皇祖神の力を借り、自分たちの祀る神を格上げしようとしただけだ」と決めつけて、とりあわない人はいるかもしれない。

さらに、「なんといっても、オオモノヌシは男神で、天照大神は女神。性の異なる二神が同体であるはずがない。清らかな神道を冒瀆《ぼうとく》するのか」と、そういう異議が起こったことで、「オオモノヌシは女神か」という珍説も展開した。

こういった疑問に対する答えとして、もとは伊勢の神も「男神」であり、「住吉大神と同体」という真相を前章で述べた。だから、「男神」であるオオクニヌシが同体であっても、性による矛盾はないのである。

それでも謡曲『三輪』の示す「伊勢――三輪同体説」に抵抗をおぼえる人がいたなら、「皇祖神が、よりにもよって出雲神と同体なんてあるはずがない。天《あま》つ神と国《くに》つ神が同体とは、それこそ驚天動地《きょうてんどうち》だ」という、歪《ゆが》んだ見方に固執《こしつ》しているからだろう。

「天照大神」は、持統《じとう》天皇の時代になってつくられた「皇祖神」である。それ以前の伊勢の神の正体は、「出雲神」なのだ。

崇神天皇の諡号の意味

『日本書紀』によると、崇神天皇に神託を下したオオモノヌシは、奇妙なことを告げる。われを祀れば、「海外《わたのほか》の国」がおのずから靡《なび》いてくるというのだ。ここでいう海外の国とは、具体的には朝鮮半島南部の地域だろう。

この一節だけでも、出雲とそこに住む神が、ヤマトの反対概念として創作されたとする、これまでの考え方は、もはや通用しないのではないか。

ヤマトの初代王が「出雲神」を丁重に祀れば、外交問題が解決するという話を、どういったわけで『日本書紀』の編著者は、ここでとりあげる必要があったのか。これは、「日本海の王＝出雲」の勢力が、朝鮮と実際につながっていて、ヤマト建国に何かしら影響をおよぼしていたからではなかったか。

はたと気づかされるのは、「崇神」という諡号の意味が、「出雲神」との深い関わりを示しているのではないか、ということだ。

崇神天皇は、「出雲神」の祟りに悩まされ、その神託どおり、この神の子孫に祀らせた。

崇神天皇の「崇」の字には「山」の冠がつく。山は高いことから、高いものを仰ぐことが原義である。転じて、「仰《あお》ぎ尊《とうと》ぶ」の意味である。つまり、「神を崇め尊《あが》んだ天皇」だから、この諡号を与えられたのである。くどいようだが、けっして「祟高な、神のような天皇」だったからではない。

崇神天皇が、崇め尊んだ神は何かといえば、もちろん「出雲神」をおいてほかにない。鬼のように恐ろしく、「祟る出雲神」――オオモノヌシである。

蛇足ではあるが、「祟」という字と、崇神天皇の「崇」の字を混同する人が多いので、注意を要する。「崇」と「祟」は字の形こそ似てはいるが、まったく異なる意を持つ、異なる字だ。「崇」はさきほどいったように、上半分の「山」に意のある字だが、いっぽうの「祟」は、下半分の「示」に意がある。

ただ、崇神天皇の「崇」を「祟り」と読み誤って、「神に祟られた天皇」としても、その解釈はまったくの見当はずれとはならない。いずれにせよ、ずっとのちになって「崇神」という漢風諡号をつけた人物は、この天皇の性格を完全に見抜いていたのだろう。

そのことを思うと、いまさらながら、漢風諡号をつけたこの人物の歴史観に驚嘆させられる。彼は、『日本書紀』によって葬《ほうむ》られた「出雲神」の存在と歴史を、天皇の名にある「神」という符丁《ふちょう》によって暗示するかのごとく、後世に伝えようとしたのかもしれない。

するとほかの天皇の諡号に示された「神」は、何をさしているのだろう。これもまた、「出雲神」をあらわしているのだろうか。祟る側の神武天皇や応神天皇が、「出雲神」と関係しているというのは、何を意味しているのだろう。

出雲と吉備——協力

一九八〇年代の後半から、出雲では考古学のラッシュが相次ぎ、「何もない」と思われていた山陰地方からも、重要な遺跡が発掘された。出雲を中心とするこの地方にも、弥生時代後期から、古墳時代（ようするにヤマト建国後のこと）の初頭にかけて、けっして侮《あなど》ることのできない勢力が存在していた。

さらに興味深いことに、ヤマト建国に出雲が参画していること、しかも、建国直後から、出雲が急速に没落していったことも、わかってきているのである。

なぜ、このようなことがいえるのか、その理由を説明しておこう。

三世紀に突如《とつじょ》として、三輪山麓に出現したのが纏向遺跡であるが、それは政治と宗教に特化された前代未聞《ぜんだいみもん》の巨大都市だった。

そして、纏向遺跡からは、日本各地でつくられた土器が発掘されており、ここに吉備《きび》(岡山県)、出雲、尾張、丹波、越《こし》などといった地域の人が集まっていたことがはっきりとしてきた。東国に向かう口に位置する海石榴市《つばいち》は、交通の要衝《ようしょう》となっていた。

もうひとつ、三輪山麓の地には、箸墓《はしはか》古墳や崇神天皇陵などに代表される、初期の前方後円墳がある。そして、前方後円墳という最新の墳丘墓《ふんきゅうぼ》の様式が、四世紀ごろになると、各地に伝播《でんぱ》していく。

前方後円墳は、それまでにあったさまざまな弥生時代の墳丘墓の形態をミックスし、創造されたものである。いわば、それまでの政治的中心地、宗教的中心地でおこなわれていた埋葬文化が、ヤマトにおいて合成された。

このことから、黎明《れいめい》期のヤマトの大王《おおきみ》が、各地の首長の総意のもとに、共立されていた可能性が強くなってくるのである。かつてあったような、強力な武力を擁《よう》した大王が、戦

崇神天皇陵

海石榴市にある小さな観音堂

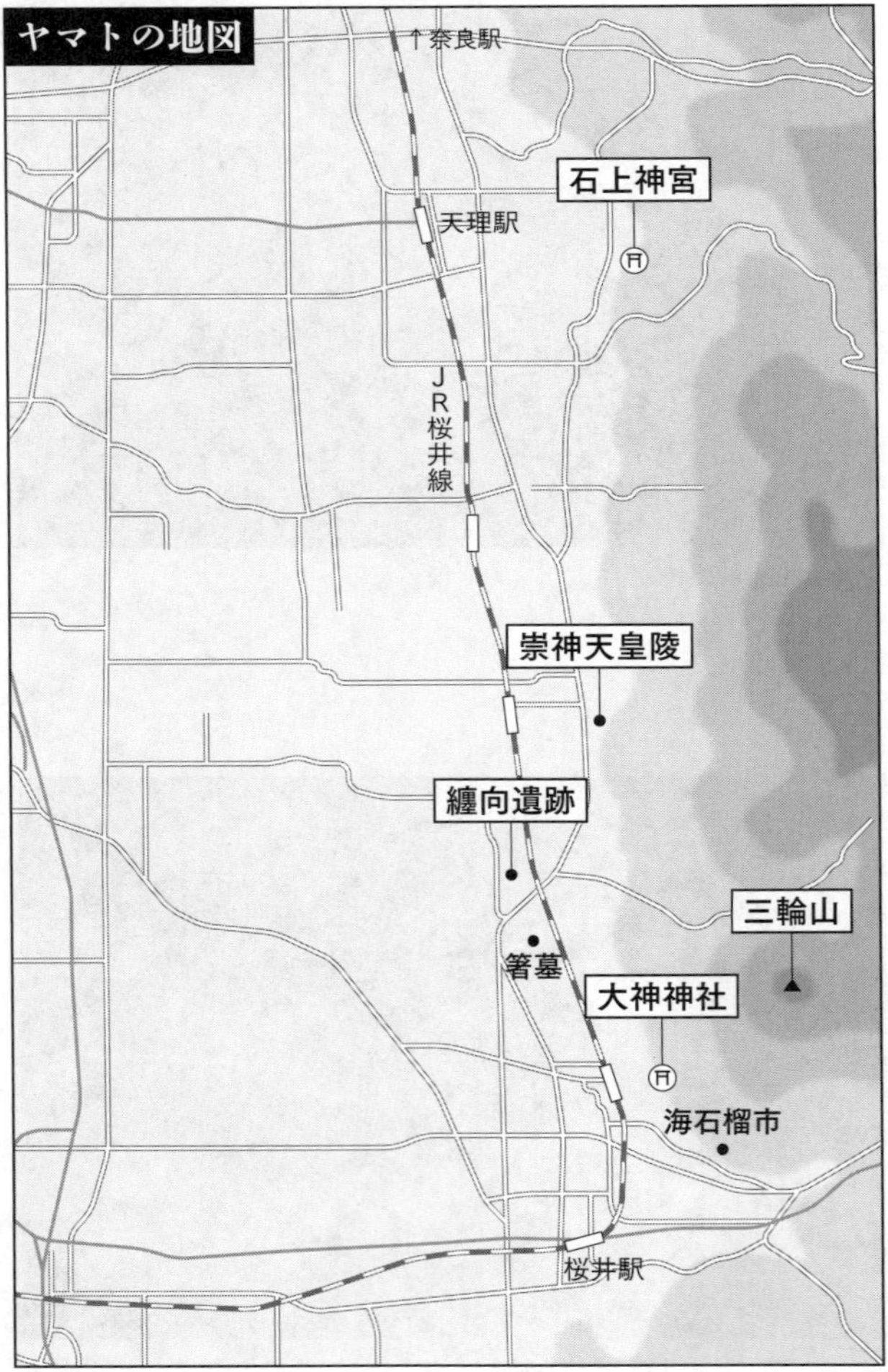
ヤマトの地図
↑奈良駅
石上神宮
天理駅
JR桜井線
崇神天皇陵
纏向遺跡
三輪山
箸墓
大神神社
海石榴市
桜井駅

乱によってヤマトを征服し、ほかの地域も武力を用いてつぎつぎと服従させていったという図式は、もはや描けなくなっている。

弥生時代後期までのヤマトは、けっして先進地帯ではなかった。とくに鉄器の保有量に関していえば、過疎《かそ》地帯といっても過言ではない。

ではなぜ、三世紀のヤマトに、突如として国の中心が出現したのだろう。それには、弥生時代後期の西日本の動向が、鍵となってくる。

弥生時代を通じて、もっとも鉄器と富を蓄《たくわ》えていたのは、「北部九州」である。朝鮮との交流と貿易によって、ほかの地域を圧倒していた。これは疑いのない事実だ。

ところが、弥生時代後期になると、変化が起こる。本州西部の日本海側にある「出雲」と瀬戸内海側にある「吉備」が勃興《ぼっこう》したのだ。しだいに鉄器と富を蓄え、巨大な墳丘墓を造営するようになる。

出雲では「四隅突出型《よすみとつしゅつがた》墳丘墓」が盛行し、この特殊な埋葬文化が、日本海づたいに「越」へと伝播していく。

この時期、いったい何が起きていたのだろう。

ひとつの仮説がある。周囲を山に囲まれた「天然の要害《ようがい》ヤマト」にいったん富が集まれば、外部からは手出しができなくなる。この事態に脅威を感じたのが、北部九州の勢力だった。彼らが関門海峡《かんもん》(本州と九州のあいだ)を封鎖《ふうさ》し、そのいっぽうで、協力関係を持ちたい出雲に鉄器を流したのではないかというのである。

このとき吉備には、山越えのルートを用いて、出雲から多くの文物が流れこむ。関門海峡を封鎖されていた瀬戸内海沿岸の諸地域のなかにあって、吉備がもっとも強い勢力を保ったのは、出雲と関係を結んだからにほかならない。

出雲の四隅突出型墳丘墓のひとつで、吉備からもたらされた特殊器台形土器《とくしゅきだいけいどき》が用いられている。短い時期ではあったが、両者の同盟関係を裏づけている。

以上の推理によって、ヤマト建国直前の出雲と吉備が同時に勃興した状況を説明することができるだろう。

その後、ヤマトの纏向が栄え、国の中心に発展するのだが、この新しい国づくりに、いったん出雲や吉備も参画しているのだ。北部九州のもくろみは、ここに破綻《はたん》したといっていい。

出雲と吉備――対立

ところが、ヤマト建国後の出雲と吉備の運命は、大きくわかれていく。簡単にいえば、出雲は没落し、吉備は発展した。

吉備は、前方後円墳の原型となる墳丘墓をすでに造営していた。そこで用いられる宗教儀礼用の土器をヤマトにもたらしたのは、吉備である。そして吉備は、五世紀なかばにかけて、ヤマトの大王家と肩を並べるほどに発展していく。墳丘長三五〇メートルの造山《つくりやま》古墳（岡山市北区）は、全国第四位の規模を誇る巨大なものだ。

ヤマト建国の中心に立っていたのは吉備ではないか、とする指摘もある。

いっぽうの出雲はどうなったのか。彼らのベクトルは、その後も北部九州に向かっていたようなふしがある。やはり、出雲と北部九州の地理的距離は近く、ヤマトとの距離がそう近くはないということも影響しているかもしれない。

それを証拠に、北部九州からは、山陰地方産の土器と、おそらくは出雲経由のヤマト製土器が多く出土している。ところが、北部九州にもたらされた吉備の土器は、わずかである。

すると、出雲と吉備は、ヤマト建国の前後の時期に「訣別《けつべつ》」していたとしか考えられない。

八世紀の『日本書紀』の編著者は、こうしたヤマト建国のいきさつを熟知していたのではないだろうか。だからこそ、そこで起こった都合の悪い真実が、神話の世界のなかに封印されてしまったのではないかということだ。それは、初期の天皇家に関わる謎にもつながっている。

「神武東征」以前のヤマトの地では、「出雲神」であるオオモノヌシが祀られていた。その中心的な祭祀地が、三輪山である。

ところがいずこからともなく、ニギハヤヒなる人物が「天磐船《あめのいわふね》」に乗ってやってきて、河内の哮峰《たけるがみね》というところに降りたという。ニギハヤヒは、土着のナガスネヒコの妹を娶《めと》ると、この地に君臨した。

ここで、ニギハヤヒと「出雲神」オオモノヌシの関係は不明にされているのだが、両者がまったく無関係であったとは思えない。

その後、神武天皇が西からやってくると、ニギハヤヒは戦うことなく、抵抗する義兄のナガスネヒコを殺して、禅譲《ぜんじょう》する。こうして神武天皇は「ヤマトの初代王」になるわけであるから、やはりニギハヤヒは、実質的にヤマトも支配していた。

ヤマト建国にまつわる一連の説話は、こうして見ると、いくつもの地域がヤマトに集まってきたという考古学の成果にも合致するようだ。

ニギハヤヒは、のちに古代最大の氏族である物部氏の祖となるが、彼（彼ら）はどこからやってきたのだろう。これにも、考古学の成果が役立つ。物部氏の地盤となった大阪府八尾《やお》市あたりからは、三世紀の「吉備系」の土器が大量に出土しているのだ。

崇神天皇の時代、政治や経済の実権を握っていたのは、物部氏である。当時のヤマト政権は、出雲の祭祀権を奪っているが、このとき出雲の首長を殺すためにつかわされたのは、武渟河別《たけぬなかわわけ》と「吉備」の名を冠する吉備津彦《きびつひこ》だった。

こういったことから、物部氏は、吉備に源流を持つ氏族ではないかという推理がなりたつ。吉備の本家と分家が力を合わせて、出雲を圧迫したのである。

ニギハヤヒはおそらく吉備から、船に乗って瀬戸内海を進んできた。そして、瀬戸内海のつきあたりである難波津に上陸すると、その奥の河内に地盤を築き、山を越えて（あるいは川をさかのぼって）ヤマト入りしたのだろう。

神武天皇に権力を移譲《いじょう》するまで、このニギハヤヒが、「出雲神」オオモノヌシを祀っていたのかもしれない。

つまり、出雲と吉備をふくむ諸地域の勢力によって、ヤマトは建国された。ところが、その内部で主導権争いが起き、出雲は追われた。こうして吉備の勢力がヤマトを支配した。その子孫が、物部氏である。

このいきさつを『日本書紀』は書いていない。ほのめかしてはいるが、詳細を語ることができなかった。ではなぜ、隠蔽《いんぺい》しなくてはならなかったのか。

最重要とされた応神天皇

「神」の名を冠した天皇は三人いる。神武天皇、崇神天皇、応神天皇である。

当然のことながら、『日本書紀』も、『古事記』も、この三人を、別の時代を生きた別の人物として描いている。このうち、神武天皇と崇神天皇が同一人物ではないかとする説が強いことをすでに話したが、著者の見解は少し異なる。

著者の見解を最初に述べておこう。まず、三人とも同時代の人物である。三人の事蹟《じせき》を重ねてみれば、きれいなひとつの話が完成するからである。しかも同一人物であるのは、神武天皇と応神天皇である。

それはいったい、どういうことなのか。

『日本書紀』は、神武天皇をいまから二六〇〇年以上も前の人物として描いている。考古学でいうと、縄文時代から弥生時代への移行期ということになるだろうか。もちろんこの記述を前提におくのは、現実的ではない。神武天皇はそれこそ神話のなかの存在と見なされても、しかたがないだろう。

ただし、神武天皇と崇神天皇は同一人物であり、その活躍時期は三、四世紀ごろのことではなかったという通説によれば、それは、ちょうど考古学から見たヤマト建国期にあたる。

さらに、「邪馬台国《やまたいこく》北部九州説」をとなえる人たちが、「九州からヤマトに王権が移動した」と考え、その歴史的事実にもとづいて、いわゆる「神武東征神話」がつくられたと主張してきた。

では、応神天皇はどうだろう。通説では、この天皇を四世紀末から五世紀初頭にかけて実在した人物と見なしている。これは、「河内王朝説」をとなえる人たちの論拠とも重なってくる。

ところが、応神天皇の行程をもう一度確認してみると、神武天皇のそれと驚くほどよく似ているのである。応神天皇も、神武天皇も、九州から出発して「東遷《とうせん》（東征）」するが、ヤマト入りを前にして、地元勢力の抵抗にあっている。そして、いったん紀伊半島の西側に沿って南下したというところまで、瓜二つである。

それだけではない。第一章でも話したように、神武天皇の祖であるニニギは、高天原から真床覆衾《まとこおふすま》にくるまれて地上界に下ろされるが、この真床覆衾は「胞衣《えな》」である。これは、応神天皇が、産み月を遅らせた「神功皇后の胎内」で聖なる存在となった話と酷似している。

これらを整理すれば、応神天皇は、ニニギから神武天皇へと続く王統の神話を、ひとりで演じていることになる。

応神天皇の「特別あつかい」は、たとえば『古事記』の構成ひとつを見ても、よくわかる。

『古事記』は上中下の三巻構成だが、その上巻は神話にあてられる。下巻は、第十六代仁《にん》徳《とく》天皇から始まり、第三十三代推古《すいこ》天皇で終わる。人間の世の天皇の時代、いわば本格的な歴史が記述されている。すると、両巻にはさまれる中巻には、はるか遠く、神代から人間の世に移るあいだの時代が描かれていることになるだろう。

中巻の巻頭を飾るのは、もちろん神武天皇であるが、トリを飾るのは、応神天皇なのである。

また、先にあげた『新撰姓氏録』も、応神天皇を重視している。この書籍は、畿内に関連する各氏族の祖を列挙し、その出自から「皇別《こうべつ》」「神別《しんべつ》」「諸蕃《しょばん》」に分類したもので、このうち皇別は、天皇の子孫であることをあらわす。

その筆頭を飾るのは、左京《さきょう》皇別の息長真人《おきながのまひと》である。この氏族が、「誉田天皇《ほむだのすめらみこと》（諡《おくりな》は応神）より出《い》づ」と記される。つまり、主要氏族たちの公式目録が、「応神天皇の子孫」から始まっているのである。

もっとも、前にも述べたとおり、息長氏の経歴は粉飾された可能性があるのだが、そのことをもって「応神天皇がいかに重要だったのか」を否定することはできないだろう。むしろ、息長氏がその末裔を名のったことの意味を尊重すべきである。

まぎれもなく応神天皇は「古代王の代表的存在」だった。それが、神武天皇という分身がつくられることによって、その存在は薄められてしまったように思われる。

そこでもう一度、古代天皇の実体を復原する必要があるわけだが、このとき、応神天皇と神武天皇を結ぶのは、意外な人物だ。それが、ヤマトタケルである。

ヤマトタケルの「建《たけ》く荒き情《みこころ》」

ヤマトタケルは、応神天皇の祖父である。ヤマトタケルの子が仲哀《ちゅうあい》天皇で、仲哀天皇と神功皇后のあいだの子が、応神天皇だ。

ヤマトタケルは、その名からも抽象的な存在で、そのまま解釈すれば、「ヤマトを代表する勇者」という意味になる。

この「ヤマトを代表する勇者」が倒した相手というのが、クマソタケルとイヅモタケルだが、これまた、「クマソ（南部九州）を代表する勇者」と「出雲を代表する勇者」ということになるだろう。ヤマトタケルは結果として、これら西国《さいごく》の勇者たちを「だまし討《う》ち」にしている。

このうちクマソタケルは、『古事記』によると、兄弟二人組である。『日本書紀』では、具体的な名があげられていて、そのひとりがカワカミノタケルだが、ヤマトタケルは彼を討つために、「髪を解いて童女《おとめ》の姿になって」女人の群れにまじり、その宴《うたげ》の部屋に潜入している。

そして、カワカミノタケルの胸をひと突きするのだが、ヤマトタケルは、けっして相手を油断させ、だまし討ちするためだけに「童女に変装」したわけではない。

年端《としは》のいかない童子や童女は、伊勢神宮につかえる大物忌《おおものいみ》と同じく、「神」の存在である。そして、「神」であるとともに「鬼」であった。

ヤマトタケルは、聖なる鬼神の姿に身を変えて、やはり「鬼である神」を倒したのである。いわば、「鬼退治」だ。

鬼退治というと、善玉が悪玉を懲《こ》らしめるような陳腐《ちんぷ》化したイメージにとらわれがちだが、本来の意味は、「鬼神と鬼神による頂上対決」である。負けたほうが、勝者によって

「神ならぬ、ただの鬼」に貶《おとし》められていったにすぎない。

ここで、『日本書紀』にはなく、『古事記』だけに記される、ヤマトタケルの興味深い説話を見ておこう。それは、彼の「建《たけ》く荒き情《みこころ》」、いうならば「神ゆえの猛威と残虐性」をあらわしており、この事件が契機となって、父である景行天皇は、ヤマトタケルに「熊襲《くまそ》征討」を命じることになったのである。

ヤマトタケルには、大碓命《おおうすのみこと》という双子の兄がいた（ヤマトタケルの本名は小碓命《おうすのみこと》である）。三野《みぬ》（美濃）の国造の二人の娘が美しいと聞いた景行天皇は、これを召《め》しあげるために、この兄をつかわした。

ところが、現地におもむいた大碓命は、復命するどころか、その娘たちとねんごろになって、代わりに別の女性を送ってきたのである。事情を察知した景行天皇は、代わりに送られた女性と結びもせず、かえって事態を荒立てないようにしていた。

そんなある日、景行天皇は、大碓命に朝夕の食膳に顔を出すよう命じたが、やってくる気配がない。そこで、弟のヤマトタケルに説得してくるように命じた。ところが、五日たっても、彼は顔を出さなかった。

さすがに気になった景行天皇がヤマトタケルに、「もしや、まだ説得していないのではないか」と問いかける。すると彼は、「ちゃんとねぎらってやりました（すでにねぎつ）」と答えるではないか。さらに問いつめる天皇に対し、ヤマトタケルは恐ろしい告白をするのだ。

「（大碓命が）厠《かわや》に入ったすきに、捕《とら》えて押しつぶし、手足をもぎとって、薦《こも》に包んで捨てておきました」

これを聞いたときの景行天皇の恐怖心は、想像するにかたくない。それゆえ、西国を制圧したヤマトタケルは、戻ってくるなり、この父の命令で、今度は東国につかわされることとなる。表向きではその武功を称えられているが、本音は、なるべく都から遠ざけたかったのだろう。

大碓命がヤマトタケルに惨殺される話は、『古事記』だけにあるもので、『日本書紀』には出てこないのだが、『日本書紀』の大碓命は、東国行きを嫌がり、草むらに隠れている。

東夷《とうい》（蝦夷《えみし》）が恐ろしいのだという。それで、美濃国《みののくに》に封じられることになり、この地に子孫を残している。

そのいっぽう、東国に向かい、そこで「言向《ことむ》け和平《やわ》」したヤマトタケルは、尾張国まで戻ってくる。しかし、ヤマト帰還を夢見ながら、それはかなわず、伊勢国の能褒野《のぼの》で亡くなった。

亡くなる前に、「足が三重《みえ》に曲がって、いたく疲れた」と、ヤマトタケルが漏《も》らしたことから、「三重」の地名が起こったという。またこのとき、望郷の念をこめて、よんだ歌がよく知られている。

「倭《やまと》は　国のまほろば　たたなづく
　青垣山隠《あおがきやまごも》れる　倭しうるわし」

草薙剣《くさなぎのつるぎ》の霊力

ヤマトタケルは、クマソタケルやイヅモタケルと同様、「たったひとりの英雄」だったわけではないはずだ。ヤマト建国そのものを活写した神話の象徴と見なすことができる。

ただ、その中心に重要な事件があった。

ヤマトタケルは、それまでも各地の国つ神を殺してきた。「どれも害心《まがこころ》があり、毒気《あやしきいき》を放って、路人《みちゆくひと》を苦しめている。禍害《まがごと》の元凶となっていた。それでこれら悪神《あしきかみ》をすべて殺し、その結果、水陸の経《みち》を開いたのだ」と、『日本書紀』にもある。

ようするに、道行く人に祟る神があると聞くなり、祟る理由を探求したり、その魂を鎮《しず》めたりすることなく、かたっぱしから「退治」したのである。これが「鬼退治」の実際の姿ではないだろうか。

ここからは、『古事記』の記録で追ってみよう。

そんなヤマトタケルが、伊服岐能山《いぶきのやま》（滋賀県と岐阜県にまたがる伊吹山）に住む神を「退治」しにいったときのことだった。「この山の神は、素手でそのままやっつけよう（徒手《むなで》にただにとりてむ）」と、すっかり甘く見ていた。

山に入ると、さっそく牛ほどもある「白猪《しろきしし》」が出てきた。猪と聞いておわかりのとおり、これは神の化身である。

ところがヤマトタケルは、「この白猪になれるものは、その神の使者《つかいのもの》だろう。いま殺《と》らなくとも、還《かえ》りのときにでも殺ろう」と言挙げした。

言挙げとは、なんとなく思うのではなく、はっきりと言葉にして表現することで、強い意志をあらわす。「どうせ使いの者だから、あと回しでいい」と、正面から神を侮辱《ぶじょく》してしまったのである。

こうして神の怒りを買ったヤマトタケルは、「大氷雨《おおひさめ》」の攻撃を受け、前後不覚《ぜんごふかく》におちいる。この伊吹山の神の「呪い」が、ヤマトタケルの死の原因となった。

最強だったヤマトタケルが、いとも簡単にやられたのには、理由がある。それまで携行《けいこう》していた霊剣「草薙剣《くさなぎのつるぎ》」を、途中で忘れてきてしまっていたのである。霊剣を失ったことで、ヤマトタケルの霊力も大きく減退していた。

草薙剣は、スサノヲがヤマタノオロチを倒したときに、その尾からとりだした霊剣である。その後、アマテラス、ニニギと渡り、天孫が保管していたという。

崇神天皇のとき、それまで宮中で祀られていた「天照大神」は、天皇の娘の豊鍬入姫《とよすきいりひめ》によって、宮外の笠縫邑《かさぬいのむら》で祀られることになった。『日本書紀』に「その神の勢いを畏《おそ》れ

三島池から見た伊吹山

内宮の横を流れる五十鈴川。
この御手洗場（みたらしば）で禊（みそぎ）をおこなう

て、同じ宮のうちにお住いになるのは簡単ではなかった」とある。ようするに「祟り」が激しかったのである。

この神は、垂仁天皇のとき、やはり崇神天皇の娘である「ヤマトヒメ（倭姫命）」によって祀られることとなった。「祟り」を恐れられた神は、ヤマトからどんどん遠ざけられ、その鎮座地を転々とする。そして、最後にやってきたのが、伊勢国の「五十鈴《いすず》の川上《かわかみ》」だった。これが「磯宮《いそのみや》」、のちの伊勢神宮である。

以後、草薙剣も、伊勢神宮を祀るヤマトヒメの手もとにおかれていたものと思われる。景行天皇の時代、東国に向かうヤマトタケルが、最初に訪ねたのは、ヤマトヒメのところである。

ヤマトヒメは、ヤマトタケルに草薙剣を授《さず》けると、「慎《つつし》みの心を持ち、怠《おこた》ってはならない（慎みてな怠りそ）」と忠告した。このヤマトヒメの忠告を忘れ、「慎みの心」を失い、油断したために、ヤマトタケルは命を落としたのである。

もっといえば、ヤマトタケルは、伊吹山の神を軽んじて祟られただけではなく、「霊剣の力」を軽んじたために祟られたことになる。彼の死が何を象徴しているのかに注目しなくてはならない。

ヤマトタケルには、尾張《おわり》（愛知県西部）にミヤズヒメ（『古事記』では美夜受比売、『日本書紀』では宮簀姫）という妻がいた。

ミヤズヒメは、『古事記』に「尾張国造の祖」、『日本書紀』に「尾張氏の女《むすめ》」とある。このことは、ヤマトタケルと尾張氏の深い関係を示している。

ヤマトタケルが草薙剣を忘れたのは、そのミヤズヒメの枕もとだった。亡くなる直前に詠んだ歌にも、霊剣を忘れたことへの後悔がにじみでている。


「嬢子《おとめ》の　床《とこ》の辺《べ》に　わが置きし　剣《つるぎ》の太刀《たち》　その太刀はや」


ミヤズヒメのもとに忘れたという草薙剣は、その後どうなったのか。『日本書紀』天智《てんじ》天皇七年条の最後に、興味深い記事がさらりと書かれている。

「この年、沙門道行《ほうしどうぎょう》が、草薙剣を盗んで、新羅に逃げようとした。ところが路中《みちなか》で風雨にあい、迷ったあげく帰ってきた」

新羅の僧が草薙剣を盗んで、国に持ち帰ろうと船を出したものの、途中で天候が悪くなり戻ってきた、というのである。無事戻ってきた（らしい）草薙剣だが、その後、どうなったのかは書かれていない。どこから盗まれたのかも、わからない。

ようやく天武《てんむ》天皇の時代になって、『日本書紀』朱鳥《あかみどり》元年六月十日、次の記事で再登場する。

「天皇（天武）の病をうらなうと、草薙剣に祟られていた（ことがわかった）。即日、尾張国の熱田社《あつたのやしろ》に送り、そこに置かれることになった」

草薙剣の「祟り」を知り、あわてて熱田神宮で祀ったというのだが、それまでは、天武天皇の手もとにあったと見るのが自然だろう。

では、天武天皇は、どこから草薙剣を手に入れたのだろうか。前の政権から奪ったのか。それとも、関係の深い尾張の氏族から譲られたのか。あるいは、彼と関係の深い新羅人から手に入れたのか。

いずれにせよ、草薙剣はその際《きわ》だつ霊威ゆえに、権力者たちの欲するところとなった。しかし、あつかいを誤れば、祟ったのである。

草薙剣は、いまも熱田《あつた》神宮（名古屋市熱田区）に祀られているという。

もうひとつの霊剣

前置きが長くなったが、本題に戻ろう。神武天皇と応神天皇の共通性を考える前に、ヤマトタケルの話をしたのには、理由がある。日本の古代史にとって、いかにヤマトタケルの存在が重要であるかを確認したかったこともあるが、ここで注目するのは、彼が得たという霊剣の威力である。

じつは、同じような霊剣が、神武天皇の手もとにも渡っているからである。

ナガスネヒコの抵抗にあって、紀伊半島をぐるりと迂回《うかい》してきた神武天皇の軍は、熊野村に到達した。このとき、天皇の前にあらわれたのが「タカクラジ（高倉下）」である。

この人物は、夢のなかで神託を受けたという。

その夢告《むこく》によると、「天照大神」が、「出雲の国譲り」を成功させたタケミカヅチ（『日本書紀』の表記は武甕槌、『古事記』では建御雷）に向かって、「葦原中国《あしはらなかつくに》（日本）はごたごたしているようだ。もう一度、あなたが助けてきなさい」といった。するとタケミカヅチは、「私が行かなくても、あの国を平らげる剣があれば、大丈夫でしょう」と答えた。

そしてタケミカヅチは、タカクラジの夢のなかにあらわれて、「あなたの庫《くら》の裏に剣をおいておくから、それをとって天孫に渡してほしい」と伝えたのである。タカクラジが倉庫を見てみると、はたして夢でいわれたとおり、剣があった。それで、天孫である神武天皇に献上したということだった。

神武天皇に授けられた霊剣の名は、『日本書紀』には「韴霊《ふつのみたま》」とある。

いっぽうの『古事記』では、長い注記がついていて、「この刀《たち》の名は佐士《さじ》布都神《ふつのかみ》という。またの名は甕布都神《みかふつのかみ》という。またの名は布都御魂《ふつのみたま》。この刀は石上《いそのかみ》神宮に坐《ま》す」とあって、どうやら、この「布都御魂」は、草薙剣とは別の剣のように書かれているのである。

霊剣を神武天皇に届けたタカクラジという人物は、何ものなのだろう。『日本書紀』には正体が明かされていないが、物部氏の史書である『先代旧事本紀《せんだいくじほんぎ》』によると、尾張氏の祖の「アメノカゴヤマ（天香語山）」のことだという。もし、タカクラジとアメノカゴヤマが同一人物なら、霊剣は尾張氏から神武天皇のもとに渡ったことになる。

それから、「出雲の国譲り」を成功させたタケミカヅチは、一般に鹿島《かしま》神宮（茨城県鹿嶋市）の祭神として知られているが、じつは尾張氏とたいへん関係が深い。

タケミカヅチは、カグツチという神から生まれた。カグツチは、イザナミが亡くなる原因になった神である。イザナミは、日本の国土を構成する島々を生んだのち、風の神や山の神など自然神をつぎつぎと生むが、火の神であるカグツチを生んだときに、陰《ほと》を焼かれて、まもなく亡くなった。

ちなみに、神武天皇が上陸した熊野の地（熊野市有馬《ありま》町）には、イザナミとその子カグツチを祀る社がある。花《はな》の窟《いわお》神社と産田《うぶた》神社である。

熊野といえば、那智《なち》の滝と熊野那智大社のある「那智」と、熊野速玉《はやたま》大社やゴトビキ岩（神倉《かみくら》神社）のある「新宮《しんぐう》」が知られるが、イザナミとその子カグツチを祀る社があることで、ここ「有馬」が、神武天皇の上陸地「熊野村（『日本書紀』では「熊野神邑《かみのむら》」）」の有

紀伊半島の地図

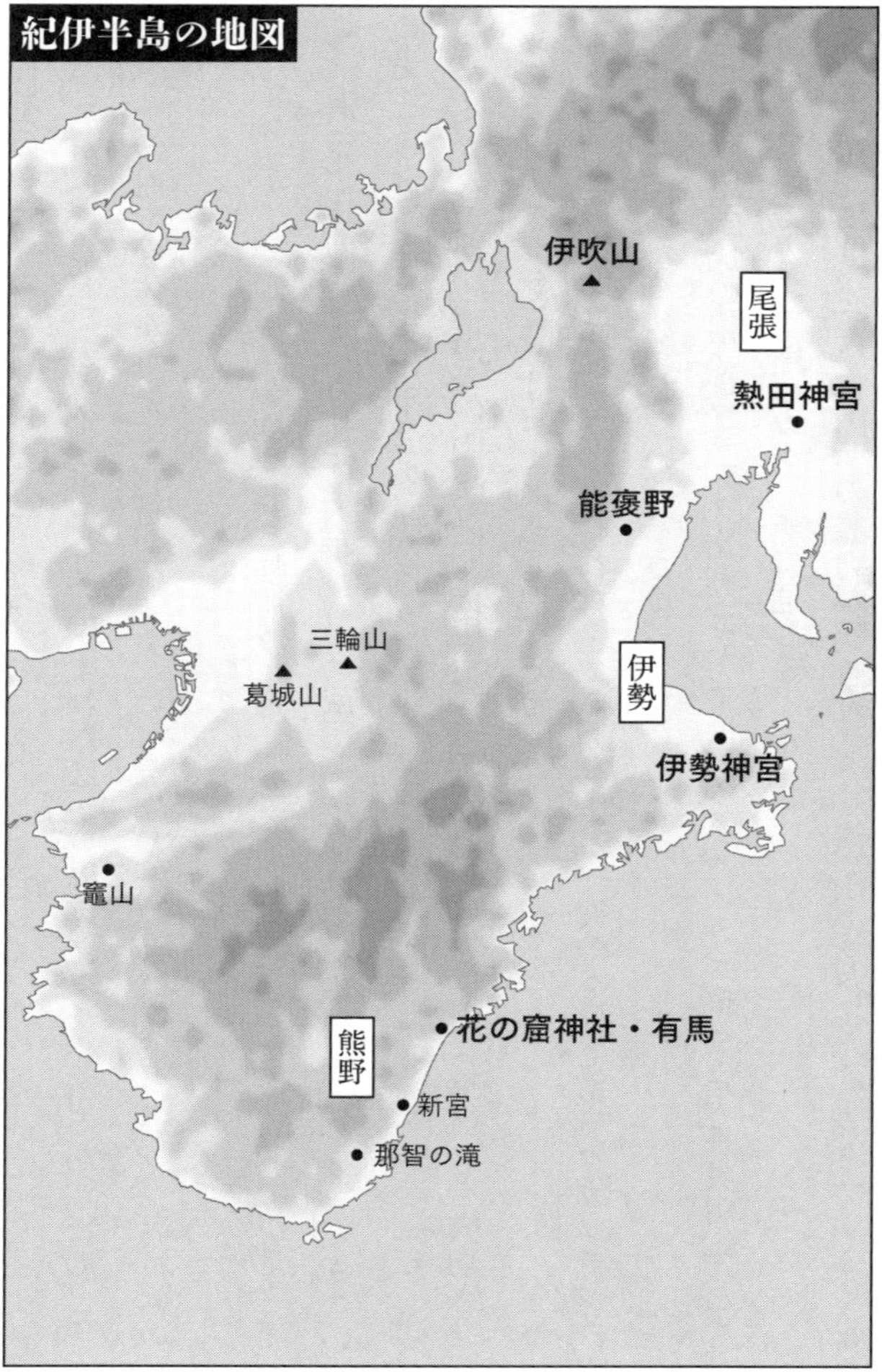
伊吹山
尾張
熱田神宮
能褒野
三輪山
葛城山
伊勢
伊勢神宮
竈山
熊野
花の窟神社・有馬
新宮
那智の滝

力な候補のひとつとされているのである。

というのは、怒った夫のイザナギは、生まれたばかりのカグツチを斬《き》るが、このときもカグツチの血や屍体《したい》から多くの神が生まれた。そのひとりが、タケミカヅチであるからだ。

そして、カグツチを斬るのに用いた剣の名が「天之尾羽張《あめのおはばり》」、またの名は「伊都之《いつの》尾羽張」である。この「オハバリ（尾羽張）」が「尾張」に通じているのは、いうまでもない。

『古事記』では、伊都之尾羽張の子がタケミカヅチとある。

タケミカヅチが、「出雲の国譲り」に用い、そののち神武天皇の「東征」を成功させるために、タカクラジにあずけた剣もこれだろう。

すると、天孫を助けるようにいわれたタケミカヅチが、彼の子孫であるタカクラジに霊剣を託したとは、考えられないだろうか。

さらに、尾張氏の祖であるアメノカゴヤマは、「アメノカグヤマ（天香具山）」ともいう。その名の「カグ」は、カグツチに通じる。

『日本書紀』には、「天香山《あめのかぐやま》」の霊力が語られる。この山の名にも、「カグ」がふくまれ

花の窟神社は、巨大な岩壁を御神体とする。写真は、その向かいにあり、カグツチを祀るという霊石

カグツチ信仰のもうひとつの伝承地、産田神社の境内

本殿の脇の敷地には、古代祭祀の跡が残されている

ている点は見逃せない。

紀伊半島の東側に上陸した神武天皇の前に、土着の敵がつぎつぎと立ちはだかるが、このとき天皇の夢のなかに天《あま》つ神があらわれ、神託を下した。

「いかにも天香山の社のなかの土《つち》をとり、これで天平瓮《あめのひらか》八十枚をつくり、また厳瓮《いつへ》をつくって、天神地祇《あまつかみくにつかみ》を敬《うやま》いまつり、また厳呪詛《いつのかしり》をしなさい。こうすれば、すなわち敵はおのずから降参するだろう（平伏《むきしたが》いなむ）」

これが、いわば「天神地祇《てんじんちぎ》に対する祭祀のはじまり」とされているのだが、「厳呪詛《いつのかしり》」という字面《じづら》を見るかぎり、それは、どう考えても「呪詛《じゅそ》」だろう。すると、祭祀の本来の目的は、「呪い」だったことになる。神武天皇は、呪うことで敵を倒し、ヤマト入りを果たしたのだった。

そして、夢のなかで、この神託を得たのだから、神武天皇がたんなる軍事的な指導者、政治的な指導者でないことは、はっきりとしている。彼は、呪詛を用いる宗教的指導者だった。

その霊力をささえたのが、アメノカグヤマから与えられた、聖なる「土」と「剣」なのである。こうして神武天皇は、尾張氏の力を借りて、ヤマト入りを果たした。

霊剣に話を戻そう。二つの霊剣が出てきたわけだが、あらためてこの二つを比較してみる。

草薙剣——スサノヲが出雲で手に入れる——ヤマトタケルから尾張氏へ
布都御魂——タケミカヅチが出雲の国譲りで用いる——尾張氏から神武天皇へ

その後、いっぽうは熱田神宮に祀られ、もういっぽうは石上神宮に祀られるとされたのであるが、この二つの霊剣、あまりにも似ていないだろうか。

このあたりの事情については、『日本書紀』神代《かみよ》（上巻）最終段の「一書《あるふみ》（第二）」に説明がある。スサノヲがヤチマタノオロチの尾を斬ったとき、剣の刃が少し欠けた。

「（オロチの体を）割《さ》いて見てみると、剣が尾のなかにあった。これを草薙剣と名づけた。これはいま、尾張国吾湯市村《あゆちのむら》にいらっしゃる。すなわち熱田祝部《あつたのはふりべ》が掌《つかさど》りまつる神がこれである。そのオロチを斬った剣は、号《なづ》けて蛇之麁正《おろちのあらまさ》という。これはいま、石上宮《いそのかみのみや》にいらっしゃる」

スサノヲのヤマタノオロチ退治にまつわる霊剣は二本あって、その一本が「草薙剣」で、いま熱田で祀られ、もう一本が「蛇之麁正《おろちのあらまさ》」で、いま石上神宮にあるという。すると、この草薙剣ではないほうの蛇之麁正が「布都御魂」なのだろうか。

ところが、これにつづく「一書（第三）」では、「草薙剣」の名は変わらないが、草薙剣ではないほうの剣は「蛇韓鋤之剣《おろちからさひのつるぎ》」とされ、いまは吉備にあるという。

また、「一書（第四）」によると、やはり「草薙剣」の名は同じで、草薙剣ではないほうの剣を「天蠅斫剣《あめのはえきりのつるぎ》」とする。

あらためて本文を見ると、「草薙剣」と「十握剣《とつかのつるぎ》」である。どうも、草薙剣ではないほうの剣の名は定まっていなかったように思われる。これが、「布都御魂」をさしているのかもわからない。

いずれにしても、すべての霊剣が出雲に関わっている。

そして、「三種の神器《じんぎ》の一」である「草薙剣」、「平国之剣《くにむけし》（国を平らげ支配する霊剣）」と称された「布都御魂」は、ともに尾張と関係が深かった。

似たような二つの話

ここは、批判を承知で、あえて「草薙剣」と「布都御魂」――これら二つの霊剣は同一だったと考えてみよう。すると、「ヤマトタケル→尾張氏」という流れと、「尾張氏→神武天皇」という流れは、一本につながるのだ。

すなわち、「ヤマトタケル→尾張氏→神武天皇」という、一本の流れである。

古代史に詳しい人なら、「ふざけたことをいうな」と、瞬時のうちに叫んだことだろう。初代神武天皇が、十二代景行天皇の子であるヤマトタケルより後世になるはずがない。文字に記されてきた歴史を見るかぎり、まったくそのとおりである。

しかし、神武天皇をヤマトタケルの時代のあとに持ってくると、すべての謎が解ける。

この流れに沿ってみると、「平国之剣」と称される霊剣が、ヤマトタケルから尾張氏を経由して、神武天皇のもとに渡っていたことになる。この霊剣の威力により、神武天皇は、ヤマト入りを果たした。

神武天皇がヤマトタケルよりのちの人物だったとすると、崇神天皇はどう考えればよいのだろう。ここで、ヤマトタケルと崇神天皇の関係を見るうえで、興味深い二つの記事の比較をしてみる。

『古事記』の景行天皇の段には、ヤマトタケルがイヅモタケル（出雲建）を殺害する場面が出てくる。

このとき、ヤマトタケルは、イヅモタケルをまんまと罠《わな》にはめている。いっしょに水浴びをしようと誘い、先に上がって、イヅモタケルの横刀《たち》を用意してきた赤檮《いちい》の木刀《ぼくとう》にとりかえると、「さあ、勝負だ」としかけたのである。木刀で勝負になるはずもなく、イヅモタケルをあっさりと殺した。

そして、ヤマトタケルが悪びれもせず詠んだのが、次の歌である。

「八芽刺《やつめさ》す　出雲建が　佩《は》ける刀《たち》　黒葛多纏《つづらさはま》き　さ身無《みな》しにあはれ」

どういうわけか、この話は、『日本書紀』の景行天皇の巻にはない。ところが、「ヤマトがイヅモをあざむく話」は、まったく形を変えて、崇神天皇の巻に出てくる。それは、ヤマトが「出雲の神宝《かんだから》」をせしめる話だが、興味深いことに、今度はこちらの話が、『古事記』の崇神天皇の段には掲載されていないのである。

では、『日本書紀』崇神天皇六十年秋七月の話をざっと見てみよう。

「武日照命《たけひなてるのみこと》が天より持ってきたという神宝は、出雲大神宮《いづものおおかみのみや》におさめられている。これを見てみたいものだ」と崇神天皇がいわれるので、武諸隅《たけもろすみ》が出雲につかわされた。

出雲の神宝を管理していたのは、出雲振根《ふるね》だったが、彼は筑紫国《つくしのくに》（福岡県）に出向いていた（出雲と北部九州の関係をうかがわせる一節である）。そこで、振根の弟の飯入根《いいいりね》が、その子供たちに神宝を持たせて、兄の許可なく天皇に献上してしまった。

出雲に戻った振根は、話を聞いて飯入根を責めるが、しばらくして、それを許した。ところがじつは、このときの怒りはおさまっておらず、いつか弟を殺してやろうと心に秘《ひ》めていたのだった。

年月がたって、振根は、飯入根を止屋淵《やむやのふち》に誘うと、水がたいへん清冷であるので沐浴《もくよく》でもどうかといった。そして、先に水から上がった兄は、弟の真刀《まだち》と、あらかじめ用意しておいた木刀をとりかえた。驚いた弟が、手にとったのは木刀だった。こうして振根は、飯入根を殺した。

この話を聞いた時の人は、「八雲立《やくもた》つ　出雲建が　佩ける刀　黒葛多纏き　さ身無しにあはれ」と歌ったのである。

中央の権力者が「神宝を見せてほしい」と求めてくるということは、「それをよこせ」といっているのと同じ意味である。これを「神宝検校《けんこう》」という。

さらに、地方の神社や地元の豪族たちが長らく守ってきた神宝を奪われるということは、その祭祀権を奪われるということだ。祭祀権を奪われたら、田畑や領民の管理など、もろもろの支配権も移譲される。

ちなみに、神宝がおさめられていたという「出雲大神宮」は、京都府亀岡《かめおか》市に丹波国一宮の同名の社があるが、ここではなく、出雲大社のことだろう。さらに、いま出雲大社といわれている杵築《きづきの》大社（出雲市大社町）ではなく、松江《まつえ》の南の山中に鎮座する熊野《くまの》大社（松江市八雲）をさしているものと推定される。

出雲はヤマトに祭祀権を奪われた。「出雲の国譲り」の現実がどのようなものであったか、この説話が物語っている。

それにしても、ヤマトタケルがイヅモタケルを殺した話と、出雲振根が弟の飯入根を殺した話、ほとんど瓜二つではないか。しかも、最後につく歌まで、枕詞をのぞいてまったく同じである。この二つの話が無関係であるとは、とても考えられない。ヤマトタケルは、「出雲の国譲り」のあったヤマト建国時の人物なのではないか。

見えてきた崇神天皇の正体

ここで、『日本書紀』が示した流れを時系列に並べてみよう。

（A）①神武東征（ヤマト入りに失敗）
②神武天皇、尾張氏から霊剣を授かる
③ニギハヤヒの禅譲（ヤマト建国）
④崇神天皇の即位（神武天皇から九代のち）
⑤出雲神オオモノヌシの祟り
⑥出雲の祭祀権を奪う
⑦ヤマトタケルの西国征討（イヅモタケルを殺す）
⑧ヤマトタケル、霊剣を尾張氏のもとに忘れる
⑨ヤマトタケルの死
⑩応神天皇と神功皇后の東遷（ヤマト入り成功）

時代区分でいえば、①〜③が神武天皇の時代、④〜⑥が崇神天皇の時代、⑦〜⑨が景行天皇の時代、⑩が応神天皇の時代とされている。ただし、⑦は明らかに⑥と通じるものである。イヅモタケルのだまし討ちの話は瓜二つだった。この二項目は同じエピソードに属

するものと思われる。

このほかにも、時系列に関する問題がいくつか出てくる。

・神武天皇に禅譲する前のニギハヤヒの時代の話が、なぜ描《えが》かれていないのか
・ヤマトタケルは、その名からして、ヤマト建国時の象徴ではないか
・神武天皇と応神天皇は、なぜ祟られなかったのか
・神武天皇と応神天皇は同じ機能をはたしており、あまりにも似ていないか

これらを解決する糸口を探しているうちに、たどりついたのが、次の結論である。

・ヤマトの初代王は崇神天皇
・神武天皇と応神天皇は同一人物

また、崇神天皇は、出雲の神宝の検校を強行した（祭祀権を奪った）ことで、「出雲神」

に祟られたのであるから、（A）の⑤は、⑥よりあとに起こったことと見るべきだ。
以上をふまえて、（A）の図式を並べかえてみる。

（B）❶崇神天皇の即位（Aの④）
❷出雲の祭祀権を奪う（Aの⑥）＝ヤマトタケルの西国征討（Aの⑦）
❸ヤマトタケル、霊剣を尾張氏のもとに忘れる（Aの⑧）
❹ヤマトタケルの死（Aの⑨）
❺出雲神オオモノヌシの祟り（Aの⑤）
❻神武天皇（＝応神天皇）の東遷（Aの①＝⑩）
❼神武天皇（＝応神天皇）、尾張氏から霊剣を授かる（Aの②）
❽ニギハヤヒの禅譲（Aの③）

こう書きかえると、一連の歴史の流れとして、つじつまが合う。

『日本書紀』では、神武天皇、崇神天皇ともに、「初代王」として描かれる。神武天皇は

「初馭天下之天皇《はつくにしらすすめらみこと》」、崇神天皇は「御肇国天皇《はつくにしらす》」と、漢字こそ違っていても、ともに「ハツクニシラススメラミコト」であり、これが「神武＝崇神」説の根拠にもなってきた。

ところが、『日本書紀』は事実を隠している。

その点、『古事記』は正直だ。崇神天皇を「所知初国之《はつくにしらしし》御真木《みまき》天皇」と称しているのに、神武天皇の段は、どこを見ても、同様の記述がないからである。

つまり、「神武天皇は初代王ではない」ということを、『古事記』は書かないことで明かしているのではないか。

ヤマトの初代王は、『古事記』がひそかに示すとおり、崇神天皇にほかならない。この初代王は「出雲神」に祟られ、その「祟り」を鎮めるために、西からやってきた神武天皇（＝応神天皇）に禅譲した。

そうすると、ニギハヤヒが何者であるかも、おぼろげながらに見えてくる。彼は、崇神天皇と同一人物なのではないだろうか。あるいは、ニギハヤヒとその子ウマシマヂによる治世を象徴する役割として、崇神天皇をおいたのではないか。いずれにせよ、崇神天皇は、物部氏の祖の誰かである。

史書――「書かれた歴史」が、あとからヤマト入りした王を、神武天皇と応神天皇に分割し、そのあいだに実際の初代王である崇神天皇を混ぜこむ系譜を創作したのには、重要な理由がある。

ひとつの理由は、天皇家以前の物部氏の治世について、多くを語らないようにするためである。そして、「ヤマトの初代王は天皇家の祖先ではない」という事実を隠し、天皇家が、「出雲神の祟り」にかこつけて、物部氏から政権を簒奪《さんだつ》したかのような印象を和《やわ》らげるためである。

そして、もうひとつの理由のほうが重要なのだが、それは、ヤマトに乗りこんできた応神天皇（神武天皇）の素性を隠すためである。

とくに、「神功皇后――応神天皇（神武天皇）」の母子と武内宿禰《たけしうちのすくね》の輝かしい事蹟が、その後の天皇家と、それをとりまく権力者たちの権力の正統性をおびやかすからだ。

第三章　淡海《おうみの》三船《みふね》と漢風諡号の謎

漢風諡号の意義

くりかえしになるが、もともと『日本書紀』や『古事記』には、神武《じんむ》天皇、崇神《すじん》天皇、応神《おうじん》天皇といった漢風諡号《かんふうしごう》は記されていなかった。記紀が編纂《へんさん》された時点に、これらの漢風諡号は、影も形もなかったと考えられるからである。漢風諡号は、写本がくりかえされるうちに書き加えられた。

三人の天皇の『日本書紀』や『古事記』に登場する名は、次のとおりである。

神武天皇
『古事記』カムヤマトイワレビコ　ワカミケヌ　トヨミケヌ
『日本書紀』カムヤマトイワレビコ　ヒコホホデミ

崇神天皇
『古事記』ミマキイリビコイニエ
『日本書紀』ミマキイリビコイニエ

応神天皇
『古事記』ホムダ　ホムダワケ
『日本書紀』ホムダ

これらの名が、諡《おくりな》（贈り名）だったのか、生前につけられた諱《いみな》（忌み名）だったのかはわからない。ただ、『日本書紀』の神武天皇だけ、「諱は彦火火出見《ひこほほでみ》」とある。

いずれにせよ、これらの名には、なんの共通点もない。もし、現代の私たちに与えられるヒントが、この脈絡のない名だけであったら、三人の天皇の素性を即座に知ることは難しかっただろう。

ところが、のちになって、新たに漢風諡号というものが加えられた。私たちは、「神武、崇神、応神」という、どう見ても関係の深そうな名を知ることで、はじめて三人のほんとうの関係にたどりつくことができたのである。

前章で述べたように、神武天皇と応神天皇は同一人物であり、しかも崇神天皇よりあとの人物であることがわかった。そして、いずれの天皇も、「神」であり「鬼」である「出雲《いず》神《ものかみ》の祟《たた》り」と関わっていた。

そして、『日本書紀』と『古事記』は、神武天皇から応神天皇まで十五人もの天皇の名を記したが、その期間の系譜は、もっと単純である。

まず、天皇家の祖先ではない崇神天皇による治世があり、それに続いたのが、オオタラシヒコと神功皇后のあいだの子、応神天皇による治世である。これ以外の天皇の記述は、創作と見なさざるをえない。

『日本書紀』と『古事記』の編著者は、この期間の歴史を一千年近くにまで引きのばし、それと同時に、ヤマト建国の真相を闇に葬《ほうむ》った。出雲と天皇家の深いつながりは切り離され、「天皇家やその祖神と敵対し、悩みの種となった出雲神」という単純な図式が編《あ》みだされてしまった。

しかし、その創作活動に対し、後世の誰かが、あらためてヤマトの建国の最重要人物に「神」の名を贈った。そして、その文字に、ヤマトの権力が「祟る鬼神《きじん》」を生みだした経緯をこめたのである。

そのおかげで、いま、たった二文字の漢字が、古代の権力者たちによる歴史の改竄《かいざん》をあざわらうかのように、真相を語ろうとしている。

これもくりかえしになるが、漢風諡号に用いられた漢字は、けっして、ただの美字《びじ》や好字《こうじ》ではない。ある人物が、すばらしい諡号を後世に残したと伝えられている。現代の私たちに改竄された歴史を復原する機会を提供してくれた、この人物について、すこし光を当ててみたい。

文人の首《かしら》

漢風諡号を撰進《せんしん》した人物は、淡海真人三船《おうみのまひとみふね》(七二二〜七八五)とされている。『釈日本紀《しゃくにほんぎ》』に引用された「私記」によると、淡海三船が、神武天皇から元正《げんしょう》天皇にいたる歴代天皇の漢風諡号を「一括《いっかつ》撰進」したとある。

「真人《まひと》」という姓《かばね》からもわかるとおり、淡海氏は天皇の子孫である。淡海三船の父は池辺王《いけべのきみ》、祖父は葛野王《かどののきみ》、曽祖父は壬申《じんしん》の乱に敗れて亡くなった大友皇子《おおとものみこ》。つまり淡海三船は、天智天皇の四代孫ということになる。「淡海」という名も、祖先が都をおいた近江に由来するのだろう。
淡海三船は、その名前くらいは聞いたことがあるという人が、ほとんどかもしれない。彼の生涯を知る手がかりは、『続日本紀《しょくにほんぎ》』延暦《えんりゃく》四年（七八五）七月十七日の「卒伝《そつでん》（死亡記事につく伝記のこと。四位、五位の人が卒伝、三位以上の人は薨伝《こうでん》という）」と、『続日本紀』の記事、『延暦僧録《えんりゃくそうろく》』の「逸文《いつぶん》」が、主なものだ。『延暦僧録』は、唐招提寺《とうしょうだいじ》を建立《こんりゅう》した鑑真《がんじん》とともに来日した弟子の思託《したく》が記したものである。
さっそく『続日本紀』の記事を引いてみると、天応《てんおう》元年（七八一）六月二十四日の「石《いその》上宅嗣《かみのやかつぐ》の薨伝」に、次のような記事がある。

「（天平《てんぴょう》）宝字《ほうじ》よりのち、（石上）宅嗣と淡海真人三船とを文人の首《かしら》とする」

淡海三船の最高位は従四位下《じゅよんいのげ》であるから、官僚として大出世したとはいいがたい。それでも、文人として傑出した人物と認められていたようだ。淡海三船は、現存最古の漢文学とされる『懐風藻《かいふうそう》』の編著者にあてられている人物である。また、鑑真の伝記『唐大和《とうだいわ》上東征伝《じょうとうせいでん》』をあらわした。

淡海三船の人物像

天平勝宝《てんぴょうしょうほう》八年（七五六）五月、淡海三船を不幸な事件が襲った。朝廷を誹謗《ひぼう》し、人臣《じんしん》の礼を欠く罪をおかしたということで、出雲国守大伴《いずものくにのかみおおともの》古慈斐《こしび》とともに幽閉されてしまうのだ。『万葉集』巻二十、四四六七の歌の「但書《ただしがき》」には、「淡海三船の讒言《ざんげん》によって大伴古慈斐が出雲守を解任させられた」とある。

けれども、この事件の真相は、まったくわかっていない。ひとついえるのは、時代の背景を憂鬱《ゆううつ》な空気が覆《おお》っていたということだろう。藤原仲麻呂《ふじわらのなかまろ》（恵美押勝《えみのおしかつ》）が権力の頂点にのぼりつめていく時代がはじまっていた。

天平勝宝元年（七四九）に、聖武《しょうむ》天皇が娘に譲位し、孝謙《こうけん》天皇が誕生すると、藤原仲麻呂は、新天皇の母である光明子《こうみょうし》の権威化をはかる。藤原仲麻呂は、光明子の身のまわりの世話をする皇后宮職《こうごうぐうしき》を「紫微中台《しびちゅうだい》」という役所につくりかえ、孝謙天皇の支配下の太《だい》政官《じょうかん》の役人たちを兼任させた。

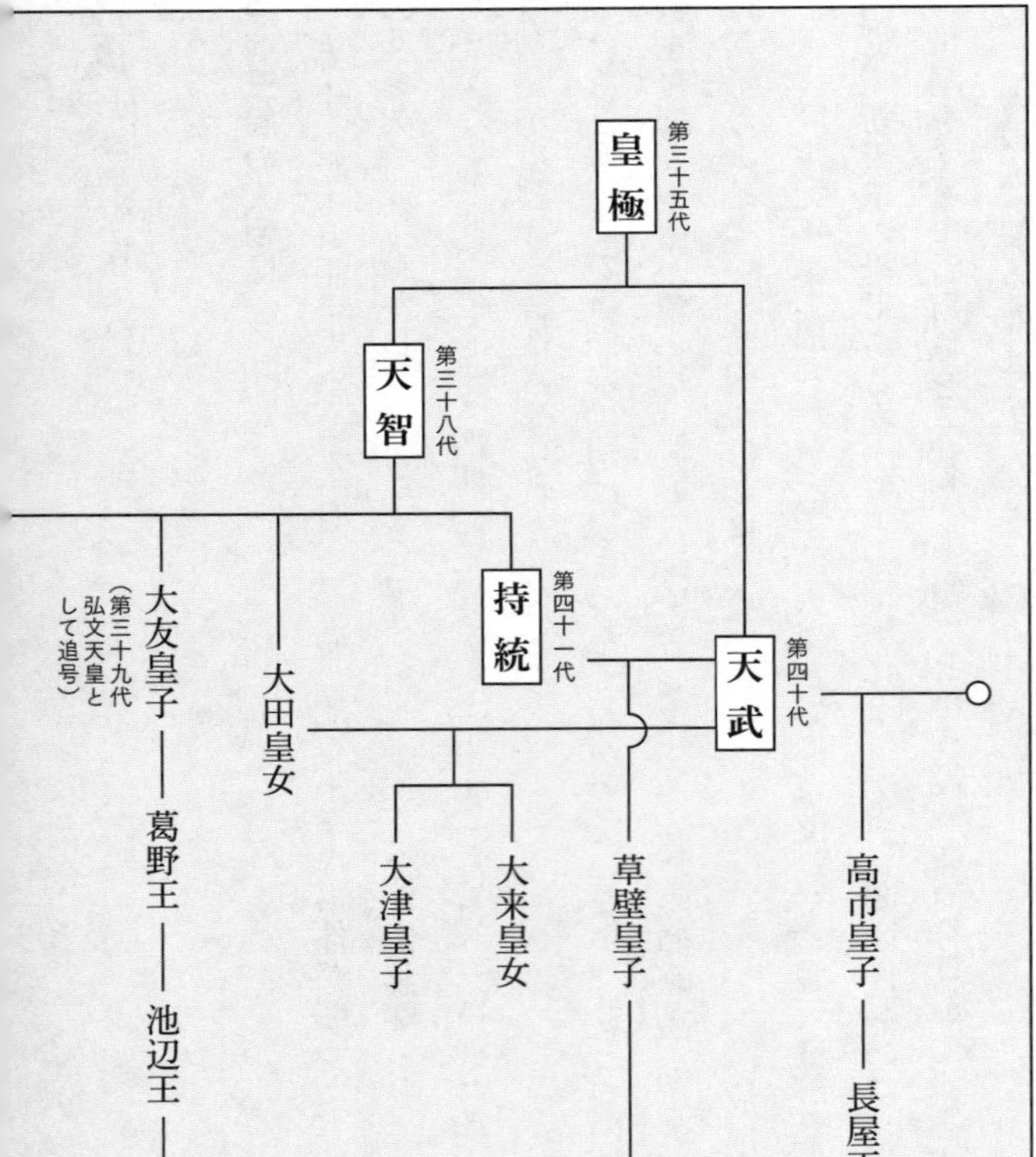
皇極
第三十五代
天智
第三十八代
天武
第四十代
持統
第四十一代
大友皇子
（第三十九代弘文天皇として追号）
葛野王
池辺王
淡海三船
大田皇女
大津皇子
大来皇女
草壁皇子
高市皇子
長屋王

『懐風藻』に書かれた人物

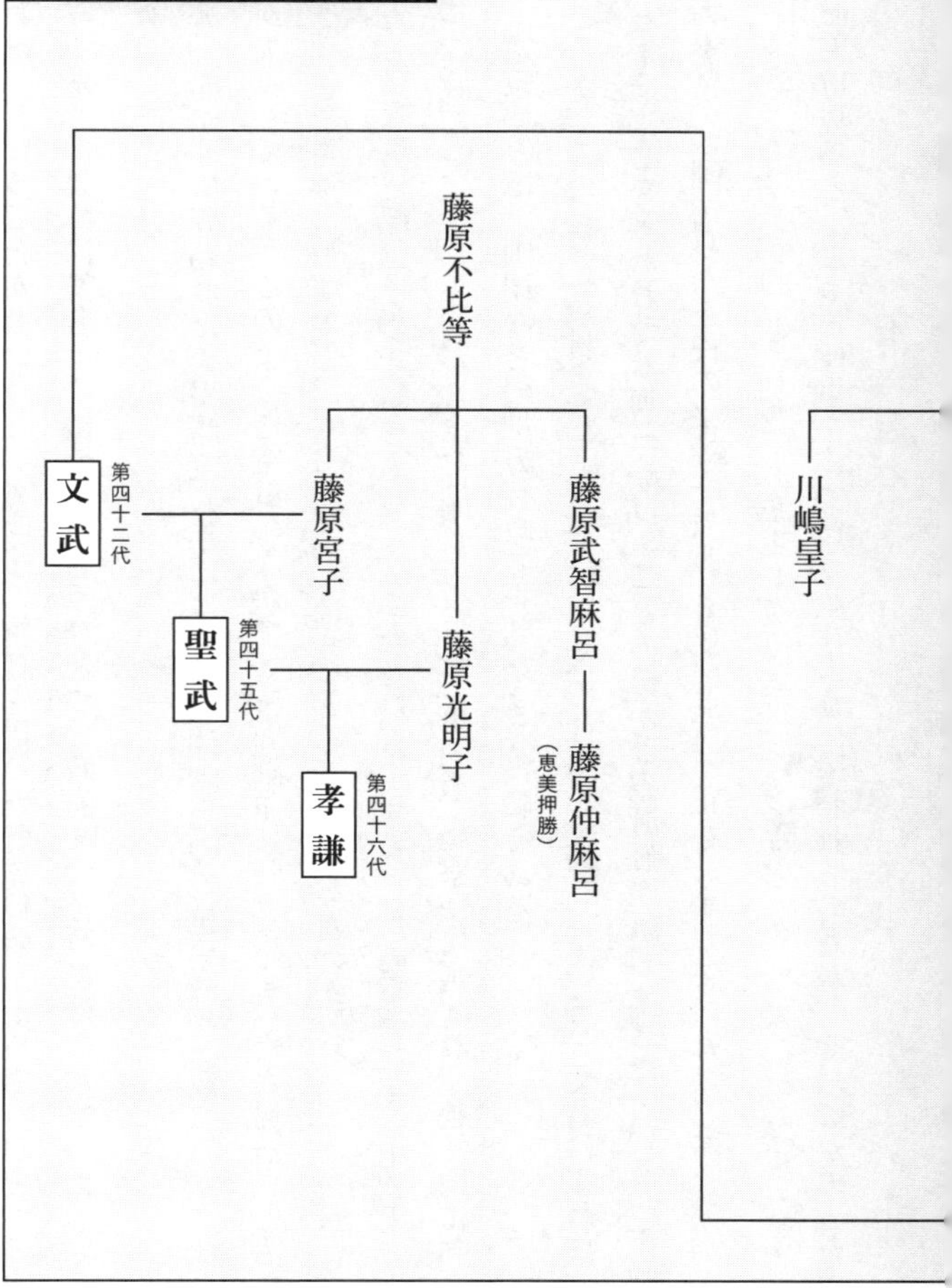
藤原不比等
藤原宮子
藤原武智麻呂
藤原光明子
藤原仲麻呂
（恵美押勝）
文武
第四十二代
聖武
第四十五代
孝謙
第四十六代
川嶋皇子

これはどういうことかというと、光明子の権威を借りた藤原仲麻呂が、もうひとつの太政官、つまり、自身に都合よく機能するもうひとつの政府をつくりあげてしまったということだ。

淡海三船が罪に問われた天平勝宝八年には、藤原仲麻呂の対抗馬の代表格だった橘《たちばなの》諸兄《もろえ》が失脚している。このような空気のなかで、権力闘争に巻きこまれたと見ることもできるだろう。淡海三船はなぜ、火中《かちゅう》の栗《くり》を拾うようなまねをしたのか。

ただし、淡海三船はその才覚をもって、ふたたび浮上する。神護景雲《じんごけいうん》元年（七六七）六月、「稟性聡恵《ひんせいそうけい》にして、兼《か》ねて文史《ぶんし》に明らか」と、東山道巡察使《とうさんどうじゅんさつし》に選ばれ、赴任地に向かった。巡察使とは、国司などの地方行政者を監察する役職である。

ところが、この後、『続日本紀』の記述は、彼の仕事を酷評している。それによれば、名誉と栄達《えいたつ》に心を奪われた淡海三船は、ことのほか監察評価が厳しすぎたという。下野国《しもつけのくに》（栃木県）の国司らが正税《せいぜい》の未納を放置するなど、不正をおかしていたところ、淡海三船は、その当事者（弓削宿禰薩摩《ゆげのすくねさつま》）に厳しい処分を下したのだった。

これだけ見ると、むしろ仕事をまっとうしたように思われるのだが、そのほかの人たちへの処分も、公平ではなく、独善的だったと『続日本紀』はいう。このため淡海三船は、巡察使の任を解かれてしまった。

都に戻った淡海三船は、文人として順調に出世していき、宝亀《ほうき》三年（七七二）には、大学頭《だいがくのかみ》で文章博士《もんじようはかせ》を兼ねた。まさに文人のトップに上りつめている。

延暦四年（七八五）七月に、六十四歳で亡くなるが、その「卒伝」は、およそ次のように記す。

「性聡敏《せいそうびん》（性質は聡明鋭敏）にして群書《ぐんしよ》を渉覧《しようらん》し（本をたくさん読んで）、筆札《ひつさつ》（文章を書くこと）を好んだ。天平宝字八年（七六四）、近江国におもむき溜池《ためいけ》をつくった。このとき恵美押勝（藤原仲麻呂）の乱が勃発《ぼつぱつ》し、近江に逃れた恵美押勝が、兵馬調達の使者を送りとどけてきた。しかし、これに対し淡海三船は、使者を捕《とら》えると、勢多橋《せたのはし》（瀬田橋）を焼き、賊（恵美押勝）の通行を防いだ。こうして恵美押勝の乱の平定に尽力した功が認められ、近江介《おうみのすけ》、中務大輔《ちゆうむだいふ》兼侍従《けんじじゆう》、東山道巡察使に補《ほ》せられた」

その後、地方官人に対する評価が「独善的」と咎《とが》められたのは、すでに話したとおりで、のち、刑部卿《ぎょうぶきょう》兼因幡守《けんいなばのかみ》を拝命した。卒したとき六十四歳。以上が、『続日本紀』に載《の》る「卒伝」の内容である。

また、『日本後記』の延暦十六年二月にある『続日本紀』撰進の表には、文武《もんむ》元年（六九七）から天平宝字元年（七五七）にいたる期間の編修《へんしゅう》（修正を加えること）に携《たずさ》わったとある。

漢風諡号はいつ、誰が撰定したのか

「神武天皇から元正天皇にいたる歴代天皇の漢風諡号を一括撰進した」と『釈日本紀』に引用された人物、淡海三船の横顔を追ってみた。

もっとも、根拠となる『釈日本紀』の記事がまったくそのまま信用されているわけではない。この歴史書じたいが、十四世紀初頭に書かれたこともあって、あくまで伝承としてあつかわれている。本来なら諡号撰進の記事があるべき『続日本紀』に、その内容が抜け落ちていることも、淡海三船説に懐疑《かいぎ》をいだかせる原因になっている。

誰が漢風諡号を撰定したのか、江戸時代にはすでに議論があった。

国学の大成者、本居宣長《もとおりのりなが》は、『釈日本紀』の記事について、淡海三船は、延暦四年七月までに（つまり死ぬまでのあいだに）、「神武天皇から光仁《こうにん》天皇にいたる漢風諡号を撰定した」と推理している。『釈日本紀』の記事に、聖武《しようむ》天皇、孝謙《こうけん》天皇、淳仁《じゆんにん》天皇、称徳《しようとく》天皇、光仁天皇と、五人の天皇を上乗せしたのである。

やはり江戸時代を代表する学者の伴信友《ばんのぶとも》は、この本居宣長の考え方をおおかた支持したうえで、「文武天皇と聖武天皇の諡号は、延暦以前にはすでにつくられていた」と指摘した。

ところが、伴信友とも交流のあった黒川春村《くろかわはるむら》らは、漢風諡号は藤原不比等《ふひと》の発案によるもので、律令撰定《りつりようせんてい》とともに考え出されたとする。そして、「淡海三船が撰定したのは、元《げん》明《めい》天皇から光仁天皇までの七人にすぎない」というのが、彼らの説である。

明治時代に入ると、なんとあの森鷗外《もりおうがい》が、発言をしている。「『続日本紀』に記事がない以上は、『釈日本紀』の記事を信じるしかないだろう」というのである。これは一理ある。

ところで、いまでこそ「神武」や「応神」といった漢風諡号を、ごく自然に、当然のようにして使っているが、これが定着するのには、かなり時間がかかった。

すくなくとも、淡海三船が一括撰進した（と思われる）諡号は、その当時には、公式に用いられていない。撰進されて、公式の文書がいっせいに書きかえられたというわけでは、もちろんなかった。

漢風諡号の文献上の初見は、いつごろなのだろう。現存しているもので早いものから順に見ていこう。

1、文武天皇
『懐風藻』の記事のなかにあらわれる。『懐風藻』は天平勝宝三年（七五一）の撰《せん》。

2、聖武天皇
『続日本紀』天平宝字三年（七五九）六月十六日の詔《みことのり》のなかにあらわれる。『続日本紀』の編纂は複雑な過程をへて、延暦十三年（七九四）に奏上されている。

3、天武天皇

「武智麻呂《むちまろ》伝」にあらわれる。藤原武智麻呂は、藤原仲麻呂の父で、その伝は、天平宝字四年（七六〇）以後の撰。

4、垂仁天皇

『続日本紀』天応元年（七八一）六月二十五日の土師宿禰《はじのすくね》古人《ふるひと》らの言上《ごんじょう》。このときの表記は、「纒向珠城宮御宇《まきむくのたまきのみやにあめのしたしらしめしし》垂仁天皇」である。

5、神功皇后

『続日本紀』天応元年七月十六日の栗原勝《くりはらのすぐり》子公《こきみ》の言上。

6、神功皇后、応神天皇、仁徳天皇、敏達《びだつ》天皇

『続日本紀』延暦九年（七九〇）七月十七日の津連《つのむらじ》真道《まみち》らの言上。

このなかで、天武天皇の漢風謚号が登場する「武智麻呂伝」は、完成の時期が定まっていないから、この例を基準にはできないだろう。

また、『日本書紀』は持統天皇までをとりあげたものであるから、当然のことながら、文武天皇と聖武天皇は、このなかに登場しない。これらの天皇は、持統以前の天皇に先んじて、漢風謚号を贈られていた可能性がある。

漢風謚号がはじめて公にされたのは、『日本書紀』に登場する天皇にかぎると、現存する記録においては、垂仁天皇と神功皇后の「天応元年（七八一）」まで下るということになる。

とはいえ、漢風謚号の撰定当初は広く普及していなかったようだから、記録にないからといって、存在しなかったともいいきれない。ひとついえるのは、「天応元年（七八一）の時点で、確実にあった」ということだ。

なぜ漢風謚号は、すぐに普及しなかったのか

戦後の代表的な古代史学者でもある坂本《さかもと》太郎《たろう》は、『日本古代史の基礎的研究（下巻・制

度篇)』のなかで、漢風諡号はやはり淡海三船の撰進としているが、その時期は、筆者の推測よりずっと早く、天平宝字年間(七五七〜六四)とする。

この時代、さかんに中国の風習と文化が見直されていたこと、「石上宅嗣の薨伝」に、天平宝字よりのち、淡海三船が「文人の首」とされたとあること、年齢も四十歳前後になっていたことなどから、坂本太郎は、「このころに彼に撰諡《せんし》の沙汰《さた》が下ったとしても必ずしも不都合はない」とした。

漢風諡号の成立が、坂本太郎が考えるように天平宝字年間であったら、「撰諡の沙汰」まであって撰進された諡号が、しばらくのあいだ見向きもされなかったことになる。

その時期を、筆者が推測する宝亀《ほうき》三年(七七二)、つまり淡海三船が文章博士に任ぜられたころまで下げて考えたとしても、やはりすぐには「公的なもの」にはなっていなかった。

それは公式の文書にはあらわれず、当時の一部のエリートやインテリたちの「言上《ごんじょう》(上に申しあげること)」のなかで、「私的に用いられていた」だけのように見えるからである。これは、不思議なことではある。

坂本太郎は、この謎について、次のように説明している。

「かくておそらく撰進のことは宝字七、八年ごろに行われたのであろうけれど、ついにこれを制定公布するに至らなかったように見えるのは、或《ある》いは撰進の内容に憚《はばか》らぬところがあったのによるが、或いは八年九月における恵美押勝の乱、同十月における淳仁《じゅんにん》天皇の廃位《はいい》などの大事件のために、そのまま公にはすておかれる形になったからではなかろうか」(『日本古代史の基礎的研究』)

また、次のように続けた。

「学者が御船《みふね》(淡海三船)の草案をでも転々写し取ってこれを採用したことを示すもののように思う」(『日本古代史の基礎的研究』)

このように見てくると、漢風諡号が本当に朝廷による正式な事業として定められたのか、いよいよ怪しくなってくる。

漢風諡号が公的な目的で贈られたのではなかったとすれば、別の目的があったということだろう。筆者はそこに、淡海三船による私的な動機を見いだしている。

つまり淡海三船は、『日本書紀』が真実の歴史を描いていないことに疑問をいだき、その隠された歴史を解読するヒントを後世の人に与えるために、漢風諡号をつくりだしたのではないかという仮説である。

なぜこのような考えにいたったのかというと、淡海三船が、じつに屈折した感情を持った人物であり、そのいっぽう、たいへん純粋で、正義感にあふれた性格だったように思われるからである。そのため、いろいろな誹謗中傷《ひぼうちゅうしょう》を受けたり、政権側から疎《うと》んじられたりして、度重《たびかさ》なる処分を受けたのにちがいない。

淡海三船が私的につくりだしたものであるなら、撰進を命じた詔《みことのり》や撰進記事が公式の記録に残されないのも当然であろう。

『懐風藻《かいふうそう》』序文が語るもの

ただ、文章博士や「文人の首」に認められるような人物が、そこまでやるのかという問題は出てくる。純粋で正義感がある人物だからというだけでは、その根拠にはならない。ところが彼は、じつは別のところで歴史の真実の解明を試みているのである。それが、現存最古の漢文学といわれる『懐風藻』である。

この書籍の成立は、天平勝宝三年（七五一）である。孝謙天皇の時代のことだ。江戸時代前期の儒学者である林鵞峰《はやしがほう》が、その編著者を淡海三船に求めて以来、その考えが支持され、今日でも通用している。

淡海三船説をとる根拠のひとつは、地名の「おうみ」について『日本書紀』や『続日本紀』などの正史は「近江」と表記するが、『懐風藻』は「淡海」としていることである。さらに、『懐風藻』の「序文」は、淡海三船の詩の一部とよく似ており、そのほかの用語も、彼が書き残したものと似ている。

筆者も、『懐風藻』の編著者は淡海三船として問題ないと思う。さらに、その「序文」を、淡海三船自身の「告白」と見なしている。

「序文」では、天智天皇の近江朝が強く意識され、礼賛《らいさん》されている。淡海三船は天智天皇の末裔であるから、このことは当然だろう。しかし、壬申の乱（六七二）以降、権力の座は、天智天皇の弟の天武《てんむ》天皇に移っていた。したがって、「天智系」ともいうべき淡海三船は、歴史の敗者の側に立っていたことになる。

『懐風藻』の成立時にも、聖武天皇の娘である孝謙天皇が君臨していた。彼女はもちろん「天武系」の天皇である。そのような時代背景のなかで、天智天皇の時代をしのぶことじたい、憚《はばか》られることではなかったか。

もっとも、だからといって、『懐風藻』が全編通じて「天智朝礼賛の書」かというと、これもまた違う。「天武系」の大津皇子《おおつのみこ》や長屋王《ながやのおおきみ》の悲劇を嘆《なげ》いているのである。

彼の目線は、時の権力者や実力者の無慈悲な暴力によって人生を狂わされた、歴史の敗者たちへ向けて、いちように同調的である。

『懐風藻』のもうひとつの特徴は、正史『日本書紀』が（おそらく意図的に）書き漏《も》らした「歴史の現場」を補完していることである。

たとえば、壬申の乱直前の中臣鎌足《なかとみのかまたり》の不審《ふしん》な言動、大津皇子の謀反《むほん》にいたる複雑な事情、珂瑠皇子《かるのみこ》（のちの文武天皇）立太子《りつたいし》の際の不可解な会議など、古代史の空白を埋める事件が網羅《もうら》されている。歴史の節目となった重要事件を、「正史」とは異なる別の目線で追いかけているのである。

筆者は、『懐風藻』編集の「姿勢」と漢風諡号撰定への「思い」に、共通したものを感じずにはいられない。

そこで、あらためて『懐風藻』の「序文」のあらましを見てみよう。それは、「遠い昔の賢者の言葉に耳を傾け、古い書籍を見ると……」と始まる。これに「天孫降臨神話」が続き、文字の伝来、推古朝の聖徳太子《しようとくたいし》の時代にいたる文学や学問の歴史をふり返る。つづいて、「淡海先帝《おうみのせんてい》（天智天皇）が天命《てんめい》を受けて即位されるにおよんで」と前置きし、天智天皇の治世の礼賛をする。

天智天皇は、天子（天皇）の事業を広め、天子の道は天と地にいたり、功は宇宙に照り輝いた。風俗を整え教化することは、文学や学問より尊いものはないという考えから、学び舎《や》を建て、秀才を集め、法度《はつと》を定めた。そして、多くの歌が詠《よ》まれたが、たまたま世の乱れ（壬申《じんしん》の乱）があり、それらの歌はことごとく灰燼《かいじん》に帰したという。

近江朝の滅亡を嘆《なげ》く淡海三船は、そのいっぽうで、のちの世にもすぐれた詩人が輩出《はいしゅつ》されたと記す。それは、「龍潜《りゅうせん》の皇子（大津皇子）」や「気品の高い天皇（文武天皇）」、「神納言《しんのなごん》（大神高市麻呂《おおみわのたけちまろ》）」、「藤太政《とうのだいじょう》（藤原不比等《ふひと》）」らで、彼らの詩は、美しい文学を過去に向けて高くかかげ、詩人としての高い評価を後世に残したとする。

そのうえで、『懐風藻』を編む目的を次のように述べる。

「私は薄官《はくかん》（地位の低い役人）の余暇を利用して、心を文学に遊ばせ、古人の遺文《いぶん》を見て、風月の故人の昔の遊びを思う。彼らの消息は、はるかに遠いが、詩文は私のもとにある。その立派な詩をいだいて、過去をしのぶと、不覚にも涙があふれてくる。すばらしい詩文を追い求め、故人の詩文がむなしく消え去ることを惜しむ。そこで、壬申の乱で兵火をのがれた詩文をもかき集め、近江朝から平城京に都がおかれた時代までの百二十篇《へん》を、ここにおさめた」

そして、こう最後を締めくくっている。

「わたしがこれらの文を撰《えら》ぶ意《こころ》は、まさしく先哲の遺風《いふう》（教え）を忘れないようにするためである」

暗に、選定の基準は公平であり、政治的な意図や配慮に影響されていないということを宣言しているのである。

天智天皇の王統は、悪い表現をすれば、天武天皇の王統に武力で乗っとられ、いまだ、聖武、孝謙と「天武系」の王家が続いている時代にあって、あえて天智天皇を称賛したところに、この「序文」の尋常《じんじよう》ならざる覚悟を感じる。

さらに、「天武系」の王家のもとで、新たな詩が生まれたとも称賛し、これらの詩文が忘れ去られることを憂《うれ》えて、まとめたというのである。そして、大津皇子や長屋王といった「天武系」の王家の悲劇にスポットライトを浴びせ、同情をよせた。

学校の日本史で習う『懐風藻』の理解は、あくまでも「日本最古の漢文学」としてであったが、実際はそうでない。それは、「文学書の外面を持った歴史書」である。

「近江朝から平城京に都がおかれた時代までの百二十篇」とある「百二十篇」を「歴史」とおきかえれば、淡海三船の真意は伝わるのではないか。なぜなら、この時代こそ、日本が大きく変質した時代であり、そのひずみのなかで、多くの悲劇が生まれた時代でもあったからである。

理解されてこなかった淡海三船の真意

これまでの『懐風藻』は、残念ながら「歴史書」として見られてこなかった。もっぱら「漢文学」としてのみ、あつかわれてきた。

『万葉集』の研究で知られる中西進《なかにしすすむ》は、『日本漢文学史論考』のなかで、『懐風藻』の「序文」に出てくる「分囿《ぶんゆう》に遊ぶ」という表現をとりあげ、これが堅苦しい公的儀式に限定されるのではないことを指摘している。そして、『懐風藻』のなかに隠されているのは、「自然」だという。

『万葉集』が「自然との連続のなかに人間がいた」のに対し、『懐風藻』では、人事に対する自然＝幽なる「もの」の私的領域をつくりあげているとした。ここでいう「自然」とは、俗塵《ぞくじん》と対極にある場を意味する。

さらに中西進は、『懐風藻』の収録歌を『万葉集』のそれと比較し、明瞭な中国的立場をとりつつも、日本的なものをしのばせていると指摘した。

「和文脈の和歌が天平期に獲得していったものを、いちはやく中国文学から先取りしつつ、日本文学の中に定着させていったのが『懐風藻』であった」（『日本漢文学史論考』）

なるほど、文学史における『懐風藻』の評価であれば、このような指摘も大きな意味を持ってくるだろう。

ただし、『懐風藻』をあくまでも「文学」としてのみ見れば、淡海三船の真意からは遠いものとなってしまう。『懐風藻』を収録する岩波書店の『日本古典文学大系69』の「解説」には、次のような見方が提示されている。

「淡海三船説を確証する説の一つに政治的立場を考える説もあるが、文学の表現と政治的立場とは必ずしも一致しない」

『懐風藻』が政治的文書というのなら、淡海三船がその編著者であるという説は成立しないとしている。その理由として、長屋王が重視されている点をあげている。

「詩苑《しえん》の中心人物、長屋王は、天武天皇の皇孫（高市皇子の子）、即《すなわ》ち反近江側系の立場にあるが、これによって長屋王関係の詩を多く収録した撰者が反近江側系の人であるとはいえない。むしろ撰者は、長屋王と文学的交際のあった、或《あるい》は長屋王詩苑の詩群を比較的容易に収集できる立場にあった官人某《なにがし》とみるほかはない」

　ここにある「長屋王」は、天武天皇の孫にあたる人物だ。藤原氏が完全な権力を握ろうとするなか、「反藤原派」の旗印として頭角をあらわし、いっとき、藤原氏から権力を奪取した。しかし、藤原氏の陰謀によって、一家滅亡に追いこまれた悲劇の人物である。

　さて、「解説」にある「文学の表現と政治的立場とは必ずしも一致しない」という原則はまったく、そのとおりだと思う。ところが、それに続く結論部分では、否定したばかりの「政治的立場」を持ちだしてきているのである。「解説」が指摘する「(長屋王は)反近江側系の立場」というのは、いましがた否定した「政治的立場」のことなのではないだろうか。

淡海三船は、天智天皇の子、大友皇子の曽孫である。大友皇子が生きていれば、淡海三船は、皇位に近いプリンスであっただろう。祖父や親は、天皇だったかもしれない。しかし、天武天皇の武力行使を前に、大友皇子は死を選ぶこととなった。

たしかに淡海三船が、天武天皇を心から敬愛していたということはなかったであろう。世が世ならプリンスとなった人が「薄官」で終わることに無念がなかったわけではないだろう。隆盛を極《きわ》める「天武系」の王家に対する憎悪の念がつのっていても、何らおかしくはなかった。

だが、人間の感情というものは、そんなに単純ではない。

「解説」のいうとおり、「文学の表現と政治的立場とは必ずしも一致しない」としたら、むしろ『懐風藻』が長屋王に同情的であったとしても、そのことが『懐風藻』の編著者を淡海三船としない根拠とはならないのではないか。淡海三船は、まさにそういう人物だった。

また、それ以前の問題として、残された淡海三船の言行から、権力を渇望《かつぼう》した様子はうかがえない。彼は、政治的立場に対し、複雑な感情を見せてはいたが、一貫した姿勢は「僧侶」のそれである。

『日本漢学研究初探』（楊儒賓、張賓三共編）のなかで、王勇《おうゆう》は、神護景雲元年（七六七）に淡海三船が左遷させられたことについて、次のように述べている。

「事実は、前下野介の弓削薩摩の政務を停《と》め、朝廷の赦免《しやめん》後も断罪した「独断」が嫌われたものである。彼は文人としては有能だが、人間関係の複雑な役人の世界には不向きだったのであろうか」

たしかに、淡海三船の個人的な資質が、彼の出世を妨《さまた》げた可能性は低くないものと思われる。

けれども、光仁天皇の誕生によって、「天智系」の王家が復活し、天智天皇の懐刀《ふところがたな》だった中臣鎌足の末裔が権力を握っていくのだから、もっと厚遇されてもおかしくはなかった。藤原仲麻呂の息のかかった淳仁天皇が即位したのち、徐々に官位を上げた淡海三船だが、だからといって、高級官僚の仲間入りをはたしたわけではなかった。

淡海三船の人物像を教える興味深い記録として、『日本高僧伝要文抄《にほんこうそうでんようもんしょう》』のなかに淡海三船の伝記の「逸文」(『延暦僧録』の一部)が残されている。

それによれば、「童年《どうねん》に俗《ぞく》を厭《いと》い」とある。天平年間(七二九〜七四九)、まだ年少の淡海三船は渡来僧にしたがい、出家していた。ただ、天平勝宝三年(七五一)、遣唐学生《けんとうがくしよう》となったことで、勅命《ちよくめい》によって還俗《げんぞく》する。このとき、無位《むい》であったという。ところが、運悪く病気にかかり、渡唐《ととう》できなかった。

還俗しても、仏教に対する情熱は失われず、仏典や儒書《じゆしよ》を読みあさったという。元来の性質が政治志向ではなかったのだろう。

大阪府河内長野《かわちながの》市の金剛寺《こんごうじ》に残された文書にも、『延暦僧録』の「逸文」がある。そこには淡海三船が、あの鑑真《がんじん》と出会い、鑑真に師事したこと、唐僧《とうそう》や唐の詩人たちと深く交流の場を持っていたことが記録されている。また、臨終に際し、仏徒としての信心《しんじん》を怠《おこた》らなかったと記されている。

淡海三船の生涯は、仏教と文学にいろどられ、どこか政治権力に対する反骨の匂いが漂う。

『懐風藻』の「目録」には、掲載する漢詩の選択基準について、「ただ時代順に並べただけで、作者の位や出自はまったく考慮に入れていない（略《おおよ》そ時代を以《もつ》て相次《あいつ》ぎ、尊卑《そんぴ》を以て等級とせず）」と、わざわざ強調している。こんなところにも、淡海三船の気骨を感じずにはいられない。

『懐風藻』が語る歴史――大友皇子《おおとものみこ》

せっかくなので、『懐風藻』が記した「歴史」について見ておこう。

『懐風藻』には多くの人の漢詩が載せられているが、そのなかでも、とくに九人について、詳伝を併記している。このうち、大友皇子、川嶋皇子《かわしまのみこ》、大津皇子、葛野王の四人のものは、とくに注目される。

この人物群で、大津皇子は「天武系」、川嶋皇子は「天智系」である（174ページの系図を参照）。また、淡海三船のご先祖様が二人ふくまれる。曽祖父の大友皇子と祖父の葛野王である。この二人はいうまでもなく「天智系」である。

まず、大友皇子であるが、「淡海朝大友皇子　二首」としたうえで、「皇太子は、淡海帝の長子なり。魁岸奇偉《かいがんきい》、風範弘深《ふうはんこうしん》、眼中精耀《がんちゅうせいよう》、顧盼煒燁《こべんいよう》」とある。

大友皇子を、天智天皇の長子（最年長の男子）で、かつ、その皇太子と認めたうえで、「大きな心を持ち立派で、風采《ふうさい》が大きく深淵であり、瞳が輝き、ふり返っても輝いて見えた」と礼賛している。まさしく皇位を継承するにふさわしい人物ということだろうか。

そして、天智天皇崩御の直前の逸話を載せる。来日していた唐使《とうし》の劉徳高《りゅうとくこう》は、大友皇子をさして、日本にいるのがもったいないほどの人物だと評した。

あるとき、この劉徳高が見た夢によると、天の門ががらりと開き、朱色の衣を着た老翁《ろうおう》が太陽（天子の地位を暗示している）をささげ、大友皇子に与えようとしたが、横から出てきた人が、それを奪い去ってしまったというのである。

心配した劉徳高が、このことを中臣鎌足に話した。すると中臣鎌足は、

「天智天皇崩御の隙《すき》に、悪賢《わるがしこ》い人物があらわれ、王位を狙うかもしれません。しかし、天は公平であり、善行を積む人をかならず助けます。大友皇子が徳を積まれているかぎり、災害や異変はなんら心配におよびません」

と答え、自分の娘を皇子に嫁《とつ》がせたいと願った。そして実際に、大友皇子と姻戚関係を結び、彼を親愛したという。

さらに『懐風藻』は、次のように続ける。

「大友皇子は二十歳になったとき、太政大臣《おおきまつりごとのおおまえつぎみ》に任ぜられ、政務をとりしきった。皇子は博学で文武の才幹《さいかん》（高い能力）があった。群臣たちは畏服《いふく》し、謹《つつし》みかしこまらないものはなかった。二十三歳で皇太子となり、才能ある人物を招きよせて厚遇し、議論する者は、皇子の博学に驚いたという。しかし、壬申の乱で、天命をまっとうすることなく亡くなった。このとき二十五歳」

この一節、明らかに大友皇子を礼賛する目的で書かれたものである。それはよいのだが、問題は、この記事のなかに『日本書紀』とは決定的に食い違う内容がふくまれていることだろう。

それは、大友皇子を「天智天皇の皇太子」とし、天皇のあとを受けて皇位を継承するのが、既定路線であったかのように記されていることである。いっぽうの『日本書紀』では、天智天皇の弟である大海人皇子《おおあまのみこ》（天武天皇）が「皇太子」であった。

『日本書紀』とは、「帝紀《ていき》」である。それは、「王統譜《おうとうふ》」――つまり、歴代天皇の継承の正統性をつづったものだ。「誰が天皇であるか」と同様、「誰が皇太子であるか」は、たいへん重要であり、たとえば、孝徳天皇が皇位につくときには、「中大兄《なかのおおえ》（のちの天智天皇）を皇太子《ひつぎのみこ》と為《な》しまつり」と明記されている。

ところが、『日本書紀』の天智天皇の時代のどこを見ても、「天武天皇を皇太子にした」という記事は見当たらない。

それなのになぜ、天武天皇が「天智天皇の皇太子」であったことがわかるのかというと、彼が「太皇弟」「東宮太皇弟」「東宮」（いずれも「ひつぎのみこ」や「もうけのきみ」と読ませている）などと称されているからだ。天武天皇の巻になって、はじめて「天命《あめみこと》開《ひらかす》別天皇《わけのすめらみこと》（天智天皇）の元年《はじめのとし》に立ちて東宮《もうけのきみ》と為りたまう」と出てくる。

そして、天智天皇が臨終《りんじゅう》のときに、天武天皇は、「大友皇子を立てて、よろしく儲君《もうけのきみ》（皇太子）としてください。臣《われ》は今日出家して、陛下のために功徳《くどく》を修したいと思います」といい、いかにも大友皇子に皇位継承権を譲ったように書かれている。

誰もが、中大兄皇子と大海人皇子の兄弟がいて、兄が即位したときに弟が皇太子に立ち、二人は微妙な関係を保ちながらも、政務をこなしていく——そういったことが長々と書いてあるかと思いながら、『日本書紀』を読むのだが、実際の天智天皇の巻には、「大海人皇子」の名は一度も出てこない。

このあたりの事情は謎めいている。きっと明かせないようなことが隠されていたにちがいないが、これについては後述する。

いずれにせよ、『日本書紀』の記述とは異なり、大友皇子は最初から天智天皇の皇太子であり、人格も申しぶんなく、皇位継承の正統性を保っていたが、中臣鎌足のいう「悪賢い人物」によってそれを奪われてしまったというのが、淡海三船の主張である。

『懐風藻』が語る歴史――川嶋皇子《かわしまのみこ》と大津皇子《おおつのみこ》

じつは、『懐風藻』の歌の前につけられた「人物解説」は、ことごとく『日本書紀』が描く内容と食い違っているか、あるいは『日本書紀』には書かれなかった内容をふくんでいる。

『日本書紀』に描かれた持統天皇の時代は、波乱ぶくみで始まる。大津皇子の謀反が発覚するのである。大津皇子は、ここでは「天武天皇の第三子」と記されている。天武天皇の「下巻」の冒頭に戻って、皇妃や皇子たちの記述を見ると、

「正妃《むかひみめ》を立てて皇后《きさき》となさった。后《きさき》は、草壁皇子尊《くさかべのみこのみこと》をお生みになった。先に皇后の姉である大田皇女《おおたのひめみこ》をめしいれて妃《みめ》となさっており、(大田皇女とのあいだに)大来皇女《おおくのひめみこ》と大津皇子をお生みになっていた。……(以下略)」

とある。ここで「正妃」とあるのは、のちに持統天皇となる鸕野讃良皇女《うののさららのひめみこ》である。その子の草壁皇子《くさかべのみこ》に「尊《みこと》」の号がつけられている。彼はのちに天皇になるわけでもないのに、

これは「異例」である（天皇になったとしても異例だが）。

さらに天武天皇は、持統天皇より前に、姉である大田皇女《おおたのひめみこ》と結婚しているのがわかる。天武天皇は、天智天皇の娘を姉妹でもらっていたのである。この姉妹の母は、同じ蘇我倉《そがのくら》山田石川麻呂《やまだのいしかわまろ》の娘の遠智娘《おちのいらつめ》であるから、通常であれば、そのまま大田皇女が皇后になっていたのかもしれない。

ただし大田皇女は、天武天皇の即位以前に亡くなっている。天智天皇六年（六六七）二月に、皇極《こうぎょく》天皇と間人皇女《はしひとのひめみこ》（天智天皇の妹）の合葬墓《がっそうぼ》の近くに埋葬されたという記事があるから、それまでに亡くなっていた。大来皇女と大津皇子の姉弟は、早くから遺児となっていた。

姉が亡くなったことで、妹の持統天皇が「正妃《せいひ》」に格上げされたのだろう。ここまではまだ理解できる。

問題は、『日本書紀』が大津皇子を「第三子」としている点である。おそらく『日本書紀』の編著者は、草壁皇子が大津皇子よりも「年長」であるといいたかった。

皇子や皇女の生年は、意外と不明の場合が多い。ところが、草壁皇子の生年は、『日本書紀』に明記されているのである。しかも、天武天皇の巻ではなく、持統天皇の巻にその記述はある。

「天命開別天皇（天智天皇）の元年に、草壁皇子尊を大津宮に生《あ》れます（お生みになった）」

どこかで見たような文面だと思ったら、天武天皇が「天命開別天皇の元年に立ちて東宮と為《な》りたまう」の一節と、前半がまったく同じである。なんとなく信用できないのだが、この『日本書紀』の記述に従えば、草壁皇子の生年は天智天皇元年（六六二）だということになる。

いっぽうの大津皇子は、朱鳥元年（六八六）十月三日に「年二十四（数え年）」で亡くなっているとあるから、この二つの記述を組みあわせると、たしかに草壁皇子のほうが、わずかながら年長ということになる。ただし『日本書紀』は、大津皇子の生年を明記していない（にもかかわらず、亡くなった年齢を書いている）。

では、「天武天皇の皇太子は誰だったのか」と、天武天皇の巻をふり返ると、天武天皇十年（六八二）の二月になって、ようやく「草壁皇子尊を立てて皇太子と為りたまう」という記事がある。天皇即位の十年後——これは、遅すぎないだろうか。

それに先立つ天武天皇八年（六七九）の四月には、吉野宮《よしののみや》に、皇后（持統天皇）と草壁皇子、大津皇子、高市《たけちの》皇子、河嶋（川嶋）皇子、忍壁《おさかべの》皇子、芝基《しきの》皇子の六皇子（登場順）をともない、天武天皇は、次のように皇子たちの協調を訴えた。

「朕《われ》は、今日、あなたたちと、ともにこの聖なる場所で誓って、この先もずっと問題がなければと望んでいる。どうだろうか（朕、今日汝《いまし》たちと、ともに庭《おおば》に盟《ちか》いて、千歳《ちとせ》ののちに事《こと》なからんと欲す。いかに）」

六皇子たちも進んでそれにこたえた。いわゆる「吉野の盟約《めいやく》」である。

つまり、草壁皇子立太子のための念入りな「お膳立《ぜんだ》て」がされていたのであるが、ここまでやらなくてはならない理由がどこにあったのか、たいへん気にかかる。やはり、草壁皇子と大津皇子のどちらを皇太子にするか、紛糾《ふんきゅう》していたにちがいない。

草壁皇子が皇子のなかの「長兄」であって、最初から天武天皇の「皇太子」であって、持統天皇が「正妃」であったなら、そこまでの「お膳立て」をする必要はなかったはずである。しかし実際は、そうではなかったということだろう。

かくして、「第三子」である大津皇子に謀反の罪がきせられ、死を賜《たまわ》ることになったが、このとき謀反の計画に加担したという三十余人への処分がことのほか甘かった。

「いま大津皇子はすでに滅んだ。（大津皇子に）従った者たち、まさに大津皇子に連座《れんざ》する者たちはみな、その罪を赦免《しやめん》せよ」

ここで、加担した人物として具体的な名があがっているのは、八口音檮《やくちのおとかし》、壱岐博徳《いきのはかとこ》、中臣臣麻呂《なかとみのおみまろ》、巨勢多益須《こせのたやす》、新羅沙門行心《しらぎのほうしぎようしん》、礪杵道作《ときのみちつくり》の六人であるが、いずれもあまり聞かない人たちである。最初の四人は無罪放免となり、行心と礪杵道作の二人だけが都を追われることとなった。

しかし、『懐風藻』は、『日本書紀』があげていない重要人物の名を明らかにしていた。

それは、「吉野の盟約」にも参加した川嶋皇子である。『懐風藻』によると、川嶋皇子（『懐風藻』の表記は河島皇子）は、「淡海帝（天智天皇）の第二子」で、その性質は穏やか、豊かで広い心の持ち主だったという。大津皇子とも「莫《ばく》逆《ぎゃく》の契《ちぎ》り（気心《きごころ》の知れた親友関係）」を結んでいたが、大津皇子から謀反の計画を持ちかけられると、それを密告したのだという。

そして、朝廷の忠臣として川嶋皇子を称えながらも、なぜ「親友」を諭《さと》すこともせず、塗《と》炭《たん》の（筆舌につくしがたい）苦しみにおちいらせたのか、ほかの人と同様、疑わしく思うと『懐風藻』は記している。

いっぽうの大津皇子は、『懐風藻』では、「浄御原帝《きよみはらのみかど》（天武天皇）の長子」とはっきり書かれている。そして、身体が大きく、度量は高く奥深かった。幼いころから学問を好み、博覧で、よく文章をつづった。成人すると、武を好み、よく剣を撃った。性格は豪放で、法や規則に頓着《とんちゃく》せず、謙遜《けんそん》し、人を厚遇したという。

『日本書紀』も、大津皇子の人となりを称えている。

「容止《ようし》墻岸《たかくさか》しくて、音辞《みことば》俊《すぐれ》朗《あきらか》なり。天命《あめみこと》開《ひらかす》別《わけの》天《すめら》皇《みこと》のために所愛《めぐま》れたまう（天智天皇からも寵愛《ちようあい》された）。長《ひととな》る（成人となる）におよびて、弁《わきわき》しくて才学《かど》あり、もっとも文筆を愛《この》みたまえり。詩賦《しふ》の興《おこり》は、大津（皇子）より始まれり」

と、ベタほめである。これだけの人物であるから、支持者も多く、彼に死を与えた持統天皇の一派たちには、相当の覚悟がいったであろう。

この謀反、いまは持統天皇と藤原不比等を中心とする陰謀説が、一般的な見方になっている。大津皇子を亡きものにして草壁皇子を皇位につけようと考えたというのである。ただし『懐風藻』は、謀反の疑いそのものは否定していない。

『日本書紀』にも登場する、首謀者のひとりに「新羅僧の行心」がいた。罪に問われた二名のうちのひとりである。『懐風藻』は、この天文や占いに通じた人物が、大津皇子に謀反を勧めたという。

「太子（大津皇子）の骨法《こつぽう》は、人臣（人につかえる身）の相《そう》ではありません。このまま下位に甘んじれば、おそらく天寿をまっとうしないでしょう」

その甘い言葉に乗った大津皇子に、「嗚呼《ああ》惜《お》しき哉《かな》」と『懐風藻』は嘆いている。大津皇子は、人並みはずれた才能を活《い》かすこともなく、中興を尽くす（混乱した政権や社会を立てなおす）ことなく、奸物《かんぶつ》（悪人）に近づき、死を賜るような辱《はずかし》めを受けてしまった。古人が交友を慎《つつし》んだということには、この事件を考えれば、深い意味があると嘆くのである。

ここで気になるのは、行心という僧が大津皇子を「太子」と呼んでいることである。太子とは「皇太子」であるから、すでに「人臣」ではない。早世《そうせい》したり、謀反が起こったりしなければ、次の天皇になる人である。

また、『日本書紀』の天武天皇十二年二月一日にも、「大津皇子、はじめて朝政《みかどのまつりごと》をお聴《き》きになる」という記事がある。これは、のちの天皇即位のためのデモンストレーションだろう。

やはり、大津皇子は「天武天皇の皇太子」ではなかったか。

大津皇子の謀反事件について、『日本書紀』は多くを語らないが、『懐風藻』や『万葉集』といった「文学書」がむしろ饒舌《じょうぜつ》である。

『万葉集』には、天武天皇の崩御直後、大津皇子が伊勢の大来皇女《おおくのひめみこ》をひそかに訪ねていたことが記録されている。大津皇子はこの伊勢行から帰ってきたところを捕縛《ほばく》された。このことは、何を意味しているのだろう。

大津皇子が竊《ひそ》かに伊勢神宮に下り、都に戻るとき、それを見送った大伯皇女《おおくのひめみこ》（大来皇女）が詠んだというのが次の一首だ。

「吾《わ》がせこを　倭《やまと》へ遣《や》ると　さ夜深《よふ》けて　あかとき露《つゆ》に　吾が立ち霑《ぬ》れし」

この歌の意味は、「わが弟が大和に帰るのを見送ったのは、（人目を憚《はばか》って）夜もふけていた。弟を見送ってからもずっと立ちつくしたままで、夜明けの露にわが身は濡《ぬ》れてしまった」というものだ。

大津皇子の姉の大来皇女は、最初の伊勢斎宮《さいぐう》（斎王《さいおう》）である。大津皇子は、なぜ伊勢まで出かけたのだろう。姉に謀反の計画を打ちあけようとしたのか。ただ身の上の不安を相談しただけなのか。それとも、伊勢神宮で勝利の呪詛《じゅそ》をおこなったのか。

真相は、藪《やぶ》のなかにあるが、伊勢行が「竊《ひそ》かに（おこなわれた）」とあることや、夜ふけに旅立ったことを考えると、このときすでに異変があったのだろう。いずれにせよ、大津皇子の留守を狙って、持統天皇を持ちあげる一派が行動を起こした。

『懐風藻』が語る歴史――葛野王《かどののおおきみ》

『日本書紀』は隠蔽したが、『懐風藻』が独自にかかげた重要事件は、まだある。それは、淡海三船の祖父である葛野王の詳伝のなかで語られる。葛野王の横顔は、次のように紹介されている。

「王子（葛野王）は、淡海帝（天智天皇）の孫で、大友皇子の長子である。母は、浄御原《きよみはらの》帝《みかど》（天武天皇）の長女の十市内親王《とおちないしんのう》。度量が大きく、風采《ふうさい》がすぐれ、すばらしい才能の持ち主だった。家柄は、母方の親戚を兼ねた（「天武系」の皇族として重んじられたということだろう）。若くして学問を好み、広く経書《けいしょ》（四書五経の類）と史書に詳しかった。文をつづることをたいへん好んだ。浄御原帝の嫡孫《ちやくそん》にして、親王や諸王の位階を授けられ、治部《じぶ》卿《きょう》に任じられた」

問題は、このあとに記録された事件である。

高市皇子が亡くなったあと、皇太后（持統天皇）は、諸侯群臣を禁中《きんちゅう》に引きいれ、皇太子を冊立《さくりつ》するための会議を開いた。ときに群臣たちは、それぞれの考えを示し、議論はまとまらなかった。そのとき、葛野王が進みでて、意見を述べたのだ。

「わが国の法は、神代《かみよ》よりこのかた、子孫が皇位を継承してきました。もし兄弟が皇位をつぐことになれば、かならず乱が起きるでありましょう。天の心を論じるなどということができましょうか。それは誰にもわかりません。皇位継承というものは、おのずから決まるのであって、周囲はとやかくいうべき問題ではありません」

そのとき、弓削皇子《ゆげのみこ》（天武天皇と大江皇女《おおえのひめみこ》の子）が何かをいいたそうにしていた。しかし、すかさず葛野王が一喝したことで、弓削皇子は述べるのをやめた。

皇太后は、この葛野王のひとことが国を定めたと喜んだ。それで葛野王は、正四位を授かり、式部卿《しきぶきょう》に任じられるという出世をとげたという。

この一件は、『日本書紀』には、まったく触れられていない。しかし、たいへん重要な問題をふくんでいる。

それは冒頭、高市皇子が亡くなったことで、皇太子人事について議論されることになったという経緯である。すると、生前の高市皇子は、皇太子か、それに準じる立場にあったことになる。そうでないと、この会議は成立しないからである。

『日本書紀』の描く高市皇子は、壬申の乱で大活躍した勇者である。その戦功もあって、「吉野の盟約」に参加したと考えられてきた。天武天皇の皇子のうち最年長ではあったが、胸形君徳善《むなかたのきみとくぜん》の娘の尼子娘《あまこのいらつめ》という「卑母《ひぼ》の出」であるので、皇位にはからんではこなかった。そう信じられてきた。

もっとも、持統天皇が即位すると、のちに高市皇子は太政大臣に任じられているから、大きな権力と発言権を持っていたのは確かだろう。

持統天皇は当初、ただひとりの子である草壁皇子を皇位につけようと企《たくら》んでいた。そのため最大のライバルである大津皇子を死に追いやった。

しかし、草壁皇子は病弱で、持統天皇三年（六八九）四月十三日に亡くなってしまう。そこで翌四年（六九〇）正月、みずからが即位したのである。そう、『日本書紀』には書かれている。草壁皇子を失った持統天皇は、その遺児である珂瑠《かる》皇子（のちの文武天皇）を、次の皇位につけようと企むようになる。それを実現するための即位だった。

以上が、いままでの解釈である。ところが、珂瑠皇子の立太子に関する記事は、どういうわけか、『日本書紀』には出てこない。

そして、「皇太子がいない」まま、持統天皇十年（六九六）七月十日の条に、とつぜん次の記事が出てくる。

「後皇子尊《のちのみこのみこと》薨《みう》せたまう」

これは、じつは高市皇子の死亡記事である。『日本書紀』は、なぜ高市皇子の名を伏せたのだろうか。あとにも先にも登場しない「後皇子尊《のちのみこのみこと》」という奇妙な呼称は、何を意味しているのだろう。

ここで、草壁皇子につけられた「尊」の号が贈られたことの「異例」を思いだすが、高市皇子は皇太子にもなっていない（はず）である。この尊号は、まさに「異例中の異例」というべきではないか。

ここで私見を述べておくと、おそらく高市皇子は、天皇として即位していたのではないかと思う。

藤原不比等の死後、政界の第一人者となった長屋王は、高市皇子の子である。その名が木簡に「長屋親王《しんのう》」と記されていたことの謎も、高市皇子が天皇即位していたのであれば解けてくる。「王」は広く天皇の子孫たちをさすが、「親王」は天皇の子に限定されるからである。

高市皇子の死後の持統天皇十一年（六九七）二月には、「東宮大伝《みこのみやのおおきかしづき》」と「春宮大夫《みこのみやのつかさのかみ》」の任官記事が載る。「春宮」は東宮と同じ意味で、ともに皇太子をあらわす。つまり皇太子に近侍する役職が決められたのだが、いいかえれば、この時点で立太子がおこなわれていたことになる。しかし、『日本書紀』に立太子それじたいの記事はない。

この空白を埋めるのが、先ほどの『懐風藻』の記述なのだ。「神代よりこのかた、子孫が皇位を継承してきた。もし兄弟が皇位をつぐことになれば、かならず乱が起きるであろう」という葛野王の意見によって、珂瑠皇子の立太子が決まった。

こうして、ほかの天武天皇の皇子たちへの皇位継承は否定されたのだが、「子孫が皇位を継承」するには、このとき、持統天皇が天皇の地位にあることが前提である。

すると、高市皇子が天皇についていたのは、いつだったのか。持統天皇より前だったとしか考えられないのであるが、『日本書紀』は、このあいだのできごとをすべて、闇のなかに葬ってしまった。そして、「天武→持統→文武」という皇位継承の正統性をかろうじて成立させたのである。

淡海三船は、『懐風藻』という「文学書」を用いて、いかにもご先祖様の「自慢話」のように見せかけながら、隠された歴史の一端を暴露したのではないだろうか。もっとも、その手法があまりにも巧妙だったために、後世の人の多くがその真意を読みとれなかったのは、なんとも皮肉である。

鑑真の伝記

淡海三船の人となりが、だいぶ理解できたように思う。彼の正直な性格は、機を見て動く役人気質とは相いれないものだった。真実の探求のためには、時の権力におもねらないばかりか、みずからの出自の制約さえ無視している。

このような人物が撰定した漢風諡号が、何かの真実を語っていないわけがないのである。漢風諡号をたんなる美字や好字の羅列《られつ》としてきた、これまでの考えは改めなくてはならないだろう。

最後にもうひとつ、淡海三船の性格を伝える興味深い話をしておこう。

あまり知られていないが、鑑真の伝記『唐大和上東征伝《とうだいわじようとうせいでん》』は、淡海三船の著作である。なぜ彼が、鑑真に関わっていたのかというと、それには長い物語がある。

鑑真といえば、唐招提寺《とうしようだいじ》に伝わる乾漆像《かんしつぞう》が知られる。国宝にも指定されたこの像は、失明してもなお、激動する世のなかの本質を見とおそうとする高僧の気高さが、みごとにあらわされており、参拝者のあいだでも人気が高い。松尾芭蕉《まつおばしょう》が、この和上《わじょう》像を拝見したときに詠んだ「若葉して　御目《おんめ》の雫《しずく》　拭《ぬぐ》わばや」の句を思い浮かべる人も多いだろう（鑑真像の模造が安置された開山堂の前には、その句碑がある）。

『唐大和上東征伝』には、鑑真の苦難の生涯が描かれている。彼が来日したきっかけは、天平五年（七三三）、栄叡《ようえい》と普照《ふしょう》の二人の僧が遣唐使に随行して、唐に渡ったところから始まる。

それまでの日本の仏教は、形だけのものであった。栄叡と普照は、唐の僧たちが出家に際し「戒《かい》（師から弟子へ代々受けつがれる仏弟子としての戒《いまし》め）」を受持《じゅじ》していることを知り、すなわち受戒《じゅかい》をしなければ、ほんとうの仏弟子にはなれないと考えた。そこで、日本に来て授戒《じゅかい》してくれる高僧を探したのである。

月日が流れ、栄叡と普照は、揚州《ようしゅう》にある大明寺《だいめいじ》に鑑真を訪ね、依頼した。

「仏法が東方へ伝来し、日本国にも着きました。しかし、法（考えをあらわしたもの）は伝わっていても、それを正しく教える人がおりません。かつて聖徳太子という人がおられ、日本でも二百年後に聖教《せいきょう》（釈迦による正しい教え）が興隆するとおっしゃいました。いままさに、その巡《めぐ》りがやってきたのです。願わくは、大和上《だいわじょう》（鑑真）が日本にお渡りになり、お教え導き、日本の仏法を興《おこ》していただけないでしょうか」

するとと鑑真は、次のように述べたという。

「昔、南岳慧思禅師《なんがくえしぜんじ》（天台の祖）が遷化《せんげ》（亡くなる）されたあと、倭国《わこく》の王子に生まれ変わり、仏法を興し、人々を救済したと聞いています。また、長屋王が仏教に帰依《きえ》し、千着の袈裟《けさ》をつくり、唐の僧に布施《ふせ》しました。袈裟には、『山川域《いき》を異《こと》にすれども、風月天を同じくす（住まうところの山や川は異なっていても、天にある風や月は同じ）。これを仏子《ぶっし》に寄せて、ともに来縁を結ばん』という、四句の偈《げ》が縫いこまれていたと聞いています。そこで思うのは、日本は仏教が興隆するのに縁があるということです」

鑑真は、長屋王による「住まうところは違っていても、伝わる仏法は同じ」という意味の詩を引きあいに出して同意し、日本から来た僧の申し出にこたえる者がいるかどうか、同席していた弟子たちに尋《たず》ねた。

ところが、誰も即座に応じる者はいなかった。そのなかのひとりが述べた。

「かの国は非常に遠く、渡海は危険をともないます。大海原が果てしなく続き、おそらく無事に渡ることは不可能でしょう。まだわれわれは修行の身です。成果も上がっておりません。それで、みな黙っているのです」

そこで鑑真は、

「これは、仏法のためなのだ。なぜ命を惜しんでいられよう。行かぬというのなら、私が行く」

と語った。弟子たちも、「大和上（鑑真）が行かれるのなら」と、次々と名乗りを上げた。

つづいて、鑑真が日本にたどり着くまでの苦難が語られる。このあいだのいきさつからは、栄叡と普照の志の高さ、彼らの心意気に応えようとする鑑真の誠実さが伝わってきて、胸を打つ。ひとかけらの打算もない、潔《いさぎよ》い人たちである。

鑑真らが九州の大宰府《だざいふ》に到着したのは、五回もの渡航失敗ののちのことであった。最初の渡航からじつに十二年がたった天平勝宝五年（七五三）十二月である。二百人以上の協力者を得て、三十六人の犠牲者が出ている。鑑真自身も、すでに視力を失っていた（それで、唐招提寺の和上像は目を閉じている）。

難波には、翌年の二月一日に到着。四日には入京し、東大寺《とうだいじ》に入る。政府の要人たちがねぎらいのために訪れ、吉備真備《きびのまきび》が聖武天皇の詔《みことのり》を伝えた。それによると、東大寺に戒壇《かいだん》をつくり、以後、鑑真に授戒の一切をゆだねるというものだった。

同年四月、大仏殿の前に建立された戒壇では、聖武天皇、皇后の光明子、皇太子（のちの孝謙天皇）が登壇《とうだん》して戒を受けた。これに続き、日本側の僧たち四百四十人が、次々に受戒した。

また、話を聞いた人たちが、各地から戒律を学ぶために集まってきたが、供養《くよう》されるものがないため、そのまま帰ってしまう者があとを絶《た》たなかったという。そこで聖武天皇は、天平宝字元年（七五七）、備前の水田百町を鑑真に賜った。財を得た鑑真は、伽藍《がらん》建立を思い立つ。ちょうど平城京の故新田部《にいたべ》親王の宅地跡をもらい受け、そこに建立した。これが、唐招提寺である。

天平宝字七年（七六三）、鑑真は顔を西に向いて結跏趺坐《けっかふざ》したまま、亡くなった。七十六歳だった。このときの姿が乾漆像として残された。

淡海三船の怒り

じつは、『唐大和上東征伝』には、親本があった。鑑真にしたがって来日した弟子の思《し》託《たく》が記したいくつかの文書である。思託から依頼された淡海三船が、その内容を日本人にわかりやすく書きあらわしたのだ。

思託が伝えたかったのは、鑑真が冷遇されたことに対する異議である。一般に、鑑真は渡海に苦労はしたが、日本に来てからは手厚くあつかわれたと考えている人が多い。しか

唐招提寺の境内東北隅にある鑑真和上御廟

し、鑑真を待っていたのは、政権の流転する不安定な社会であり、日本仏教界を支配する既得権益の壁だった。

鑑真の不運は、その来日を切望した長屋王がすでに亡くなっていたことだろう。そして、鑑真の授戒に歓喜した聖武上皇の権威が失墜《しっつい》し、天平勝宝八年（七五六）に崩御《ほうぎょ》してしまったことである。かわって、藤原仲麻呂が台頭し、それまで鑑真を支えてきた「反藤原派」の人たちが失脚していき、状況の激変が鑑真を苦しめる。

天平宝字二年（七五八）、藤原仲麻呂は子供のように飼《か》いならしていた人物を即位させる。舎人親王《とねりしんのう》（天武天皇の第六皇子、『日本書紀』の編著者）の子、淳仁《じゅんにん》天皇である。

このとき、大僧正の地位にあった鑑真に対し、「ご高齢ですから、これ以上の苦労は禁物でしょう」と、慇懃《いんぎん》無礼《ぶれい》に、それまでの地位を剝奪《はくだつ》したのである。

権威的な仏教界も、鑑真の登場にヘソを曲げていた。本当の仏信徒なら、「ぜひ私たちもいっしょに修行させてください」となるべきところが、「これでは自分たちの居場所がなくなる」と危惧《きぐ》していたのである。

日本には正式な授戒をおこなえる僧がいなかった。そこで、各自が仏に向かって、「戒」

を守ることを誓約する方法をとっていた。これを自誓《じしょう》作法《さほう》という。だからこそ中国から本物の高僧が呼び寄せられたのだが、日本の高僧たちは、「日本には日本のやり方がある。授戒も必要ない」と突っぱねたのである。

「法統《ほうとう》なんて、くそくらえ。信仰とは、おのれ自身がするものだ」といってしまえば、聞こえはいいが、ようするに既得権益者の遠吠《とおぼ》えだ。

その既得権益者の牙城《がじょう》が、藤原氏の氏寺《うじでら》ともいうべき興福寺《こうふくじ》だった。ここで、日本の学僧と鑑真たちが論争したこともあった。思託はこの対決に打ち勝つのだが、それでも風当たりはおさまらなかった。まったく情けない、島国根性丸出しである。

この体《てい》たらくには、「曲がったことが嫌い」な淡海三船もたいそう憤慨《ふんがい》したにちがいない。そして、無欲の信仰者である鑑真とその弟子たちに同調し、思託の願いを聞きいれたのだろう。

ここまでわかったところで、もう一度、漢風諡号が編みだされたとされる年代に注目したい。通説では、天平宝字六年（七六二）から八年（七六四）のあいだではないかと考えられているが、すると、鑑真の死の前後である。

怒りに震える淡海三船が、残された鑑真派の僧たちの行く末を案じていたこともあっただろう。まもなく藤原仲麻呂も滅びるにちがいないが、いまのうちに藤原氏が中心になってつくりだした「歴史」に楔《くさび》を打っておかなくてはならない。そういう思いを強くしたのかもしれない。

実際の漢風諡号の撰定はもっと後年だったとしても、このとき、構想が生まれたのではなかったか。

いよいよ、淡海三船が漢風諡号にこめた「日本の古代の真実」に迫っていく。それは「武の王」の正体と、そこに淡海三船が描いたであろう「理想の王権」の姿である。

第四章
武の名を持つ天皇

「武の王」のあるべき姿

第二章では、漢風諡号《かんふうしごう》に「神」を持つ天皇を見てきた。本章に登場するのは、「武」の名を持つ天皇たちである。そして、この「武」こそ、日本の古代の謎を解くための重要キーワードではないかと考えている。

これまでは、「武」もまた、美字《びじ》や好字《こうじ》の典型的なものと見なされてきた。「神」の名がつく天皇が「こうごうしい」のであれば、「武」の名がつく天皇は「たけだけしい」というわけだ。もっとも「武」の名は、勇猛果敢で、武芸にすぐれ、国土の平定に貢献した大王《おおきみ》に名づけられたのではないか、そう単純に考えたいところではある。

漢和辞典を開いてみよう。「武」の字は「戈《ほこ》」と「止」を組みあわせたもので、「干戈《かんか》の威力によって兵乱を未発に防ぐ」ことが本義（本来の意味）とある。転じて、武威や兵事に関する意味を持つようになった。

つまり、本義にいう「武」は、かならずしも「相手を打ち負かす」ことをあらわしていない。むしろ、「兵乱を未発《みはつ》に防ぐ」ことである。現代風の言葉でいえば、抑止力に近いものだろう。あるいは、戦争を事前に回避する外交力である。『逸周書』にも、「克ク禍乱《ヨカラン》ヲ定《サダ》ムルヲ武《ブ》ト曰《イ》フ」とある。

　この字の「兵乱を未発に防ぐ」の意味は、じつは漢風諡号に採用された意図にも、よく通じているように思われる。

「武」の名を持つ初代王、神武《じんむ》天皇は、けっして圧倒的な武力を誇っていたわけではなかった。「霊剣」や「聖なる土」の呪力を得て、前の支配者からの禅譲を引きだした。

「武」の名を持たない応神《おうじん》天皇も同様で、彼が「喪船《もぶね》に入る」という呪法を用いた結果、敵は神の化身である「猪」に突かれて死んだ。

　どういうことかというと、いずれも「戦わずして、最終的な勝利を得た」ということだろう。戦わずして勝つことができれば、敵味方をふくめて将兵は傷つかずにすむし、田畑や人家、施設などの損壊《そんかい》も食いとめられる。

　権力者同士の最高権力をめぐる決着なんていうものは、しょせん一般の民にとってみれば、なんの関係もないことだろう。ときには武力を衝突させなくてはならないこともあるかもしれないが、やらずにすむのであれば、それに越したことはないのが戦争なのだ。

　したがって、国土や民を戦争に巻きこまずに勝利を得られる王が、理想の王であって、それが、「武の王」の本義だというのである。

するとと、王というもの、つねに時機をうかがうことができ、権謀術数《けんぼうじゅっすう》にもすぐれていなくてはならない。いざ戦争になれば、戦略や戦術に関する知識を発揮できなくてはならない。最小の被害で、最大の効果を得るのが「武」の本義である。勇敢であっても、向こう見ずな人物（ヤマトタケルのような人物）は、その器《うつわ》ではないだろう。

それが古代であれば、なによりも、呪術に関する知識をそなえていなくてはならない。神の意思を受けとることのできる能力である。神と語らうには、みずから精進潔斎《しょうじんけっさい》し、清明《せいめい》な心で神につかえなくてはならない。それによって、天命《てんめい》を受け、王となることができる。

そして、天が認めた王に逆らう者は、天罰を受ける。古代日本風にいえば、「祟《たた》り」を受けるということだ。

崇神《すじん》天皇の時代、全国に派遣されたという四道将軍《しどうしょうぐん》や、平安初期の「蝦夷征討《えみしせいとう》」に向けられた征夷大将軍《せいいたいしょうぐん》として知られる坂上田村麻呂《さかのうえのたむらまろ》といった人たちも、もとはそういう存在ではなかったか。

彼らはたんなる猛者《もさ》ではない。呪術をあつかう宗教的指導者だった。「戦わずして勝つ」ため、敵に対してあらゆる「呪い」をかけていたにちがいない。また、敵が祀る神の「祟り」が自分たちに向かわないように、祈っていたのである。

このように考えると、古代における「武の王」のイメージは一変する。

「武」を冠する天皇たち——武烈《ぶれつ》、天武《てんむ》、文武《もんむ》、聖武《しょうむ》、桓武《かんむ》

では、漢風諡号の撰定《せんてい》者、淡海三船《おうみのみふね》は、「武の王」の理想像として、どの人物に着目していたのか。

まずシンボルとして位置づけられているのは、神武天皇である。この人物は、初代王らしく「神」と「武」という二大キーワードをともに有する唯一の天皇である。

神武天皇という象徴的な諡号を持つ人物を、系譜の最初におくことによって、王権の正統性、ひいては、それを継承していくことの意味が示される。もっともこれは、イメージ上の存在だ。

シンボル的な神武天皇に続く「武」の名を持つ天皇は、五人いる。武烈《ぶれつ》天皇、天武《てんむ》天皇、文武《もんむ》天皇、聖武《しょうむ》天皇、桓武《かんむ》天皇である。

ここで、「いずれも歴代の古代天皇のなかでも、とくに重要な存在ばかり」といいたいところだが、いまひとつピンとこない天皇がふくまれている。その最たる人物が、武烈天皇だろう。

この天皇は、雄略天皇以後、混沌《こんとん》としていた時代にあって、越《こし》から迎えられた継体《けいたい》天皇につなぐための役割しか見いだせないからだ（つまり、武烈天皇の最大の存在意義は、「跡継《あとつ》ぎがいなかった」という点である）。

また、『日本書紀』が描《えが》く武烈天皇は、「暴虐《ぼうぎゃく》の王」である。彼が皇太子のとき、物部《もののべの》麁鹿火《あらかい》の娘を召しとろうとしたが、それが平群鮪《へぐりのしび》のもとに行ったことを知ると、怒って鮪を殺してしまう。

さらに、臣である大伴金村《おおとものかなむら》のいいなりだった天皇は、彼といっしょになって、鮪の父の平群真鳥《まとり》まで殺している。その後、大伴金村に強く勧められ、即位したという。

どうもパッとしない印象なのだが、とはいえ、武烈天皇の暴虐性が事実だという確証もない。『古事記』の描く武烈天皇に暴虐記事はなく、「小長谷部《おはせべ》（「御子代《みこしろ》」と呼ばれる天皇の私有民）を定めた」という、たったひとつの事蹟《じせき》しか残されていない。

『日本書紀』が描く武烈天皇の暴虐性は、捏造《ねつぞう》なのかもしれない。ただ、この天皇が、淡海三船が理想としたであろう「武の王」を名のるには、もの足りない人物なのはいうまでもない。

すると、「武」の名がつけられたのには、別の根拠があったことになる。これが、本書のテーマでもあるのだが、おいおい進めていこう。

輝かしい天武天皇の事蹟《じせき》

次は、天武天皇である。結論からいえば、筆者は、この天皇こそ、淡海三船のイメージした「武の王」そのものではなかったかと思う。天武天皇は、まさに古代の日本を建国したといってもよい、「特別」な存在といえるだろう。

『日本書紀』の編纂《へんさん》を命じたのも、この天皇である、ただし、実際に完成したのは、四代もあとの元正《げんしょう》天皇の時代であるから、そのあいだに政局は大きく様変わりしてしまっている。だから『日本書紀』は、天武天皇の輝かしい功績のすべてを収録していないだろう。むしろ、ゆがめられてしまった部分が多くあるにちがいない。

それでも、ひとりの天皇に「上下二巻」があてられているのは、天武天皇だけである。上巻は壬申《じんしん》の乱の経緯が中心で、即位後の事蹟は下巻にまとめられているのだが、その事蹟のおもだったものを掲載順にあげてみる。

・新羅《しらぎ》の来朝を迎える（それまでのヤマト政権は百済《くだら》一辺倒であった）
・大嘗祭《だいじようさい》をとりおこなう
・石上神宮《いそのかみじんぐう》の神宝《かんだから》を忍壁皇子《おさかべのみこ》に磨《みが》かせる
・伊勢の神の祭祀に娘の大来皇女《おおくのひめみこ》を送る（斎王《さいおう》制度の始まり）
・占星台《せんじようだい》（天文台）を立てる
・民と土地に対する私的支配をやめる——公地公民
・牛馬犬猿雞《とり》の食肉を禁じる
・恒久的な新都建設の計画（のちの藤原京《ふじわらきよう》）
・天神地祇《てんじんちぎ》を祀る（各氏族の祖神や地域の神も国家で祀ろうとした）

・吉野《よしの》の盟約
・皇族など上位にある者の暴悪を戒《いまし》める
・金光明経《こんこうみようきよう》を宮中《きゆうちゆう》と諸寺で説《と》かせる
・薬師寺《やくしじ》を建てる
・律令《りつりよう》の制定を命じる
・帝紀《ていき》や上古の諸事の記録を命じる（これが『日本書紀』編纂《へんさん》につながる）
・種子島《たねがしま》、屋久島《やくしま》、奄美大島《あまみおおしま》の住民に、禄《ろく》を賜《たま》う
・陸奥国《むつのくに》の蝦夷二十人に爵位《こうぶりのくらい》を与える
・僧正《そうじよう》、僧都《そうづ》、律師《りつし》の任命──仏教の制度改革
・貨幣の制定（富本銭《ふほんせん》）
・複都制の構想（飛鳥《あすか》のほかに、難波京《なにわきよう》）
・信濃《しなの》を副都建設の候補地として調査
・衣服や頭髪の制限
・八色《やくさ》の姓《かばね》──身分制度の改定

・地方の巡察《じゅんさつ》
・武器や軍装の私有の制限
・草薙剣《くさなぎのつるぎ》を熱田《あつた》神宮に送る
・川原寺《かわらでら》で燃燈供養《ねんとうくよう》をおこなう
・紀伊国《きいのくに》の国懸神《くにかかすのかみ》、飛鳥四社《あすかのよつのみやしろ》、住吉大神《すみのえのおおかみ》に幣《みてぐら》をたてまつる
・貧民の借財を免じる
・朱鳥《あかみどり》の元号

とにかく、精力的な治世であるのがわかる。

なかでも、あまり顧《かえり》みられていないが、蝦夷たちに「爵位《こうぶりのくらい》」を与え、新しい国家の枠内にとりこもうとしたことは、画期的な政治的判断といえるのではないか。なぜなら、天武天皇死後の朝廷は、蝦夷を敵視する政策に転換し、多くの無益な血を流すからである。

このほか、記録には残されていないが、「日本の国号」や「天皇の尊号」が定められた

のも、天武天皇の時代だと考えられている。

天智《てんじ》と天武

本格的な政治社会の制度改革への道すじは、大化《たいか》二年（六四六）、孝徳《こうとく》天皇の「改新《かいしん》の詔《みことのり》」によってはじめて開かれ、「大化の改新」の中心的役割を果たしたのは、中大兄皇子《なかのおおえのみこ》（天智《てんじ》天皇）であると、学校では教えられてきた。

しかし中大兄皇子は、むしろ制度改革の妨害者であったというのが、一貫した筆者の見方である。中大兄皇子は、以前から改革を進めていた蘇我《そが》氏の本宗家《ほんそうけ》をクーデターで葬《ほうむ》った人物なのだ（408ページを参照）。改革派であるはずがないだろう。

改革派である孝徳天皇のもとで、中心となって改革を実行に移したのは、政権を支えた側近、大臣《おおまえつぎみ》の蘇我倉山田石川麻呂《そがのくらやまだのいしかわのまろ》や阿倍倉梯麻呂《あべのくらはしまろ》らだと思う。このあいだの中大兄皇子は、制度改革については何もしていない。

そればかりか、中大兄皇子は、改革の真のリーダーである蘇我倉山田石川麻呂に謀反の罪をきせると、死に追いやった。再度の暴力に訴えてでも、改革の実現を妨害したかったらしい。

その後、蘇我倉山田石川麻呂が「心のなお貞浄《きよきこと》（無実だったこと）」を知った中大兄皇子は、悔《く》い恥じて嘆《なげ》き（と『日本書紀』にはあるが、もちろんウソである）、今度は、謀殺の協力者だった蘇我日向《そがのひむか》に筑紫大宰帥《つくしのおおみこともちのかみ》への出向を命じるのである。

まさに臆面《おくめん》もないとは、こういうことをいうにちがいない。このとき世の人は、「これが隠流《しのびながし》か」と噂しあったという。つまり、トカゲの尻尾《しっぽ》切りの左遷である。

こうして中大兄皇子は、改革派を一掃するだけでなく、蘇我氏残党の有力者たちを粛清《しゅくせい》することに成功した。

白雉《はくち》四年（六五三）には、味方のいなくなった孝徳天皇をひとり難波宮《なにわのみや》に残すと、母である皇極《こうぎょく》天皇や官僚らを引き連れて、ヤマトに帰ってしまう。翌年、孝徳天皇はさびしく難波で亡くなった。

まさに「天智」の諡号が示すとおり、智略をめぐらしてライバルたちを葬り、権力を得たのが、中大兄皇子だった。しかし、孝徳天皇の死後、すぐに彼が即位できたわけではなかった。

孝徳天皇即位の際も、『日本書紀』には、中臣鎌足の助言にしたがって、天皇位を「年長の人」（孝徳天皇）に譲ったという美談が載せられているが、これも、とんでもないデタラメである。政権の周辺には、謀殺をくりかえし実行した中大兄皇子の暴虐性に対して、それだけ強い抵抗感を持つ人が多かったからだろう。本人がいくら即位したくても、できなかったのである。

結局、彼が天智天皇として即位できたのは、四十二歳になってからであった。即位して四年後に亡くなるが、それまでの二十年ほどの期間、改革は棚上げされることとなった。

孝徳天皇の志《こころざし》なかばに終わった「大化の改新」の仕上げが、ようやく再開されたのが、天武天皇の時代である。天智天皇によって二度くじかれた「蘇我氏の改革」の跡《あと》を継《つ》いだのは、天智天皇の「弟」の天武天皇だった。

天智と天武――淡海三船が贈った二人の兄弟天皇の諡号は、あまりにもみごとな対比をなしている。その言葉選びのセンスには、つくづく驚嘆《きようたん》するしかない。

まず、漢風諡号に「天《てん》」の字を冠する天皇は、この二人をおいてない。和風諡号に「アメ（天）」を贈られた天皇は多くいる。しかし、その多くの候補者のなかから、淡海三船は、たった二人だけを選びとったのである。

これによって、のちに続く天皇と皇族は、「天智系」と「天武系」とに二分されることになり、それは「反蘇我系」と「蘇我系」ともいいかえられるが、それぞれの系統に対する「両祖」という意味を持たせているのだろう。

そして、淡海三船は「弟王」のほうに「武の王」の名を贈った。いっぽうの天智天皇は、「武の王」ではなく、「智略の王」と名づけられた。

淡海三船自身は、「天智系」皇族であるにもかかわらず、である。いかに淡海三船が正直で公平であったか、いや、いかに天武天皇の治世がすぐれていたかがわかる。

政治的指導者の手腕が冴《さ》えていて、公平であれば、不満を持つ者も少なくなる。天武天皇は、全国の天神地祇を平等に祀った。そうすれば、圧倒的な武力を行使せずとも、おのずと国家は平らぐ。「武の王」による理想的な治世の見本だった。天武天皇の治世は、成功した「皇親《こうしん》政治」の好例でもある。

「武の王」の系譜

では、続く文武天皇と聖武天皇は、どうだろう。

文武天皇は、印象が薄く、いかにも線の細い印象を与える人物である。若くして亡くなったということもあるかもしれない。

しかし、この天皇の時代に、「大宝律令《たいほうりつりょう》」（七〇一）が制定されている。天武天皇の「浄《きよ》御原令《みはらりょう》」には、「律」（行政法の「令」に対する刑法）がともなっていなかった。よしあしの判断は別にしても、本格的な律令制度がここから整ったのである。

なにより文武天皇は、れっきとした天武天皇の直系の孫である。そして聖武天皇は、文武天皇の子である。ここに、「天武――（草壁皇子《くさかべのみこ》）――文武――聖武」という「武の王」の系譜ができあがる。もっとも実態は、持統天皇の方針を継承する王権ではあったが、概念上は「天武系」の天皇だった。

ただし、聖武天皇については、ひとこと加えておくべきだろう。彼は最初のうち、「藤原系」の天皇でもあった。その母は藤原不比等の娘の宮子《みやこ》であり、皇后も不比等の娘の光《こう》明子《みょうし》なのだから、藤原氏の影響を受けるのはやむをえない。光明子とのあいだに生まれたのが、基皇子《もといのみこ》である。

しかし、藤原氏の期待を背負って、生後すぐ立太子させられた基皇子は、わずか数カ月で亡くなってしまう。さらに追い打ちをかけるように、聖武天皇をかついでこの世の春を謳歌《おうか》していた、藤原不比等の四人の子供たちが、天平九年（七三七）の四カ月のあいだに、相次いでバタバタと亡くなる。

その後、「反藤原派」の政権ができあがると、藤原不比等の三男宇合《うまかい》の子の広嗣《ひろつぐ》が反乱を起こした。藤原氏を襲った冬の時代である。

ところが、政権が混迷するさなかの天平十二年（七四〇）十月二十六日、聖武天皇は何を思ったか、平城京《へいじようきよう》を飛びだし、関東行幸《ぎようこう》の旅に出ている。

聖武天皇は、伊賀国《いがのくに》（三重県西部）、伊勢国、美濃国《みののくに》、不破《ふわ》（関ケ原《せきがはら》）とめぐり、途中で「国分寺《こくぶんじ》・国分尼寺《こくぶんにじ》建立《こんりゆう》の詔《みことのり》」を発すると、山背国《やましろのくに》の恭仁京《くにきよう》、近江国の紫香楽宮《しがらきのみや》、摂津国の難波宮などを転々とした。このとき、正式に遷都の意志を示すが、実現しなかった。こうして、すったもんだしたあげく、聖武天皇が平城京に戻ってきたのは、五年後のことだ。

この一連の行幸は、これまで「奇行」と見なされてきた。状況の激変に対応できず、気がふれたのではないかという。仏教への帰依心《きえしん》がいっそう強まって、醜い政治の世界が嫌になったという見方もある。

しかし、そう単純ではないと思う。聖武天皇が悩んでいたことは確かだろうが、彼はあれこれ考えた結果、曽祖父である天武天皇が命をかけて臨んだ「壬申の乱」の跡を、自分の目で確かめるという方法を選んだのではないか。その結果、「武の王」の末裔として生きていく決意をしたのではないか。

戻ってきてからの聖武天皇は、藤原氏の呪縛《じゆばく》から解き放たれたかのように堂々とふるまった。仏教を軸にした国家を建設しようとした。仏法の加護《かご》によって、国土の鎮護《ちんご》と民の平安を祈念したのである。みずから「沙弥勝満《しやみしようまん》」（沙弥とは、出家者のひよっ子のこと）という法名《ほうみよう》を名のり、娘の孝謙《こうけん》天皇に譲位する。

そして、理念の結晶として「盧舎那仏《るしやなぶつ》（いわゆる「奈良の大仏」）」を本尊とする東大寺《とうだいじ》大仏殿の建立に専心《せんしん》した。創建時の東大寺の正式名称である「金光明四天王護国之寺《きんこうみようしてんのうごこくのてら》」の「金光明」は、天武天皇が全国で説かせた「金光明経」を思わせる。

しかし、そんな聖武天皇の改革も、長くは続かなかった。政権は、ふたたび藤原氏の手もとにおかれるようになるからである。

「武の王」の終焉《しゅうえん》

「武」の名を持つ最後の天皇が、平安京《へいあんきょう》遷都を実現した桓武天皇である。

歴史に詳しい方なら、即座に「これはヘンだ」と気づいたことだろう。桓武天皇は、天武天皇の直系ではないからだ。その父の白壁王《しらかべのおおきみ》は、天智天皇の第七皇子とされる志貴《しきの》皇子《みこ》の子である。つまり桓武天皇は、天智天皇の直系の曽孫である。「天智系」の天皇が、「武の王」であるはずがない。

しかも、この桓武天皇から、「藤原氏による藤原氏のための政権」ともいうべき平安時代が始まった。桓武天皇の即位あってこその、藤原氏の長い栄華《えいが》なのだ。このときから、日本という国は、もはや天皇の治世ではなくなった。政治は、貴族社会、官僚制度という名のもと、藤原氏が独占する太政大臣《だいじょうだいじん》によって運営されていく。

そのキッカケをつくったのが、桓武天皇の治世なのだが、なぜ、そのような天皇に

「武」の名が贈られたのか。じつは、それには「桓」の一字が重要な意味を持ってくる。「桓」といえば、後漢《ごかん》の桓帝《かんてい》であるとか、朝鮮の檀君《だんくん》神話に登場する桓雄《かんゆう》などを思い浮かべる人がいるかもしれない。いかにも、東アジアの大王にふさわしい一字のようにも思われる。ところが、この「桓」という漢字は、あまり日本人の名には出てこないのも確かだ。

いや、人物の名どころか、今日、この漢字が用いられることじたい、きわめてまれではないか。おそらく、桓武天皇を表記するときくらいだろう。それほど日本人にとってなじみの薄い漢字が、なぜ用いられたのか、考えてみれば不思議な話である。

ここで、原点に返って、「桓」という字の意を考えることにしよう。その原義は、「目印の木」とある。転じて、「四方の領土を武力で平定した人物を称するもの」とされ、いかにも藤原政権の完全勝利を示しているかのようである。

しかし「桓」には、別の意もあった。それは、「お棺《かん》を墓穴に下ろすための四本の柱」というものである。筆者はこれを知って、愕然《がくぜん》とした。「桓武」とは、「武の王家を墓穴に下ろす」という意を隠しもっていたのだ。

桓武天皇は、けっして「武の王家」の一員ではなく、その系譜に完全な幕引きをした人物だった。

ところが、この「桓武」という漢風諡号は、淡海三船の撰定ではありえない。なぜなら彼は、桓武天皇が亡くなる二十年以上も前に、すでにこの世の人ではないからである。「桓武」の漢風諡号を撰定したのが誰なのかは、わからない。すくなくとも、桓武天皇が亡くなった九世紀初頭にも、藤原氏の権勢を厭《いと》い、「武の王家」の完全な終焉《しゅうえん》を嘆く人物が存在したということだろう。

その撰定者は、表向きには、いかにも桓武天皇が「武の王家」の末裔であるかのように見せかけながら、その「終焉」を漢風諡号の二文字に残したのである。

ほかにもいた「武の王」

同じように「武」の名を持ちながら、それが意味するところは、さまざまであることがわかった。ひとつ残った疑問は、なぜ事蹟もほとんど残っていない武烈天皇が、「武」の名を贈られたかという点である。

それを解くヒントは、和風諡号《わふうしごう》にあった。記紀に載る武烈天皇の和風諡号を見てみよう。

『日本書紀』――小泊瀬稚鷦鷯（ヲハツセノワカサザキ）
『古事記』――小長谷若雀（ヲハツセノワカサザキ）

あてる漢字が微妙に違ってはいるが、同じ名である。「小泊瀬」や「小長谷」という字《じ》面《づら》から、ピンと来た人は多いだろう。むしろ、そちらの人物のほうがよく知られているのだが、それは、「大泊瀬」や「大長谷」を和風諡号に持つ雄略《ゆうりゃく》天皇である。雄略天皇の和風諡号も確認しておこう。

『日本書紀』――大泊瀬幼武（オオハツセノワカタケル）
『古事記』――大長谷若建（オオハツセノワカタケル）

雄略天皇と武烈天皇――この二人の天皇が同じ血統で通じているのは、明らかだ。同一人物という説もあるくらいである。

「小《ヲ》ハツセ」の名を贈られた武烈天皇の母、春日大郎《かすがのおおいらつめ》は、「大《オオ》ハツセ」の名を贈られた雄略天皇の娘という関係にあたる。つまり武烈天皇は、雄略天皇の孫だ。ただし、男子直系ではない。

ここで重要なのは、雄略天皇もまた「武の王」であるということだ。『宋書《そうじょ》』倭国伝に「倭王武《わおうぶ》」とあるのが、雄略天皇ではないかといわれている。

その大きな根拠となっているのが、和風諡号「ワカタケル」なのだが、「タケル」は、『古事記』では「建」、『日本書紀』では「武」と表記されている。これを見れば、たしかに「武王」である。

そうすると、武烈天皇という漢風諡号は、その和風諡号に「タケル」の名はなく、雄略天皇の男子直系ではないものの、彼もまた雄略天皇と同様、「武の王家」の一員であることを示しておくため、後世になって追贈《ついぞう》されたのではないかとも考えられる。

おそらく、『日本書紀』と『古事記』は、何かの事実を隠すために、「武の王家」の系譜を伏せた。しかし、漢風諡号の撰定者が、この事実を明るみにしようとしたのである。
では、どういった事情で、そこまでして「武の王家であるか、そうでないか」にこだわる必要があったのか。あらためて武烈天皇の前後の天皇たちの和風諡号を見てみよう。

第二十一代雄略天皇——オオハツセノワカタケル（記紀とも）
第二十二代清寧《せいねい》天皇——シラカノタケヒロクニオシワカヤマトネコ（『日本書紀』）
第二十三代顕宗《けんぞう》天皇——ヲケ（記紀とも）
第二十四代仁賢《にんけん》天皇——オケ（記紀とも）
第二十五代武烈天皇——ヲハツセノワカサザキ（記紀とも）
第二十六代継体《けいたい》天皇——ヲホド（『古事記』）、ヲオド（『日本書紀』）
第二十七代安閑《あんかん》天皇——ヒロクニオシタケカナヒ（記紀とも）
第二十八代宣化《せんか》天皇——タケヲヒロクニオシタテ（記紀とも）
第二十九代欽明《きんめい》天皇——アメクニオシハラキヒロニハ（記紀とも）

注目されるのは、「タケル」や「タケ」の名を持つ天皇がたいへん多いことだ。この「タケル」と「タケ」は、雄略天皇より以前の天皇にはつけられていない。『日本書紀』や『古事記』などが記す系譜は、雄略天皇から「武の王家」が始まったことを、示しているかのようにさえ見える。

ちなみに、欽明天皇の時代が始まってから、のちに漢風諡号によって「武の王」であることが示される天武天皇の御世《みよ》まで、十代（明治時代に「弘文天皇《こうぶん》」を追贈された大友皇子《おおとものみこ》をふくめると十一代）にわたって「武」を名のる天皇は出てこない。

雄略天皇につづいて、その子である清寧天皇にも「タケ」がつけられる。これは『日本書紀』のみが記している。『古事記』にある和風諡号は、シラカノオオヤマトネコだが、この天皇もまた「武の王」だろう。

その次の仁賢天皇と顕宗天皇の兄弟天皇には、「タケ」も「タケル」もつけられていない。

仁賢天皇の子である武烈天皇は、後世、漢風諡号によって「武の王」であると見なされたことは、すでに述べた。

そして、武烈天皇に跡継ぎがいなかったことで、継体天皇が越《こし》（北陸）からやってくる。この天皇には、「タケ」も「タケル」もつけられていない。

ところが、継体天皇の長子である安閑天皇と、第二子である宣化天皇の兄弟には、ともに「タケ」がつけられている。これは、ひっかかる。

さらに、継体天皇が手白香皇女《たしらかのひめみこ》（仁賢天皇の娘）とのあいだにもうけたという欽明天皇には、「タケ」も「タケル」もつけられていない。

このように、『日本書紀』や『古事記』に残された和風諡号と、後世に贈られた漢風諡号から判断するかぎり、「武の王家」と「そうでない王家」が交互に出ていることになる。そして、宣化天皇以降、長らくとだえていた「武の王家」が、天武天皇の出現によって復活したというのが、漢風諡号撰定者の見立てである。

ただし『日本書紀』や『古事記』が、「武の王家」の情報を正確に掲出《けいしゅつ》しているかはわからない。

いずれにせよ、この時代、王統が安定していなかったことがわかるが、『日本書紀』と『古事記』はもっと大切な何かを隠しているようにも思われる。その秘密をあばく前に、

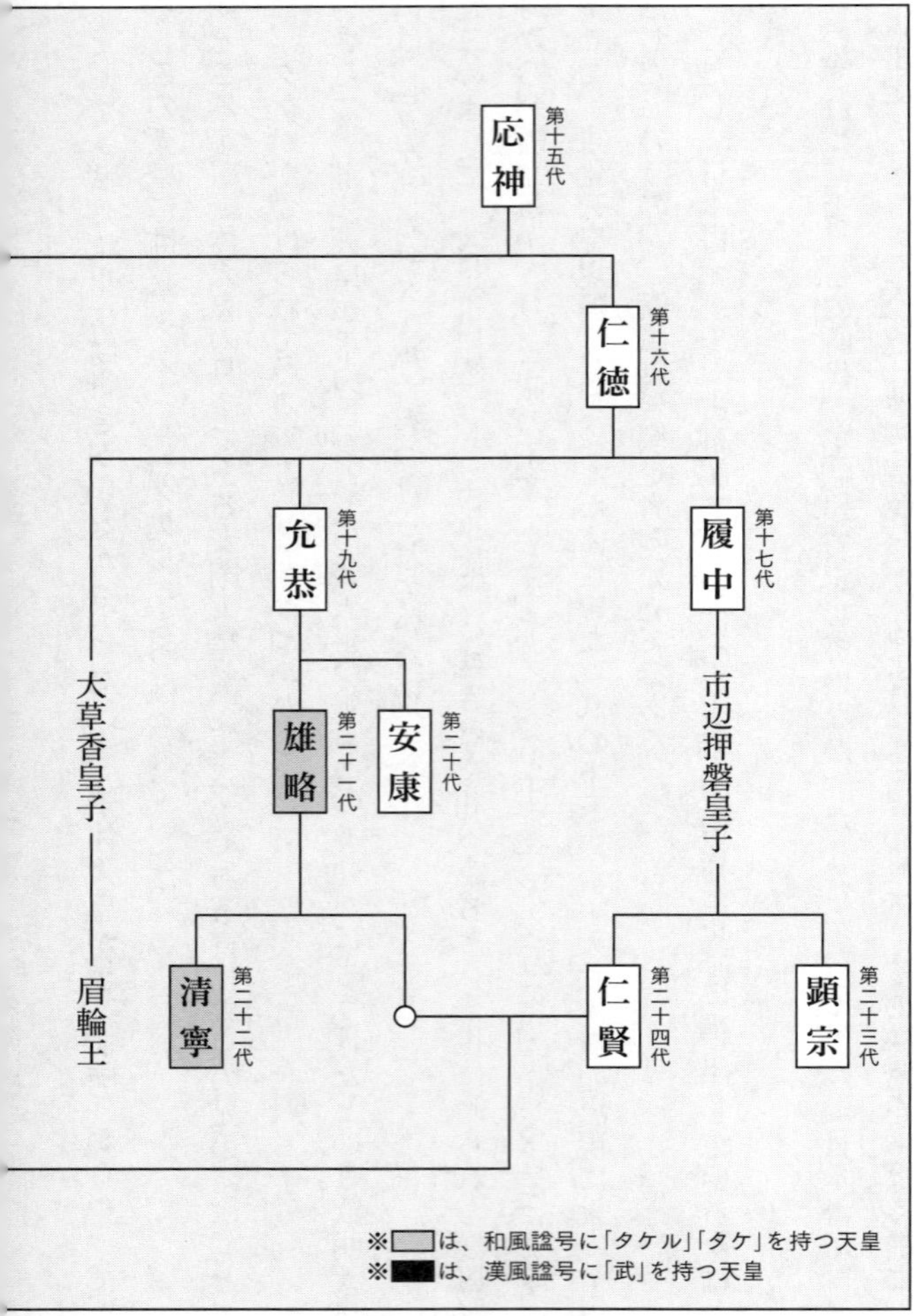
応神 第十五代
仁徳 第十六代
履中 第十七代
允恭 第十九代
大草香皇子
市辺押磐皇子
安康 第二十代
雄略 第二十一代
眉輪王
清寧 第二十二代
仁賢 第二十四代
顕宗 第二十三代
※□は、和風諡号に「タケル」「タケ」を持つ天皇
※■は、漢風諡号に「武」を持つ天皇

「武」の大王

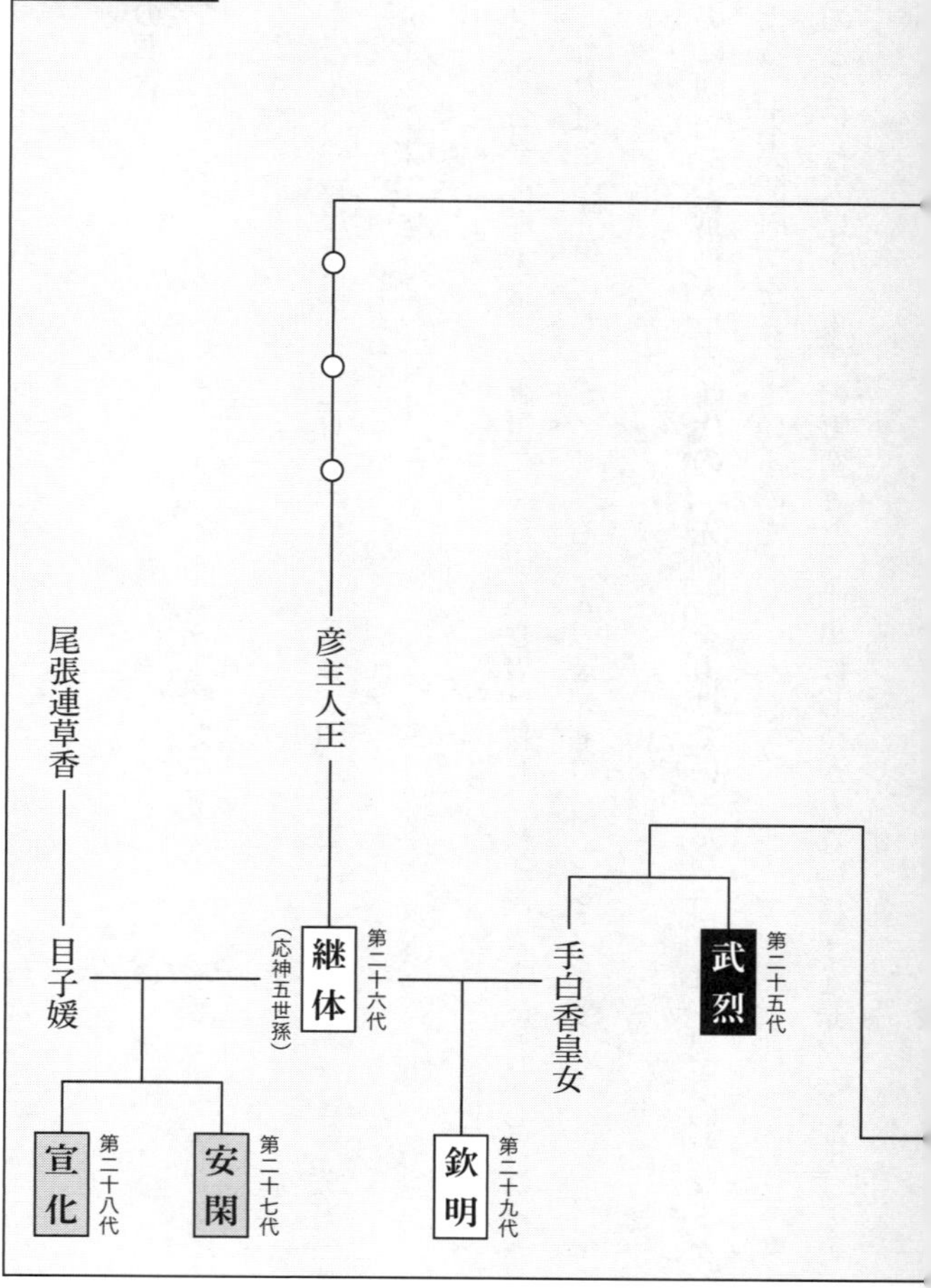
彦主人王
尾張連草香
目子媛
継体
第二十六代
（応神五世孫）
手白香皇女
武烈
第二十五代
宣化
第二十八代
安閑
第二十七代
欽明
第二十九代

キーワードである「武」が、何をあらわしているのかを知らなくてはならない。

平定の勇者

ここで、あえてその名をあげておかないでいた重要人物について考えよう。第二章にも登場したヤマトタケルである。

『日本書紀』の敏達《びだつ》天皇十年二月の記事によると、敏達天皇は、攻めいってきた蝦夷の首《しゅ》魁《かい》を呼び、次のように話した。

「大足彦《おおたらしひこ》天皇(景行天皇)の御世《みよ》に、殺すべき者は殺し、赦《ゆる》すべき者はお赦しになった。いま、われはこの先例にしたがって、もとより悪い者は誅《ちゅう》しようと思う」

蝦夷に向かって景行天皇の時代の「先例」をあげているが、これは、過去のヤマトタケルによる「東夷《とうい》征討」をさしているのだろう。

このとき景行天皇が、東夷の野蛮さと、中央にしたがわない様子を長々と説明すると、ヤマトタケルがそれにこたえた。
「(われが)神祇《じんぎ》の霊《みたま》に頼り、天皇の威《いきおい》を借りて、かの辺境に臨み、徳教《うつくしび》(神と天皇による徳のあらわれ)をお示しいたしましょう。それでも服《ふく》さない者がいれば、兵をあげて撃《う》ちます」

敏達天皇が「先例にしたがって」といっているのは、この内容である。ただちに軍事的行動に訴えるのではなく、まず宗教的支配から試みようというのである。そして、このやり方は、ヤマトタケルに倣《なら》ったということになる。これは、「武の王」のやり方でもある。

その結果、蝦夷の首魁《しゅかい》は恐縮し、泊瀬川《はつせがわ》の中流に下りて、三諸岳《みもろのたけ》(三輪山《みわやま》)に向かい、口をすすぐと、天地神明《てんちしんめい》に誓った。

「われら蝦夷は、いまから子孫代々、清明な心をもって天闕《みかど》におつかえいたします。もし、われらがこの誓いを破ったのなら、天地《あめつち》の諸神と天皇の霊によって、われらの子孫は滅ぼされるでしょう」

これによって、いわば辺境の蛮夷と、天皇の王権とが宗教的結束を持ったこと、その舞台が「出雲神《いづものかみ》」を祀る三輪山だったことは、特筆に値する。つまり、「武の王」の権威は、「祟り神である出雲神」の霊威を背景にして成立したものだった。

さて、ヤマトタケル（ノミコト）は、同じ読みで『古事記』では「倭建（命）」、『日本書紀』では「日本武（尊）」と表記されている。

「建」と「武」の漢字の使い分けは、雄略天皇や安閑・宣化天皇などの場合も同様で、いちように『古事記』が「建」、『日本書紀』が「武」となっている。

最初に述べておくと、記紀に登場する「ヤマトタケル」は偶像である。その名のなりたちは、ごくシンプルだ。「イヅモのタケル」である「イヅモタケル」、「クマソのタケル」である「クマソタケル」に対応する「ヤマトのタケル」である。

では、その存在が、神話的世界を盛りあげるためだけのフィクションにすぎなかったのかといえば、そうではないだろう。

ヤマトタケルの存在には重要な意味がこめられているし、やはりモデルはある。それは、何か重要なもののシンボルであるにちがいない。

ここで例として、ヤマトタケルと雄略天皇の類似性が注目される。これを指摘したのは、古代史研究にも業績のある国文学者の吉井巌《よしいいわお》である。彼の論を参照しながら、両者の類似性を確認しておきたい。

雄略天皇は、『宋書《そうしょ》』倭国伝《わこくでん》の「武王」にあてられるが、その上表文《じょうひょうぶん》の前半部分がたいへん興味深い。上表文は、宋（四二〇〜四七九）の皇帝に向けられたものである。

「倭国は辺遠《へんえん》の地にあって、皇帝陛下の藩屏《はんぺい》（支配のおよぶところ）となっています。わいわいわいれらの先祖は、みずから甲冑《かっちゅう》を着こみ、山河を歩き、各地を平定し、休む暇もありませんでした。東の毛人《えみし》（蝦夷）を征《せい》すること五十五国、西の衆夷《しゅうい》を服《ふく》すること六十六国、海を渡り朝鮮半島を平らげること九十五国、こうして、皇帝陛下の天下は泰平《たいへい》で、支配が僻遠《へきえん》の地までおよぶようになったのです」

「倭王武」のいう「われらの先祖」というのは、ヤマトタケルのことだろうか。たしかに彼は、国内を平定するために東奔西走《とうほんせいそう》した。ただし、「朝鮮征討」はしていない。これをおこなったとされるのは、神功皇后《じんぐうこうごう》である。

とはいえ、「倭王武」が上表した内容は、おおむね『日本書紀』や『古事記』の記述とも合致している。

さて筆者は、応神天皇もヤマト建国時の人物と見なしている。そして、ヤマトタケルはその直前に存在した人物をモデルにしたものと考えている。いっぽうの「倭王武」、つまり雄略天皇は五世紀の人物である。両者が生きた時代にはおよそ三百年ものへだたりがあるのだが、それを脇にやりさえすれば、明らかに類似している。

吉井巌が指摘する両者の類似点を簡単にまとめてみよう。

1、「タケル」の名を持つ「平定《へいてい》の勇者」
2、「荒々しい行動」
3、「神との対決」

4、「神人観《しんじんかん》」

もっとも、ヤマトタケルと雄略天皇が、ともに「平定の勇者」であるのは確かだが、その対象は微妙に異なっている。ヤマトタケルが平定したのは、出雲、九州、東国であり、雄略天皇は、吉備と新羅を攻めたことになっている。みごとに重なっていないのだ。

東国から西国、朝鮮までをことごとく平定したと伝わる、ほかの勇者がいて、その事蹟が、ヤマトタケルと雄略天皇の二人に分割されたのかもしれない。

ヤマトタケルと雄略天皇に共通する暴虐性

残りの三項目について、二人の王は、まったく酷似《こくじ》している。

そのひとつ、「荒々しい行動」については、ヤマトタケルは双子の兄を虐殺したし、クマソタケルを童女に変装してだまし討ちした。いっぽうの雄略天皇は、さらなる暴虐性をもって語られる。

雄略天皇は、第十九代允恭《いんぎょう》天皇の第五子とされ、兄は第二十代安康《あんこう》天皇である。

その安康天皇が、叔父にあたる大草香皇子《おおくさかのみこ》の妹（つまりは叔母）を雄略天皇の妃《きさき》にしようと思い、根使主《ねのおみ》という人物をつかいにやる。大草香皇子は承諾するが、根使主はそのときに大草香皇子からあずかった宝物を横領するため、安康天皇にウソの報告をしたという。部下のウソを信じた安康天皇は、大草香皇子を殺した。

大草香皇子の遺児である眉輪王《まよわのみこ》は、安康天皇に育てられた。なぜなら安康天皇は、大草香皇子の未亡人（眉輪王の実母）を自分の皇后にしてしまっていたからである。こうなってくると、根使主の横領話も真偽が疑わしい。

「父の仇《かたき》」によって育てられた眉輪王は、つねに安康天皇への復讐の機会をうかがっていた。そして、安康天皇が皇后の膝枕《ひざまくら》で眠りにつくと、このときとばかりに刺し殺す（このとき、眉輪王の実母である皇后がどのような反応をしたかは描かれていない）。

兄を殺されて怒った雄略天皇は、手あたりしだいに周囲の人たちを糾弾《きゆうだん》し、口をつぐむ人は斬り殺した。最後に坂合黒彦皇子《さかいのくろひこのみこ》を糾弾したところ、彼は眉輪王とともに、当時の権力者である葛城円大臣《かつらぎのつぶらのおおおみ》の宅に逃げこむ。それで雄略天皇は、眉輪王の犯行であることを確信したのである。

さっそく葛城円大臣の宅に使いを送り、かくまっている眉輪王を差しだすようにいうと、大臣は堂々と次のように申し立て、要求を断った。

「もっとも人臣《きみのやつこ》（家来）が何かあったときには、王室《きみのみや》に逃げ入ると聞きます。しかし、いまだかつて君王《きみ》が臣《やつこ》（家来）の舎《いえ》に隠れるという例は見たことがありません。いま坂合黒彦皇子と眉輪王が、われの心を恃《たの》んで（頼りにして）、われの舎に来られたのです。その思いを忍ばずに、あっさりと送りかえすことができましょうか」

つまり、家来が君王を頼りにするのはわかるが、おそれ多くも「君王《きみ》」が家来を頼りにしてきたのであるから、それを売ることなどできない、というのである。

怒った雄略天皇は、葛城円大臣の宅に火を放ち、大臣、逃げこんだ二人の皇子ともども焼き殺してしまった。焼け残った骨は分別できない状態で、ひとつの棺に入れられたという。

ここで気になるのは、葛城円大臣が雄略天皇をさしおいて、眉輪王を「君王」と称したことだ。もしかすると、眉輪王こそ有力な皇位継承権者だったのではなかったか。

雄略天皇の暴虐行為は、これにとどまらなかった。

やはり皇位継承権者のひとりだった市辺押磐皇子《いちのべのおしはのみこ》を狩りに誘いだし、だまし討ちにしている。

市辺押磐皇子は、第十七代履中《りちゅう》天皇の第一皇子、安康天皇と雄略天皇の従兄弟《いとこ》にあたる人物である。『日本書紀』によると、安康天皇はどうやら、この皇子に跡をつがせようとしていたらしい。雄略天皇はこのことを深く恨んでいたという。

雄略天皇が即位するのは、みずから眉輪王と市辺押磐皇子を殺したのちである。これらの説話は、雄略天皇がクーデターによって、その位を得たことを示しているのではないだろうか。

ほかにも雄略天皇は、焼殺や斬殺に明け暮れていたから、『日本書紀』も、「天下の人は誹《そし》って、はなはだ悪《あ》しくまします天皇なり、と語った」と記している。

それにしても、天皇家の正統性を語るための「正史」が、ここまでして天皇の暴虐性をあげつらうのには、何か重要な意図があったからにちがいない。明らかに、雄略天皇の皇位の正統性を貶《おとし》めるために描かれたものだからである。

神との対決

その謎解きはあとに回して、続く類似点を確認しておきたい。

吉井巖があげた三つ目の類似点が、「神との対決」である。ヤマトタケルは、「伊吹山《いぶきやま》の神」にケンカを売って敗れたが、雄略天皇も、「葛城山《かつらぎさん》の神」と衝突しているのだ。この話は、『古事記』にも『日本書紀』にも出てくるが、『古事記』バージョンを見てみよう。

あるとき、雄略天皇の一行が、葛城山に登ろうとしていると、もうひとり、向こうの山の尾を登ろうとしている人がいた。

その人は、衣服や姿が天皇とそっくりである。天皇はすっかり怪《あや》しんで、「このヤマトには、われのほかに王《きみ》はいないはずなのに、いまそこを行くのは誰か」と問いつめた。しかし、かえって天皇のようなふるまいをするので、天皇一行はその人物に矢を向け、一《いっ》触即発《しょくそくはつ》となった。そこでようやく、その謎の人物が名のった。

葛城山系の容姿。麓の集落は鴨神

「われは悪事《まがこと》も一言《ひとこと》、善事《よごと》も一言にいい離《はな》つ神、葛城《かづらき》の一言主之大神《ひとことぬしのおおかみ》である」

謎の人物は、神だったのである。天皇はすっかり恐縮し、武器はもちろん、家来たちの衣服もすべて脱がせて大神に献上した。大神は手を打って、それを受けとった。

葛城の一言主之大神が「手を打って」とあるのは、もちろん「大喜びで」という意味ではないだろう。詳細はわからないが、「出雲の国譲り」でコトシロヌシが打った「天逆手《あめのさかて》」と同じく、何らかの呪法をあらわしているにちがいない。そのあと、大神は雄略天皇を、長谷《はせ》の山口《やまぐち》というところまで見送ったという。

以上が『古事記』のバージョンだが、『日本書紀』では、終わりがすこし異なる。百姓たちは、大神に見送られた雄略天皇を「徳《いきおい》有します《ま》(有徳の)天皇」と称《たた》えているのだ。

しかし、この説話をもって「有徳」というのは、どうかと思う。雄略天皇は、ヤマトタケルと同じように、神に祟られかけたが、すんでのところで被害をまぬがれたようにしか見えないからである。

というのは、同じ葛城山で、雄略天皇が「大猪《おおいのしし》」に追われ、木の上に逃げて歌を詠《よ》ん

一言主神社の参道

だという『古事記』の話を前にした。大猪は、神の化身である。これらの説話を見るかぎり、雄略天皇は、「葛城の大神」に祟られていたと考えるべきだろう。

『日本書紀』にも、これと同じモチーフの話はあるが、やはり結論が変えられている。興味のある人は、読みくらべてみてほしい。

この神は、いまも葛城山麓の一言主《ひとことぬし》神社（奈良県御所《ごせ》市）に祀られている。古代天皇のなかで、その強権をもっとも轟《とどろ》かせた雄略天皇さえも、神の怒りの前では形なしであった。

ヤマトタケルも雄略天皇も、「神との対決」をいどんで敗れている。どこまでもそっくりな両者である。

神と人のあいだにある存在

最後に、「神人観」の記述である。両者ともに、『日本書紀』の中で「神」として語られる個所がある。

ヤマトタケルについては、景行天皇四十年、蝦夷の平定を命じる際に、天皇自身が次のように評している。

「いままさに知った。外観はいかにもわが子であるが、本当は神人《かみ》であることを」

西国から帰ってきたばかりのヤマトタケルをすぐに東国へ向かわせるのに、持ちあげたのかもしれない。そうとしても、天皇が息子を「神人《かみ》」と称するのは、尋常ではない。「神人」というのは、神と人のあいだにある存在ということか、あるいは、この世に出現した神（つまりは現人神《あらひとがみ》）ということなのだろう。

かたや雄略天皇の場合は、冒頭に次のような文がある。

「天皇がお生まれになって、神光《あやしきひかり》が殿《みあらか》に満ちた」

「神光《あやしきひかり》」といえば、どこかで聞いたことがある。海にあらわれた「オオクニヌシの幸魂《さきみたま》・奇魂《くしみたま》」と同じではないか。これは、いかにも神の登場シーンの表現である。

このように、ヤマトタケルと雄略天皇は、ともに「異常の存在」であったことが語られているのだ。

じつは、ヤマトタケルと雄略天皇には、もうひとつ決定的な接点がある。それは、『日本書紀』のヤマトタケルの登場シーンである。

「この小碓尊《をうすのみこと》は、またの名は日本童男《やまとをぐな》、または日本武尊《やまとたけるのみこと》という。幼《わか》くして雄略之気《おおしきいき》がある。壮《をとこざかり》におよんで、容貌魁偉《みかおすぐれたたはし》……」

『日本書紀』は、ヤマトタケルに「雄略之気」があるとはっきり述べていた。雄略天皇の漢風諡号を撰定した人物は、ここにある言葉を採用したのかもしれない。やはり雄略天皇は、ヤマトタケルの再来として認識されていたのである。

後半の雄略天皇は、一転して「有徳の王」として称えられ、「武の王」らしい治世が語られる。

この時代、漢織《あやはとり》、呉織《くれはとり》、衣縫《きぬぬい》が来日し、織物の技術を伝えた。桑《くわ》を植えさせ、全国に秦《はた》の民をおいた。そして、秦の民をたばねる役が秦酒公《はたのさけのきみ》に与えられた。秦酒公は、絹織物を朝廷に積みあげ、この功績により「禹豆麻佐《うづまさ》」の姓《かばね》を賜る。これが、京都の映画村や広隆寺《こうりゆうじ》がある「太秦《うずまさ》」の地名の由来となった。

古代国家にとって最重要の産業である養蚕と織物が、雄略天皇の時代にはじまったと伝えられているのは、とくに大切である。

そして興味深いのは、後世の人が、雄略天皇を「人の天皇のはじめ」として見ていたことだろう。

『万葉集』の第一巻の巻頭を飾るのは、雄略天皇の歌である。そればかりか、『万葉集』の節目《ふしめ》となる場面には、かならずといっていいほど、雄略天皇が出てくる。

仏教説話集『日本霊異記《にほんりよういき》』も、雄略天皇の時代を第一話に持ってきている（話の主人公は、側近の小子部栖軽《ちいさこべのすがる》であるが）。

また、『日本書紀』の節目におかれたのも、雄略天皇だった。『日本書紀』は、その後の研究が進み、異なる暦が採用されていることがわかった。その切りかえの境が、ちょうど雄略天皇の巻だったのである。

ヤマトタケルの祟りにあった天皇

ただし雄略天皇が、クーデターによって権力奪取したという疑いは晴れない。その前半生は、「はなはだ悪しくましますす」と酷評された。しかし、後半生では「有徳の王」として語られ、後世の人から「人の天皇のはじめ」と見なされた。

この二面性を、「神」の性質を受けつぐ「武の王」の本来の姿のあらわれと見ることは可能だろう。神であるということは、鬼の側面も持っているということだ。

鬼神であるためには、暴虐性だけでなく、いざとなれば、「祟る存在」とならなければならない。「武の王」たちは祟るのである。神と対話し、呪術をモノにできるからこそ、「武の王」たりうる。

ところが、雄略天皇が祟ったという話は出てこない。

もっといえば、「神」の名を与えられた神武天皇や応神天皇が、祟ったという具体的な話も出てこない。実際には、祟っていた形跡を読みとることができるにもかかわらず、である。

さすがにこのころ（いま残る『日本書紀』や『古事記』が書かれた時代）は、天皇となった人が、「祟るのはまずい」と考えられたのだろうか（その後、「祟る天皇」が何人も出てきてしまうのだが）。

いずれにしても、こういった考え方のなかには、「武の王」が持つ本来の意味を薄めて、わからなくしてしまおうとする力が働いているように思えてくる。

「祟る天皇」を否定した以上、それに代わる存在が必要となった。天皇のごく近いところにいて、天皇ではない立場の人に、あらためて「祟る存在」の性格づけをする必要が出てきた。そうやって生まれたが、神功皇后の伝説であり、ヤマトタケルという伝説上の人物だったのかもしれない。

ヤマトタケルは、西国平定では、その残虐性をもって、相手を殺している。ところが、続く東国平定では、「言向《ことむ》け和平《やわ》」しているのである。つまり、その呪力（言葉の力）によって、血を流さずに服従させた。東国でのヤマトタケルは、まさに「武の王」の理想だったといえるだろう。

ところが、そのヤマトタケルが、後世になって祟っていた。

『続日本紀』大宝《たいほう》二年（七〇二）八月八日に、次の記事がある。

「倭建命の墓《つか》に震《しん》があった。使いをつかわして、これを祭らせた」

ヤマトタケルの墓と伝えられていた古墳が、落雷や地震によって鳴動《めいどう》した。これを重大な異変として、ヤマトタケルの魂を鎮《しず》める祭祀をとりおこなったというのである。

さらに、『古事記』には、この当時、「天皇の大御葬《おおみほうり》」で歌われたという四首が掲載されている。

「なづきの　田の稲幹《いねがら》に　稲幹に　匍《は》い廻《もとほ》ろう　野老蔓《ところづら》」
「浅小竹原《あさじのはら》　腰なづむ　空はゆかず　足よゆくな」
「海がゆけば　腰なづむ　大河原《おおかわら》の　植《う》え草《ぐさ》　海処《うみが》はいさよう」
「浜つ千鳥《ちどり》　浜よはゆかず　磯伝《いそづた》う」

以上の四首は、ヤマトタケルが亡くなったときに、その妻子が悲しんで歌ったとされるものとしたうえで、これらが「いまもって天皇家の葬儀で歌われている」と記す。

これらの歌の原形は、素朴な恋の歌や農村の童謡だったと思われる。ただし、ここでの問題は、その歌のもとの意味ではない。ヤマトタケルの死を悼《いた》んだとされていた歌が、「いまもって天皇の葬儀で歌われている」と、『古事記』がわざわざ記した点だろう。なぜ、ヤマトタケルの死が、のちの天皇にまで強い影響をおよぼしたのか。

ヤマトタケルの墓が鳴動した「大宝二年」という年にも注目しなくてはならない。これは、文武天皇の時代である。前年の大宝元年には、日本で最初の本格的な律令が完成している。

それは、藤原不比等の思惑《おもわく》どおり、藤原氏権勢の時代が始まった年でもあった。のちに「藤原系」の聖武天皇として即位する首皇子《おびとのみこ》が生まれたからである。藤原氏が明るい将来を期待した、その矢先の「墓の鳴動」である。

おそらくそのためだろう、鳴動の直後、大宝二年九月二十三日には、大赦《たいしゃ》の処置がとられている。そして、それから間もない十月十日には、「太上天皇《だいじょうてんのう》」が東国行幸に旅立ったとある。

このときの太上天皇とは、持統天皇だ。持統太上天皇は、三河、尾張、美濃、伊勢、伊賀と回っている。できたばかりの新しい法律の定着をじかに広めようとしたという説があるが、それにしては、ごく限定された地域である。

また、人生の終盤に、あらためて壬申の乱の功臣たちに挨拶《あいさつ》をして回ったという説もある。しかし、すでに病身だったと思われる持統天皇が、そんな理由でわざわざ遠出をするのか。むしろ臣のほうから訪ねてくるのが普通だろう。無理を承知の遠い旅には、もっと大きな意味があったにちがいない。

都に戻ってきた持統天皇は、たちまち病状が悪化して、十二月二十二日に亡くなってしまう。

すると、持統天皇の死と、「ヤマトタケルの祟り」には、何かしら因果関係があったのかと疑いたくなる。持統天皇は、「ヤマトタケルの祟り」を実感し、それを鎮《しず》める目的をもって、病身をおして東国行きを敢行したのではなかったか。

ヤマトタケルは、なぜ持統天皇に祟ったのだろう。それには、『日本書紀』や『古事記』

を読むかぎりにおいて、ヤマトタケルが天皇に即位することもできずに、あわれな最期をとげたからだと説明されてきた。

しかし、ほんとうの理由は、そうではないだろう。持統天皇が、「ヤマトタケルの祟り」に対して、とくに強い反応を示したところに、謎を解く鍵がある。

持統天皇が恐れていたのは、伝説上の人物であるヤマトタケルそのものではなく、ヤマトタケルが象徴するところの「武の王家」ではなかったか。持統天皇は、「武の王家」をないがしろにしたことによって、その「祟り」を受けたからではなかったか。

「武」があらわす、もうひとつの意味

持統太上天皇にとって、もっとも身近な「武の王」といえば、夫の天武天皇にほかならない。

「天武天皇と持統天皇は、仲むつまじい夫婦だった。だから同じ墓に入っている」と、学校の歴史では教えられてきた。しかし、それはまったくのウソだった。

持統天皇は、「武の王家」を、そして天武天皇をないがしろにしていたのである。その

ことを深く反省した持統天皇が、亡き夫に対する贖罪《しょくざい》の東国行きを決めたとも考えられなくもない。

　さて、雄略天皇とそっくりだというヤマトタケルは、天武天皇とも共通点があった。第二章で見た草薙剣の話を思い起こしてほしい。

ヤマトタケルは、この霊剣の威力を軽んじたために、「伊吹山の神」の毒気にやられて亡くなった。

　いっぽうの天武天皇は、最晩年の大病の原因を占ったところ、「草薙剣の祟り」であることがわかった。それで、草薙剣を熱田に送り、ここで祀ることになった。

　二人の王は、ともに草薙剣をおろそかにしたことで祟られたという。伝説上の人物と、七世紀後期に活躍した人物とを結びつけているのは、「草薙剣の祟り」だった。これには、深い理由がありそうだ。

　さらに、ヤマトタケルと天武天皇をつなぐ、五世紀の「武の王」が雄略天皇なのであるが、この天皇もまた、「葛城山の神の祟り」にあい、前半生は「はなはだ悪《あ》しくましますと酷評されている。

歴代天皇のなかでも、とくにすぐれた治世をおこない、古来重視されてきたであろう雄略天皇と天武天皇が、「祟り」にあわなければならないのには、「特別」な事情があったにちがいない。というのも、みずからが鬼神でもあり、天命によって治世をゆだねられた「武の王」が、祟られるはずがないからである。

つまり彼らは、「武の王家」の誇り高い継承者であるがゆえ、なんらかの歪《ゆが》んだ意図によって、その存在を貶められたと見るべきだろう。

ヤマトタケルの説話は、その「貶められた神性のシンボル」としてつくられたのだと思う。これによって、「武の王」たちの残虐性と悲劇性が捏造《ねつぞう》されることにもなった。

ではいったい、何ものが「武の王家」を貶めようとしたのか。そしてなぜ、貶めなくてはならなかったのか。それにはまず、実際の「武の王家」が何ものであるかを知らなくてはならない。

そこで、伝説上の人物ヤマトタケルが、その残虐性と悲劇性によって脚光を浴びる陰で、もうひとりの「武の王」の存在が注目される。

それが、武内宿禰《たけしうちのすくね》である。この人物の『日本書紀』と『古事記』の表記について、ヤマトタケルと雄略天皇の和風諡号と比較してみよう。

『日本書紀』――武内宿禰――日本武尊――大泊瀬幼武

『古事記』――建内宿禰――倭建命――大長谷若建

このように並べてみるだけで、その関係性は一目瞭然だ。

筆者の結論からいえば、「武の王」の「武」は、この武内宿禰の名に由来する。武内宿禰の末裔、あるいはそれを称する王の系譜が、「武の王家」の実体である。ヤマトタケルの説話は、この隠された過去の権力者がおよぼす影響を、矮小《わいしょう》化するためにつくられた。「武の王家」を貶める意図も、武内宿禰の正統性を消し去るための作為なのだ。

武内宿禰《たけしうちのすくね》の正体

では、この武内宿禰は、どういう人物なのか。一般に知られたところから、確認してみたい。

まず、武内宿禰は、『日本書紀』の系譜によると、「欠史八代《けっしはちだい》」の七代目である孝元《こうげん》天皇の曽孫で、景行天皇の時代に生まれたとされる。つまり、ヤマトタケルと同時代の人物である（同年に生まれたという説もある）。

そして、武内宿禰にまつわる話で、特筆すべき点は「たいへんな長命」であったということだ。景行天皇二十五年七月に、北陸と東国を視察したという記事からはじまり、仁徳天皇五十年三月に、天皇から長命を称える歌を贈られる記事まで、二百七十年近くの期間、五代の天皇につかえたと記されている。

これが事実なら、三百歳ほどの長命だったことになるが、さすがにそれはないだろう。もっとも、ここからの話が重要である。

このあたりの天皇の系譜は、もう一度整理して見直さなくてはならないが、それについては、第一章で述べたとおりである。つまり、景行、成務《せいむ》、仲哀の三人の天皇は、もとはひとつだった「タラシヒコ」の所伝《しょでん》を三つに分けたものと考えられる。

このうち仲哀天皇は、『日本書紀』の系譜によると、妻である神功皇后とのあいだに応神天皇をもうけている。しかしこれも、「タラシヒコ」と神功皇后の夫婦と見なくてはならない。

そして『古事記』では、「タラシヒコ」の分身である仲哀天皇が、神託に背《そむ》いたために命を落としている。すなわち、熊曾国《くまそのくに》（南部九州）を討とうとする仲哀天皇に対し、神がかりした神功皇后が、クマソではなく朝鮮を討つように神託を下した。

しかし、高いところから西方を望んだ天皇は、「そんな国土は見えない。ただ大海が広がるばかりだ。ウソつきの神（詐為神《いつわりなせるかみ》）ではないか」とまでいい、神託に従うことを拒《こば》んだのである。仲哀天皇の侮辱に怒った神は、「もはやこの天下は、あなたのおさめるところではない。あなたは一道《ひとみち》（冥途《めいど》への道）にお向かいなさい」と、その死を予告するのである。

あとにも先にも、神によって死亡宣告をされた天皇は、仲哀天皇しかいない。諡号にふくまれる「哀」の字も、その運命を語っているかのようだ。

『日本書紀』にも同様の話は載る。しかし、どういうわけか、死亡宣告の神託の部分は省略されている。正史がとりあげるには、刺激が強すぎたのだろうか。

『古事記』が仲哀天皇の死亡を伝えたとき、同席していた人物が二人いる。ひとりは、神がかりした神功皇后だが、もうひとりが、武内宿禰（『古事記』の表記は建内宿禰）なのである。

武内宿禰は、もちろん仲哀天皇の「大臣《おおおみ》」のはずである。ところが、この「臣」と天皇の関係性は希薄《きはく》で、いつも神功皇后のほうに、ぴったり寄りそっている。

さきほどの記事の際にも、沙庭《さにわ》に入って神託を求めるのは、武内宿禰だ。

「天皇（仲哀）は御琴《みこと》をお控《ひ》きになって、建内宿禰大臣（武内宿禰）は沙庭にいて、神命《かみのみこと》を請《こ》いまつった。ここに大后《おおきさき》（神功皇后が）、帰神《かむがかり》して言教《ことお》え、お知らせになられたのは……」

天皇の琴の伴奏にあわせて、武内宿禰が神をお呼びしたところ、神功皇后に神が下りたというのである。この話の主役は、誰なのかということだろう。それは、琴をひく仲哀天皇ではなく、神との仲介をつとめた、神功皇后と武内宿禰のペアだったのではないか。

神功皇后の夫は、仲哀天皇ではなく、この武内宿禰だろう。

また武内宿禰は、『日本書紀』の成務天皇三年正月七日、成務天皇の大臣となったときに、その理由を示した記事がある。

「何より、天皇（成務）は、武内宿禰と同じ日にお生まれになった。そういうわけで、とくに（武内宿禰を）寵愛《ちようあい》されたということがあった」

これは、きわめて重要な事実を暗示した「一文」だ。成務天皇と武内宿禰は、同一人物なのではなかったか。

さらに、景行、成務、仲哀の三天皇は、同じ「タラシヒコ」なのであるから、これに「成務天皇＝武内宿禰」の仮定を重ねあわせると、「タラシヒコ＝武内宿禰」という仮説に導かれる。

「武の王」と「タラシの王」は完全に一致するのである。

そして、「タラシヒコ＝武内宿禰」は、のちに続く「武の王」たちの理想像として存在することとなった。

「正史《せいし》」の壮大な脚色《きゃくしょく》

ここで、『古事記』仲哀天皇の段に収録される記事を紹介しておこう。

それは、前にもふれたが、敦賀《つるが》の気比《けひ》神宮で祀られる大神の説話である。この神は、伊《い》奢沙和気《ざさわけ》ともいい、この地を応神天皇とともに訪れた武内宿禰の夢のなかにあらわれた。大神が、わが名を御子《みこ》（応神天皇）の名と交換したいというので、武内宿禰はこれを謹《つつし》んでお受けした。すると大神は、明日の朝、浜に来れば、名の交換のお礼（易名《ながえ》の幣《いやじり》）を差しあげるという。はたして二人が行ってみると、浜には鼻が破れて血を流した「入鹿魚《いるかうお》」が打ちあげられていたのである。

これを見た御子は、「御食《みけ》」を与えてくれた神を称《たた》えて、御食津大神《みけつおおかみ》と号した。

御食を与える神といえば、豊受大神《とようけのおおかみ》だろう。これは、神功皇后のイメージとも重なってくる。神功皇后は、この敦賀行きには同行せず、二人の帰りを御酒《みき》で迎えたことになっているが、明らかに、わが子の応神天皇を「神の子」と崇《あが》め、これにつかえる姿勢を示したものといえよう。

そして、興味深いのは、この説話が仲哀天皇の段に収録されていながら、天皇の姿は影も形もないことだ。代わりに、武内宿禰が、応神天皇の父親のようにして寄りそっている。なにより、御子の名の交換を武内宿禰が勝手に承諾しているのである。もはや、彼が「臣」であるはずがない。

気比神宮の境内の東端に、朝鮮から渡ってきた脱解《だつかい》の子孫であるツヌガアラシト（アメノヒボコ）を祀る角鹿《つぬが》神社があって、この社が敦賀の地名の由来となった話はすでにしたとおりである。

そして、境内の西端には、猿田彦《さるたひこ》神社がある。この社は後世に建てられたものと伝えられている。ただ、当社でのサルタヒコの信仰は古くからあったのではないか。気比大神を通じて、「武内宿禰――応神天皇」の親子、ツヌガアラシト（アメノヒボコ）、サルタヒコがつながってくるのである。

第一章では、「祟る王」である「タラシヒコ」が、住吉《すみよし》大社やかつての伊勢神宮で祀られる神と同体であることを明らかにした。この「タラシヒコ」は、先導する神でもあるサルタヒコやシオツチノオジと同体であり、その実体は「海の神」である。

また「タラシヒコ」は、アメノヒボコと同一人物とも推定できる。

さらにいま、「タラシヒコ」は、どうやら「武内宿禰」でもあるというのである。つまり、ヤマトタケルのイメージとも重なってくる。

以上をまとめると、次のような関係式ができあがる。

景行天皇など「タラシ」の名を持つ天皇
＝オオタラシヒコ＝オオタラシヒメ（神功皇后）の夫
＝ヤマトタケルのモデル＝「天照大神」の原型＝太陽神
＝住吉大神＝サルタヒコ＝シオツチノオジ＝海神《かいじん》
＝アメノヒボコ（ツヌガアラシト）＝武内宿禰
＝雄略天皇や天武天皇など「武の王」の祖

そして、この「神」と崇められた人物と、神功皇后とのあいだにもうけられた子が、応神天皇である。

「何がなんだか、わけがわからない」――そう、混乱した人も多いと思う。「結局、おもだった登場人物がみな同一人物、おもだった神がみな同体じゃないか。なぜ、わざわざそんな面倒なことをしたのか」と。

わざわざそんな面倒なことをした――まさに、それが答えなのだ。話を逆から見ればよいだろう。

つまり、「武の王家」の存在を否定したい人物や集団が、同一人物をさも別の人物であるかのように操作し、話をわざわざ面倒にしているのである。細かく分割することによって、その存在の重要性を薄め、本質から遠ざけようとした。

ただ、そこまでして「武の王家」を否定しなくてはならない理由がわからない。「かつて偉大な王がいた」ということでは、なんの都合が悪いというのか。そこまでして、「(偉大なのは武の王たちではなく)われこそが、偉大な王」ということを後世に訴えたかったのだろうか。

しかし、もちろんそんな単純で感情的な理由ではない。「武の王家」を否定しないと、よほど都合が悪かったと見るべきだろう。それは、みずからの王位継承の正統性をも揺《ゆ》るがしかねないほどの、大きな問題だった。

　武内宿禰について、もっとも重要な記述が『古事記』の孝元天皇の段に残されている。すなわち、「波多《はた》氏」「巨勢《こせ》氏」「平群《へぐり》氏」「紀《き》氏」「蘇我氏」「葛城氏」などといった古代の重要氏族が、ことごとく武内宿禰の末裔だったという記事である。

　ところが、これほど重要な系譜が『日本書紀』には記されていない。その代わりといってはなんだが、同じ場所に、阿倍《あべ》氏、膳《かしわで》氏、筑紫国造《つくしのくにのみやつこ》、越国造《こしのくにのみやつこ》などの祖である大《おお》彦命《びこのみこと》の系譜が挿入されている。

　けっしてウソを書いているわけではない。大彦命の後裔《こうえい》記事もたいへん重要なものである。しかし『日本書紀』が、あえて武内宿禰の後裔記事を書かなかったことは、語るべきことを語らないという、不作為《ふさくい》の捏造ではないだろうか。

　武内宿禰の系譜をあえて省略したのは、そこに『日本書紀』の編著者の強い意図が働いたからにほかならない。

　どういうことかというと、古代王「タラシヒコ」である武内宿禰と、「その後裔氏族である蘇我氏」をじかに結びつける証拠を隠したかったためである。

蘇我氏といえば、「古代日本を代表する大悪人」だ。すくなくとも、おおかたの日本人はそのように考えている。残念ながら、この見方は『日本書紀』の編著者たちの歴史操作どおりということになるだろう。

しかし、実際の蘇我氏は「大悪人」どころか、日本の歴史上でも稀有《けう》な「改革派」だった。これを亡きものにしたのは、いったい誰だったか。そう、天智天皇と、藤原氏の祖の中臣鎌足《なかとみのかまたり》である。

『日本書紀』が完成したのは、元正《げんしょう》天皇の時代であるが、その内容に大きな影響を与えたのは、持統天皇と藤原不比等と考えられる。蘇我入鹿《そがのいるか》を謀殺した天智天皇と中臣鎌足は、それぞれ持統天皇の父、藤原不比等の父である。

自分たちの権威の本源である父親たちを「大悪人」のままにしておくわけにはいかなかった。だから、「悪いのは蘇我氏であって、自分たちの父親が、大悪人である蘇我氏を成《せい》敗《ばい》した」というストーリーをでっちあげなければならなかった。

そのことで、蘇我氏の権威の正統性――蘇我氏の祖である武内宿禰が、かつての支配者であったという事実――も隠さなくてはならなくなった。

こうやって「正史《せいし》」の壮大な脚色《きやくしよく》がおこなわれたのである。武内宿禰は五代の天皇につかえた「忠臣」とされ、その事蹟は三人の天皇におきかえられた。

さらに、偉大な古代王である雄略天皇の暴虐性がでっちあげられ、ある天皇は「タケ」「タケル」の名さえ奪われた。その代わりに、ヤマトタケルというトリックスターが生みだされ、「武の王」の悲劇性が喧伝《けんでん》されたのである。

そして、天武天皇は草薙剣に崇られ、伊勢で祀られていた男神は「女体《によたい》の皇祖神《こうそしん》」にすりかえられた。「武の王家」の栄光は、徹底的に改竄《かいざん》された。

王権交替《こうたい》はあったか

武内宿禰の正体がようやく見えてきたところで、「武の王」たちの素顔に戻ろう。もういちど、この時代の天皇たちの和風諡号（249ページ）を見ていただきたい。

和風諡号に「武」の名を持つ雄略天皇と、その子である清寧天皇が二代続いたのち、「武」の名を持たない、顕宗と仁賢の兄弟天皇が続いている。

この兄弟天皇は、清寧天皇の跡がとだえたことで、播磨国赤石郡《あかしのこおり》（兵庫県明石市《あかし》）でひそんでいたところを発見され、ヤマトに迎えられる。彼らは、雄略天皇に殺されたとされる当時の有力な皇位継承者、市辺押磐皇子《いちのべのおしわのみこ》の遺児であった。このときの経緯は、たいへん感動的に語られている。

それに続く武烈天皇は、系譜上は仁賢天皇の子である。武烈天皇の和風諡号「ヲハツセノワカサザキ」は、雄略天皇のものと酷似しているのだが、「武」の名はふくまれていない。したがって、『日本書紀』や『古事記』の編著者は、この天皇をあえて「武の王家」に入れていなかったことがわかる。

ところが、後世になって、「武烈」の名を贈った人は、この天皇を「武の王」のひとりだと考えた。

その理由は謎である。武烈天皇が本当は仁賢天皇の子ではなかったのか、それとも、「仁賢天皇が父である」ことよりも、「雄略天皇の娘（春日大娘皇女《かすがのおおいらつめのみこ》）が母である」ということのほうが重い意味を持っていたのか、はっきりした理由はわからない。

いずれにせよ、この時代は、すんなりと皇位継承がおこなわれていなかったようだ。

「武の王家」に対して、「そうではない勢力」や「旧王家」が巻き返しをはかり、王権交替が起こっていたのだろうか。あるいは、『日本書紀』や『古事記』の編著者たちが、「武の王家」の痕跡をできるだけ薄めようとしたのだろうか。

武烈天皇が亡くなると、彼には跡継ぎがいなかった。そこで、白羽の矢が立って、越《こし》から迎えられることになったのが、継体天皇である。

継体天皇自身、近江国《おうみのくに》の三尾《みお》（滋賀県高島市《たかしま》）で生まれたが、幼いときに父（応神天皇の末裔である彦主人王《ひこうしのおおきみ》）が亡くなったために、母振媛《ふるひめ》の実家である越《こし》の三国《みくに》の坂中井《さかなかい》で育てられた。そういう出自もあって、彼の人生には、越と近江の影響が色濃い。

成人してからは、当地で君臨していたらしく、「すでに帝《すめらみこと》（天皇）がいらっしゃるような雰囲気」を漂わせていたという。

ところが継体天皇は、なかなかヤマト入りしなかった。天皇に即位したのも、河内国《かわちのくに》の樟葉《くずは》である。その後、五年目には山背国《やましろのくに》（京都府）の筒城《つつき》、十二年目に弟国《おとくに》（山背国乙訓《おとくに》か）と遷都し、二十年目になって、ようやくヤマト入りしている。

これまでは、旧勢力の抵抗にあい、足止めされたのではないかという見方が強かった。

また、クーデターまがいの事態があって、どこの馬の骨だかわからない人物が皇位についた、それが継体天皇だと考える人もいる。

しかしこの天皇は、「応神天皇五世孫《いつつぎのみまご》」という血統書つきである。応神天皇の末裔ということが、ほかの天皇の末裔であるよりも、ずっと重い意味を持っていたのは、何度も述べたとおりである。もちろん抵抗はあっただろうが、しっかりと地盤づくりをしてから、権力の座についたと見たほうが自然だろう。

ここでの問題は、継体天皇は「武の王」なのか、そうでないのかということだ。継体天皇の和風諡号は、『日本書紀』が男大迹《をおど》、『古事記』が袁本杼《をほど》である。つまりこの天皇の名には、「武」の字がまったくふくまれていない。そのいっぽうで、この天皇の子である安閑天皇と宣化天皇は、和風諡号に「武」を持っている。

これはいったい、どういうことだろう。

安閑と宣化の兄弟天皇の事蹟は、その前の継体天皇、あとに続く欽明天皇と比べても、ごくあっさりとしている。それは、おもに屯倉《みやけ》の設営に関するものである。

ところが、この兄弟天皇の治世には大きな謎がある。『日本書紀』の継体天皇の巻のいちばん最後に載せられた「異伝」が、その謎をおおいに深めている。

「ある本《ふみ》がいうには、（継体）天皇は二十八年に崩御されたとある。ただし、ここ（『日本書紀』の本文）で二十五年に崩御されたとしたのは、百済本紀《くだらほんぎ》を採用したからである。百済本紀の文によると、この年の三月、師《いくさ》が（朝鮮）の安羅《あら》に進み、乞乇城《こつとくのさし》に駐営し、この月に、高麗《こま》（高句麗）の軍が、安羅の王《こにきし》である安《あん》を弑《ころ》した。また聞くところによると、日本《やまとの》天皇とまた太子《ひつぎのみこ》、皇子ともに崩御されたと」

驚くべき内容だ。この「異伝」の執筆者の書き方は、ずいぶんと苦しまぎれである。第一に、なぜ海外の史書を採用しなければならなかったのか。そして、わざわざ海外の史書の「二十五年死去説」を採用したにもかかわらず、「天皇と皇太子、皇子が同時に亡くなった」という肝心な部分を「本文」に書かなかったのか。

もっとも、そのまま「二十八年死去説」が「本文」にも採用されて、「異伝」の記述を削除していたら、後世の私たちは、こうやって疑問を感じる余地もなかった。その点では、この「一文」を加えたのは、良心のあらわれといえるだろう。

それにしても、「日本の天皇と皇太子、皇子が同時に亡くなった」という記事の衝撃性は、絶大である。内容があまりに衝撃的であるゆえ、本文には入れられず、「異伝」として残すしか方法がなかったのかもしれない。

「天皇と皇太子、皇子が同時に亡くなった」というのが本当であれば、この三人は、クーデターか、それに類する事件に巻きこまれて、命を落としたということだ。あるいは、継体天皇が亡くなったのを機に、その一族に対する反乱が起こされ、皇子二人が殺されたのかもしれない。

この親子三人は、やはり「武の王家」と見なされていたと考えるのが自然だろう。となると、天皇親子の死後に即位した欽明天皇なる人物は、何ものなのか。

欽明天皇は、安閑と宣化の兄弟天皇の「腹違いの弟」とされる。その母は、仁賢天皇の娘の手白香皇女《たしらかのひめみこ》で、『日本書紀』には、この手白香皇女が継体天皇の「皇后《きさき》」だという。ゆえに欽明天皇が「嫡子《ひつぎのみこ》（皇位継承者）」であるとしている。

いっぽう、安閑天皇と宣化天皇を生んだ目子媛《めのこひめ》は、まだ継体天皇が越か近江にいたころに結ばれた妻と思われる。ということで、皇后よりも格下の「妃《みめ》」のあつかいになっている。

それでは、なぜ「妃」の子である二人の皇子が、先に即位したのか。これは、なかなか説明のつきにくい問題だ。

継体天皇は、目子媛のほかに七人の「妃」をとっている。そのうち、すくなくとも五人が、越と近江の豪族出身と推測でき、その皇子たちは、三国公《みくにのきみ》や坂田公《さかたのきみ》などの祖となった。彼らは、継体天皇の即位後も皇位継承者とは見なされず、地方の豪族にとどまったということなのだろうか。

「継体――安閑・宣化――欽明」の系譜には、何か重要な事実が隠されていそうだが、何が起こったのかは、謎に包まれたままだ。

ただひとついえるのは、仁賢天皇の娘の子である欽明天皇は、「武の王」ではなかったということである。彼は、「旧王家」の出身か、「武の王家」に敵対する勢力の出身だったと思われる。

そして、この天皇の即位をめぐって、おそらくは血が流された。「武の王家」は、顕宗・仁賢の兄弟天皇の出現によって、いったんとぎれた。その後、応神天皇の五代孫である継体天皇によって再興したが、今度は欽明天皇の出現によって、ふたたびとぎれたのである。

「武の王家」を支えた東国の豪族

ここで、注目しなくてはならないのが、安閑・宣化の兄弟天皇を生んだ目子媛の出身氏族である。この女人について、『日本書紀』には「尾張連草香《おわりのむらじくさか》の女《むすめ》」とあり、『古事記』には「尾張連等の祖、凡連《おおしのむらじ》の妹」とある。いずれも、目子媛が「尾張氏」の出身であると記す。

近江で生まれ、越で育った継体天皇が、尾張氏の姫を迎えていたということは、「越や近江の勢力」と「尾張の勢力」の交流をうかがわせるに十分だろう。

すると、安閑・宣化の兄弟天皇の重要な権力基盤は、この「尾張」であり、「尾張の血」を受けついだことで、「武の王家」の立場をいっそう強くしたのではないかという見方ができる。

かつては、二人の天皇の時代を「尾張王朝」と名づけた人もいた。南北朝時代のように、二つの王権が併立《へいりつ》したとする説もあった。もっとも、かりに安閑・宣化の政権の出自が尾張であれ、その都がおかれていたのはヤマトの中心部であって、いわゆる尾張の地ではなかったはずだ。そういった意味で、「尾張王朝」という表現は、誤解を与えるかもしれない。

ただ、尾張や越など「東国」の勢力がヤマトに流れこんでいたのは、確かだろう。むしろ尾張の影響力が、ヤマトにおよんでいたという事実が、重要なのである。

筆者は、纏向《まきむく》遺跡がつくられたころの、「ヤマト王権の成立」の中心にも、この尾張がいたと見ている。

一般に、ヤマト王権は、「西国」から来た勢力が建てたものと教えられてきた。つまり、北部九州の勢力を中心にして、これに吉備《きび》など瀬戸内海の勢力が結びつき、東進してヤマト入りしたというものだ。

しかし実際には、北部九州の影響はそれほど大きくなく、吉備、出雲、丹波《たんば》（タニハ）、近江などの勢力に、「東国」の勢力が結びついて成立したのが、三世紀のヤマト王権である。「西から東進した勢力」がこの政権をつくったという通説とは逆に、「東から西進した勢力」が多く関わっていたということだ。

そのことを強く感じさせるひとつの例が、崇神天皇十年に派遣されたという四道将軍の派遣先の分布である。

大彦命——北陸（くぬがのみち）
武渟河別命《たけぬなかわわけのみこと》——東海（うみつみち）
吉備津彦命——西道（にしのみち）
丹波道主命《たにはのみちぬしのみこと》——丹波

「北陸《くぬがのみち》」とは「越」、「東海《うみつみち》」とは「尾張」、「西道《にしのみち》」とは「吉備」を、それぞれ中心とした地域と推定される。

ここでなぜ、丹波道主命の「丹波」だけが、広域名ではなくピンポイントで説明されているのか。丹波がとくに重要だったのか、それとも、ほかの三つの地域——越、尾張、吉備の具体的な名称を明らかにしたくなかったのか、その理由は定かにはされていない。

これまでの四道将軍は、ヤマト政権の勢力圏の「辺境《へんきょう》」にある四カ所について、軍事的な維持のために派遣されたものと考えられてきた。

しかし、各将軍の名を見るかぎり、ヤマト政権に重要な関与をした四つの地域の首長が、そのまま選ばれたと考えたほうがよさそうだ。ここから、ヤマト王権の成立に中心的な力を尽くしたのは、越、尾張、吉備、丹波から来た勢力だったと見ることもできる。

四道将軍のうち、越の大彦命は、阿倍氏などの祖である。前にも述べたとおり、『日本書紀』の孝元天皇の巻で、武内宿禰の後裔記事の代わりに挿入《そうにゅう》されたのが、この大彦命の後裔記事だった。

そして、尾張の武渟河別命は、「武」の一字が気になる。また、「ヌナカワ」は、「ヒスイのとれる川」のことである。

古代において（いまもそうだが）、ヒスイの最大の産地といえば、糸魚川《いといがわ》市（新潟県西部）近辺のほかにない。尾張の武渟河別命は、『古事記』に大彦命の子とあるから、もとは越の出身だろう。

これを見ても、越と尾張の関係は、たいへん深かったようだ。継体天皇が尾張氏の娘を娶《めと》ったことも、なんら意外ではないのである。

消された氏族・尾張氏

尾張氏は、古代の雄族《ゆうぞく》であった、しかし、史書における彼らの活躍の跡は、ことのほかさびしいものである。そのあつかいは、いかにも不自然なのだが、そう思っているのは筆者だけであろうか。

『日本書紀』を例にとって、頭からざっと見ていこう。たしかに、ほかの代表的古代氏族である物部氏、大伴氏、蘇我氏、紀氏、巨勢氏などは多出する。しかし尾張氏の名は、思ったより登場しない。

まず、神代の巻、尾張氏の祖が、天孫の系譜のなかで紹介される。

皇孫ニニギは、コノハナサクヤヒメ（ここではカアシツヒメの名で登場する）と結ばれるが、たちまち懐妊したことに不審《ふしん》をいだく。コノハナサクヤヒメは、その疑いを晴らすために火中で出産する。もし無事生まれたら、「天孫（ニニギの子）まちがいなし」ということだ。

こうして無事生まれたのが、ホノスソリ、ヒコホホデミ、ホアカリ（火明命）の三子である。ホノスソリは海幸彦、ヒコホホデミは山幸彦として知られる。

ヒコホホデミは、神武天皇の祖父である。また、ホノスソリには「隼人らの始祖」、ホアカリには「尾張連《むらじ》らの始祖」という注釈がつけられている。つまり、天皇家と隼人と尾張氏は、同族だということになる。

さらに、そのあとに記される「一書」のいくつかによると、ニニギとホアカリは、親子ではなく兄弟で、しかも、ホアカリのほうが年長とされている。

いずれにしても、尾張氏が、いかに重要な氏族であるかがわかるだろう。こんなに重要であるのに、文献の上ではほとんど活躍しないのだ。

つぎに、欠史八代《けっしはちだい》の孝安《こうあん》天皇の母として世襲足媛《よそたらしひめ》の名が記されるが、彼女は「尾張連の遠祖《とおつおや》」の瀛津世襲《おきつよそ》の妹である。

ちなみに、「瀛」は「海」を意味し、天武天皇の和風諡号である「天渟中原瀛真人《あまのぬなはらおきのまひと》」にも用いられている。また、その諡号にある「渟中原」は、武渟河別の「渟河」に通じる。天武天皇が、越と尾張のイメージを負っているのがわかる。

つぎに、初代王崇神天皇の妻として、「尾張大海媛《おおあまひめ》」を迎えたという記事がある。この女人は、『古事記』では「尾張連の祖」とある。

ここでも、尾張大海媛の「大海」が、天武天皇の諱である大海人皇子に通じる。

崇神天皇は三人の姫を娶《めと》っているが、尾張氏の娘のほかに、紀伊国の荒河戸畔《あらかわとべ》の娘、垂仁天皇を生んだ大彦命の娘がいる。

つぎに登場するのは、ヤマトタケルが尾張に草薙剣をおいてくる例のシーンである。このとき娶ったミヤスヒメが「尾張氏の女《むすめ》」と記されている。

つぎに、允恭《いんぎょう》天皇五年七月の条に、「尾張連吾襲《あそ》」という人物が出てくる。葛城襲津彦《かづらきのそつひこ》の孫の玉田宿禰《たまだのすくね》が、反正《はんぜい》天皇の殯《もがり》の主を命じられることになった。ところが、当日来なかったので、様子を見につかわされたというのが、尾張吾襲である。すると、玉田宿禰は地元で宴会をしていた。目撃者の尾張吾襲は、ことが大きくなるのを恐れた玉田宿禰によって殺された。尾張吾襲の登場シーンはこれで終わり。

つぎに、継体天皇の最初の妻として、目子媛が登場する個所で、「尾張連草香《くさか》の女」と紹介される。

つぎに、宣化天皇の時代、蘇我稲目が、「尾張連」をつかわして、尾張国の屯倉《みやけ》の穀物を運ばせたとある。

つぎに、天武天皇の時代、五十の連《むらじ》に「宿禰《すくね》」の姓《かばね》が賜《たま》われるが、その五十氏のひとつとして「尾張連」の名があがっている。いってしまえば、その他おおぜいのあつかいである。

最後は、持統天皇十年五月八日に、「尾張大隅《おおすみ》」が、位と水田を与えられた記事である。これはたいへん意味のある内容なのだが、どういったわけで、尾張大隅という人物が褒賞《ほうしょう》されたのか、なんの説明もなく、さらりと書かれている。

長大な『日本書紀』の記事のなかで、尾張氏の登場はこれだけだ。

尾張吾襲は端役《はやく》だが、ホアカリの系譜や「尾張連草香の女」の記述などは、たいへん重要である。このギャップが、むしろ『日本書紀』における尾張氏の位置を象徴しているようにも思う。

いってしまえば、ごく一般的な登場記事がないのだ。政権の要職についたとか、重要な祭祀をおこなったとか、海外につかわされたとか、外国の客人をもてなしたとか、争いや対立のなかで重要な役目をはたしたとか、そういう記事がない。おそらく、そういった「尾張氏」は何人もいたであろう。

しかし、欠くことのできない最重要事項ではその名を出さざるをえないが、それ以外の露出は、できるかぎり制限されたという印象をぬぐえないのだ。

とくに、天武天皇にまつわる記事で、その他おおぜいの賜姓《しせい》記事以外に、尾張氏の名がいっさい出てこないのは、奇妙ではないか。

壬申の乱の後見人

一巻をほとんどまるごと使って、細かく記された壬申の乱でも、尾張氏の関係者は最後まで姿をあらわさない。

そこには、天武天皇の子である高市皇子《たけちのみこ》を筆頭に、朴井雄君《えのいのおきみ》、村国男依《むらくにのおより》、大伴吹負《おおとものふけい》、大伴馬来田《まぐた》、大分恵尺《おおきだのえさか》、大分稚臣《わかおみ》、黄書大伴《きぶみのおおとも》、置始菟《おきそめのうさぎ》、多品治《おおのほむじ》、三輪高市麻呂《みわのたけちまろ》、紀阿閉麻呂《きのあえまろ》などといった人物が、天武天皇の側につき、あるいはその中心的活躍が描かれている。

しかし、ここにあげた高市皇子以外の人物は、よほどの古代史ファンでもないかぎり、ピンとこないような名ばかりかもしれない。当時の重要人物である蘇我赤兄《あかえ》や物部麻呂《まろ》は、天武天皇と対決する大友皇子の側にいたからである。これで、よく天武天皇軍が勝利できたというのが、率直な感想だ。

ところが、天武天皇が吉野入りするとき、蘇我赤兄（左大臣）と蘇我果安《はたやす》（大納言）の兄弟が、中臣金《なかとみのかね》（右大臣）とともに、菟道《うぢ》（宇治）まで見送りにきている。蘇我赤兄と蘇我果安は、蘇我馬子《うまこ》の孫で、天智天皇に殺された蘇我倉山田石川麻呂の弟にあたる。

壬申の乱後は、中臣金が死罪を受けたのに対し、それよりも位の高い蘇我赤兄は流刑だった（蘇我果安は戦中に自殺している）。蘇我氏の兄弟は、なりゆきで大友皇子の側に身をおきながら、ひそかに天武天皇の挙兵に同調していたのではないだろうか。

すると、こういう推測もできる。中臣金は、ひとり天智天皇から天武天皇暗殺の命をおびていたが、蘇我赤兄ら兄弟が同行して、その陰謀を阻止したのではなかったか。左大臣の前で、右大臣がことを起こすわけにはいかないからである。

このように考えると、左大臣、右大臣、大納言の政権スリートップがわざわざ菟道まで見送ったという「異例」も理解できる。

また、蘇我赤兄・果安兄弟の甥《おい》にあたる人物に、蘇我安麻呂《やすまろ》がいた。病に伏した天智天皇が、みずからの死後の相談をするために天武天皇を呼びだすが、このときつかわされたのが、蘇我安麻呂である。

この人物は、天武天皇に、「十分に注意をしてお話しください」と忠告している。これによって天武天皇は、天智天皇の謀略に気づかされ、出家と吉野入りを申し出ることで、難をのがれたのである。

天武天皇の命の恩人となった蘇我安麻呂の子孫は、壬申の乱後も、石川《いしかわ》氏として生き残っている。ただし、それ以外の蘇我氏が、実際にはどのような役割を演じていたのかを、いま残る史書の記述からでは知ることはできない。

筆者は、相当な数の蘇我氏が、天武天皇の側に加担《かたん》したのではないかと考えている。ところが、不幸なことに、それらの記録は、持統天皇と藤原不比等の時代にすべて消されてしまったのだろう。

そして、天武天皇と尾張氏の深い関係を語った記録も、すくなくとも『日本書紀』からは消されてしまっている。『日本書紀』で、ただひとつ、両者の接点を語る記事が、天武天皇の死後に登場する。

天武天皇の誄《しのびごと》の儀で最初に登場するのが、大海蒭蒲《おおあまのあらかま》という人物で、この大海氏は尾張氏の関連氏族である。

大海蒭蒲が担当した「壬生《みぶ》の誄」とは、天皇個人の幼少時代のことを懐かしんで申しあげるもので、天武天皇は大海氏のもとで育てられたことを意味する。前にもふれたとおり、この氏族は、崇神天皇に嫁いだ尾張大海媛と関係があるかもしれない。

筆者は、尾張氏こそ、蘇我氏とともに、天武天皇の即位を実現した中心勢力ではないかと考えている。天武天皇は、天智天皇や近江朝廷と距離をおくため、「東国」に向かうが、これも、尾張氏の勢力を頼りにしたからだろう。

尾張氏や蘇我氏のような伝統ある氏族のあと押しがなければ、地方の豪族たちは動かないのである。しかし『日本書紀』は、そのときの経緯を描こうとしなかった。

ところが、二冊目の「正史」である『続日本紀《しょくにほんぎ》』になると、尾張氏は何人も登場する。

一例として、元正天皇の時代、霊亀《れいき》二年（七一六）四月八日には、「尾張稲置《いなき》」という人物が、「亡父の功」を顕彰され、水田を与えられている。ちなみに、この尾張稲置が、熱田神宮の大宮司家《だいぐうじけ》の祖となる。

そして、「尾張稲置の亡父」というのが、何を隠そう、『日本書紀』持統天皇十年五月八日の記事でひそかに登場した尾張大隅なのである。『続日本紀』は、この尾張大隅が、東国に身を寄せた天武天皇に私邸と資金を提供したとある。それが功として認められ、子の稲置が水田を与えられた。

なんてことはない。壬申の乱の後見人は、この尾張大隅だったのだ。それなのに、なぜ天武天皇の巻で、尾張大隅の活躍が書かれなかったのか。すくなくとも、乱後すぐに、表彰されなかったのか。ようやく持統天皇の時代になって、理由も明らかにされずに、こっそりと表彰されたのか。

蘇我氏が「大悪人」にされながらも、まだ「歴史」に名をとどめているのと比べても、このあつかいは納得がいかない。尾張氏は、意図的に消されてしまったかのようでもある。どうも、天武天皇と尾張氏をじかに結びつける要素を、『日本書紀』の編著者は、かたっぱしから削除していったようなのだ。

そういえば、「武の王家」の契機となるときには、いつも近くに尾張氏がいた。ヤマトタケルは、尾張氏のもとに草薙剣をおいていった——。尾張氏の娘を娶っていた継体天皇が即位し、その二人の子も天皇になった——。天武天皇は、王家再興のため、尾張氏のもとに身を寄せた——。

「武の王」たちが、尾張と結びついたのは、もちろん「東国」から供給される軍事力や資金を背景にしたからというのはあるだろう。しかし、経済的な理由だけではない。尾張氏の宗教的権威にそれほど高い価値があったということだ。

その当時の反応をかろうじて伝える一文が『日本書紀』のなかに残されている。

「近江朝《おうみのみかど》（大友皇子の政権）では、大皇弟《もうけのきみ》（天武天皇）が東国に入られたと聞いて、その群臣たちはことごとく愕《お》じて（おびえて）、京《みやこ》の内は震動《さわ》ぐ。あるいは遁《に》げて東国に入ろうとし、あるいは退任して山沢《やまさわ》に匿《かく》れようとした」

それにしても、「京の内は震動《さわ》ぐ」とは、尋常ではない驚きようである。これは、ついに尾張氏と結びついた天武天皇の霊力を恐れていたのではないだろうか。

葛城《かづらき》という地

形は残したが「大悪人」にされてしまった蘇我氏――。

形ごと消されてしまった尾張氏――。

この二つの氏族が結びついて生みだされたのが、天武天皇である。

また、記録にははっきりと書かれてはいないが、物部氏と尾張氏が協力するなかで生みだされた女帝が、天武天皇の母の皇極天皇だった。

一般的に、尾張氏は「東海の豪族」と考えられているのだが、もとからこの地にいたわけではなかった。ヤマト入りする前の継体天皇が、尾張氏の娘を娶っていることからも、彼らはある時期、越か近江にいたものと思われる。

そして、ある時期からは、ヤマトにも移っていたのだろう。大彦命の娘とともに、崇神天皇の妻となった尾張大海媛は、『先代旧事本紀』にも登場する。

「(尾張)大海姫命《おおあまひめのみこと》、またの名は葛木高名姫命《かづらきたかなひめのみこと》」

この女人は、その名にあるように、葛城《かづらき》(葛木)に住んでいたのではないか。

葛城の地は、奈良盆地の西南部に位置し、いまの葛城市《かつらぎ》(古代の地名や人名では「かづらき」と発音するのが一般的だが、市の名称は「かつらぎ」である。市名では、「かつら」も異体字の「葛」を用いている)や御所市にあたる地域を中心に、香芝《かしば》市、大和高田《やまとたかだ》市、橿原《かしはら》市、高取町《たかとり》、五條《ごじょう》市の一部をふくむ。

東に三、四キロ行けば、もう飛鳥《あすか》であり、すぐ西は、南北に葛城山が長い壁のようにつらなっている。葛城山の向こうは南河内《みなみかわち》である。

その主峰は、九六十メートル弱の葛城山と、一一二五メートルの金剛山《こんごうさん》からなるが、かつての葛城山は、この両峰をさしていたものと思われる。金剛山の西側には、鴨神《かもがみ》や高天《たかま》という、いかにも古代の信仰地らしい地名が見られる。雄略天皇に祟ったという一言主神《ひとことぬし》社は、両峰の中間あたりの山麓に鎮座する。

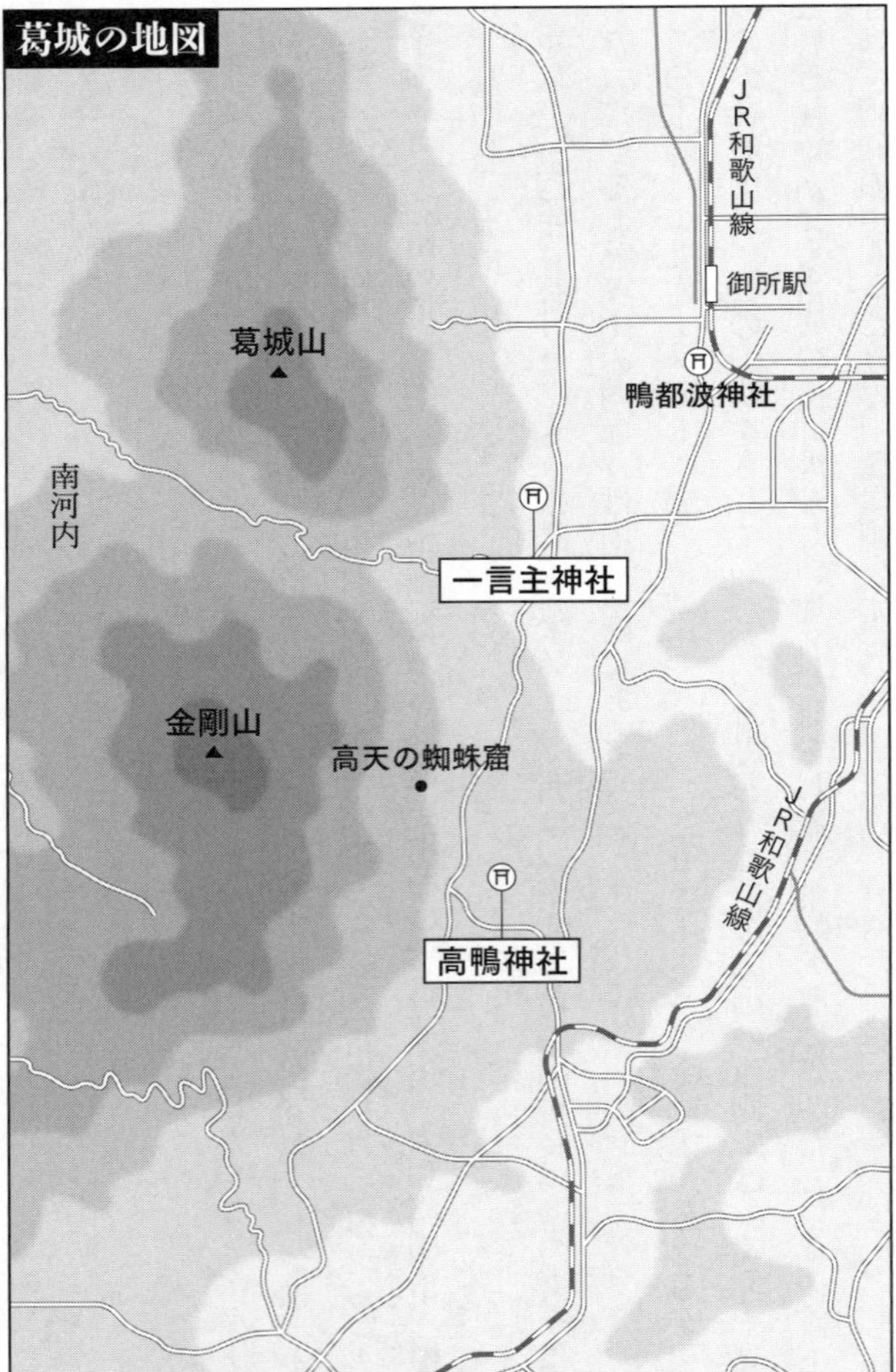
葛城の地図
JR和歌山線
御所駅
葛城山
鴨都波神社
南河内
一言主神社
金剛山
高天の蜘蛛窟
高鴨神社
JR和歌山線

葛城の山系は南北に長い壁のようにつらなっているので、その西側に出る道は限られている。両峰の中間を抜ける峠道もあるが、標高が高く険しい（現在はトンネルがある）。通常は、葛城山の七キロほど北にある竹内峠《たけうち》（このすぐ北が二上山《ふたかみやま》）を抜けるか、南にぐるりと迂回《うかい》し、吉野川《よしのがわ》に沿って五條から橋本《はしもと》へと抜ける道しかない。纏向《まきむく》の地と同じで、いわば天然の要害《ようがい》である。

さて、葛城といえば、ほとんどの人が葛城氏を思い浮かべるだろう。しかし、ここを本貫《ほんがん》（発祥の地）としていた古代氏族は多く、京都の賀茂社《かものやしろ》（上賀茂《かみがも》神社と下鴨《しもがも》神社）を奉斎《ほうさい》していた鴨《かも》氏が知られる。また、あまり知られていないが、武内宿禰の後裔氏族である蘇我氏もそのひとつだ。

推古天皇三十二年十月の記事には、蘇我馬子が、天皇に向けて次のように上奏《じようそう》している。

「葛城県《かづらきのあがた》はもと、臣《われ》の本居《うぶすな》（本貫《ほんがん》）です。それで、その県にちなんで姓名《うじのな》をなしているのです」

葛城県の名にちなんで姓名をなす——これは、いったいどういうことだろう。蘇我氏は、葛城氏を名のっていたのだろうか。蘇我馬子の母が葛城の出身なのだろうか。真偽は明らかではないが、同じ武内宿禰の末裔なのであるから、もとより遠い関係ではないということかもしれない。いずれにせよ、蘇我馬子は、私たちの氏族の発祥の地だから、その所有権を寄こせといっているのである。

また、皇極天皇元年十二月には、「蘇我大臣蝦夷《えみし》、おのが祖廟《おやのまつりや》を葛城の高宮《たかみや》に立てて、八佾之舞《やつらのまい》をなす」という記事がある。

「葛城の高宮」とは、金剛山のふもとの御所市鴨神あたりと推定される。ここには、高宮《たかみや》廃寺《はいじ》の跡があり、また、古くから鴨氏が祀っていたという高鴨《たかがも》神社が鎮座する。

さらに、『日本書紀』の神武天皇の巻には、葛城の地名由来を語る一文がある。

「高尾張《たかおわり》に土蜘蛛《つちぐも》あり。その人となり、身は短く手足は長く、侏儒《ひきびと》と相似《あいに》ている。皇軍、葛網《かづらのあみ》を結《ゆ》って、彼らを襲い殺した。よってその邑《むら》を改め、名づけて葛城という」

高天にある蜘蛛窟。殺された土蜘蛛たちが埋められたという

一言主神社境内にある蜘蛛塚

葛《かづら》でつくった網《あみ》で、長い手足をからめとって、一網打尽《いちもうだじん》に退治したことから、葛城の地名が起こったという。

なんともひどい話だが、ここでいう「高尾張」こそ、尾張氏の名の由来となった地名ではないだろうか。さらに「高」は、夢のなかで神託を受け、神武天皇に霊剣を献上した「タカクラジ（高倉下）」を彷彿《ほうふつ》とさせる。

尾張氏も、このころ、葛城に住んでいたのである。そして尾張氏と蘇我氏の関係は、近所のよしみということなのか、身近にいるライバルだったのか、その後も切り離せない強い縁で結びつけられることになる。

武内宿禰の腹違いの弟

『古事記』の孝元天皇の段では、武内宿禰（『古事記』での表記は建内宿禰）の後裔氏族が列挙されるが、そのすぐ前に、意外な尾張氏との関係を記している。

孝元天皇には五人の子がいたが、そのひとりが開化《かいか》天皇である。大彦命は開化天皇の同

大彦命と武内宿禰

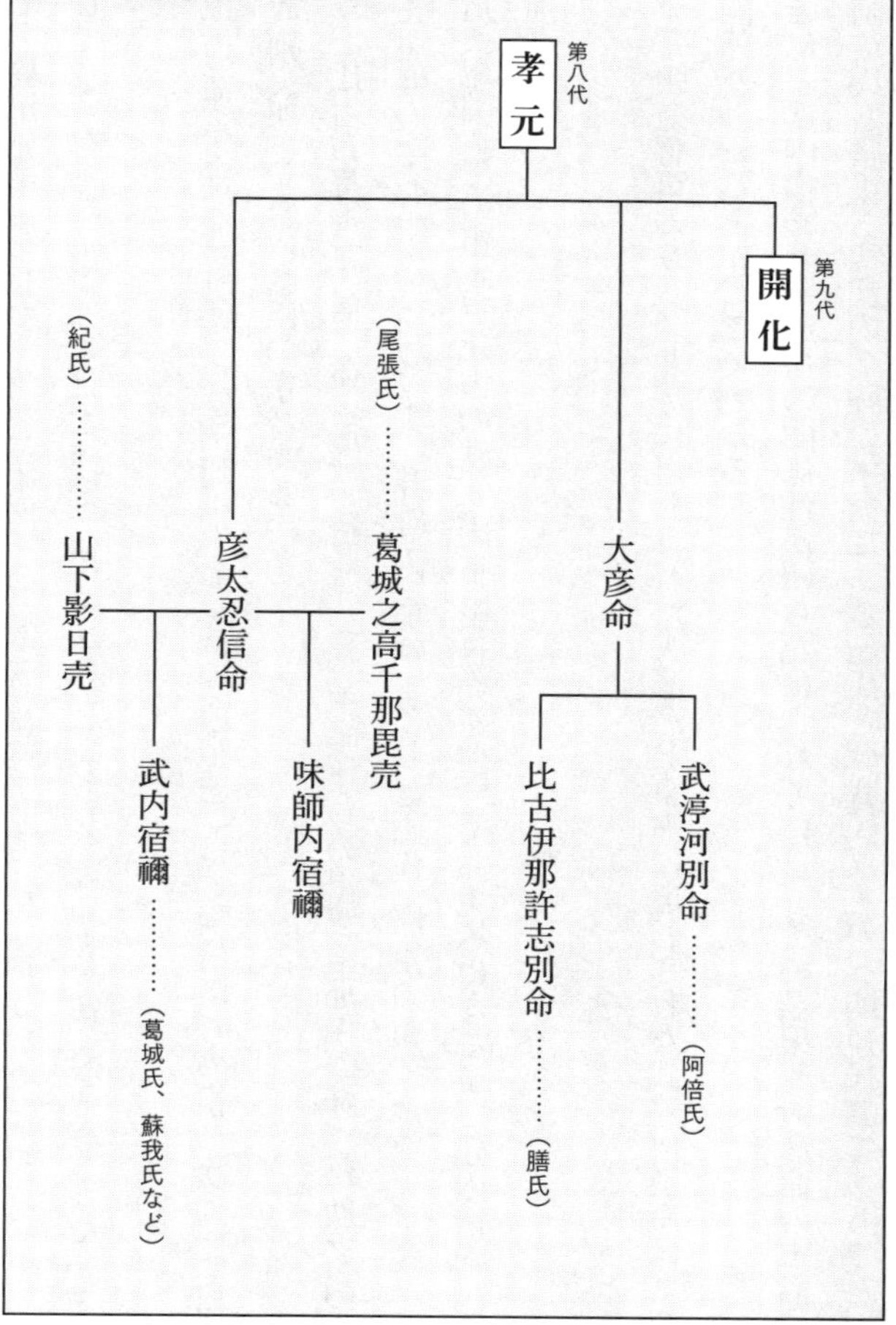
孝元 第八代
開化 第九代
大彦命
武渟河別命……（阿倍氏）
比古伊那許志別命……（膳氏）
（尾張氏）……葛城之高千那毘売
彦太忍信命
味師内宿禰
（紀氏）……山下影日売
武内宿禰……（葛城氏、蘇我氏など）

母兄で、異母兄弟（年長か年少かは不明）のひとりに彦太忍信命《ひこふつおしのまことのみこと》がいた。

そして、この先の系譜は『日本書紀』にはないが、たいへん重要な内容をふくんでいる。

「大毘古命《おおびこのみこと》（大彦命）の子、建沼河別命《たけぬなかわわけのみこと》（武渟河別命）は、阿倍臣らの祖。次に比古伊那許志別命《ひこいなこしわけのみこと》、これは膳臣の祖である。

また、比古布都押之信命《ひこふつおしのまことのみこと》（彦太忍信命）が、尾張連らの祖意富那毘《おおなび》の妹《いも》、葛城之高千那毘売《かづらきのたかちなびめ》を娶ってお生みになる子、味師内宿禰《うましうちのすくね》。これは山代内臣《やましろうちのおみ》の祖である。また、木国造《きのくにのみやつこ》（紀国造）の祖宇豆比古《うづひこ》の妹、山下影日売《やましたのかげひめ》を娶ってお生みになる子、建内宿禰（武内宿禰）」

まず、四道将軍のうち、北陸に遣《つか》わされた大彦命と東海に遣わされた武渟河別命は、親子の関係だったことがここでわかる。

つぎに、武内宿禰と大彦命の関係性が明らかにされている。その結果、大彦命の末裔である阿倍氏と膳氏と、武内宿禰の末裔である紀氏と蘇我氏などが、関連氏族であることがわかる。

そして、武内宿禰には、「味師内宿禰《うましうちのすくね》」という、腹違いの弟がいたことが明らかにされている。しかも、その弟の母（葛城之高千那毘売）は、尾張氏の出身であり、「葛城」の名を持っているのだ。

この兄弟を比較してみよう。

味師内宿禰——母は、尾張氏の祖の妹（葛城之高千那毘売）

武内宿禰——母は、紀国造の祖の妹（山下影日売）

味師内宿禰は、『日本書紀』応神天皇九年四月に、異母兄である武内宿禰を、次のように讒言《ざんげん》している。

「（天皇は）武内宿禰を筑紫につかわして百姓を監察させていた。ときに、武内宿禰の弟《いろと》の甘美内宿禰《うましうちのすくね》（味師内宿禰）が、兄を失脚させようとして、天皇に讒言《よこしまごと》を申しあげた。

武内宿禰は、常に天下をねがう情《こころ》を持っています。いま聞いたのですが、筑紫で密《ひそ》かに謀《はか》っていうには、勝手に筑紫を分裂して、三韓（朝鮮）の勢力を招き、おのれに従わせて、天下を奪おうというのです」

これを聞いた天皇は、いったん武内宿禰を殺そうとしたが、二人を呼んで、それぞれの意見を聞くことにした。それでも埒《らち》が明かないので、探湯《くがたち》（盟神探湯《くがたち》。沸《わ》かした湯のなかに手を入れ、やけどをした者は有罪とする古代の神判《しんぱん》）で決することになった。その結果、武内宿禰の言い分が正しいということになった。

武内宿禰は横刀《たち》をとって、味師内宿禰を殺そうとしたが、天皇はその罪をゆるし、紀《きの》直《あたい》（やはり武内宿禰の後裔氏族である紀氏）にあずけたという。

問題は、武内宿禰をおとしいれようとした異母弟が、尾張氏の血を継いでいたということだろう。

そしてこの説話が、尾張氏と、蘇我氏や紀氏などの武内宿禰後裔氏族との関係性を象徴するものとなっている。

祟り神を祀る尾張氏

この「尾張系」の母をもつ、武内宿禰の弟の名「味師内宿禰」の「ウマシ（味師）」は、ニギハヤヒの子であり、物部氏の祖とされるウマシマヂ（『古事記』の表記は宇摩志麻遅、『先代旧事本紀』は宇摩志麻治、『日本書紀』は可美真手《うましまで》）に通じる。

また、物部氏と尾張氏の祖は、それぞれ次のようにまとめることができるだろう。

ニギハヤヒ――ウマシマヂ……物部氏の祖
ホアカリ――アメノカゴヤマ（タカクラジ）……尾張氏の祖

さらに、ニギハヤヒとホアカリは同体ではないかという疑いがある。

『先代旧事本紀』にあるニギハヤヒのフルネームは、天照国照彦《あまてるくにてるひこ》天《あま》火《ほ》明《あかり》櫛玉饒速日尊《くしたまにぎはやひのみこと》である。その名に「ホアカリ（火明）」をふくんでいるのだ。

ちなみに、尾張氏の祖であるホアカリのフルネームは、天照国照彦《あまてるくにてるひこ》火《ほ》明《あかり》命《のみこと》だから、この二神の名は瓜二つである。

また、『先代旧事本紀』には、次の記述もある。

「天照国照彦天火明櫛玉饒速日尊（ニギハヤヒ）、天道日女命《あめのみちひめのみこと》を妃《みめ》として、天上《あめ》に天香《あめのか》語山命《ごやまのみこと》（アメノカゴヤマ）をお生みになった。御炊屋姫《みかしきやひめ》を妃とし、天降《あまくだ》って、宇摩志麻治命（ウマシマヂ）をお生みになった」

ニギハヤヒは、天界でアメノカゴヤマ、地上でウマシマヂと、二人の子をもうけたというのである。つまり、アメノカゴヤマとウマシマヂは異母兄弟だという。

第二章でも述べたとおり、アメノカゴヤマ（天香語山）は、タカクラジ（高倉下）と同一人物である。

このアメノカゴヤマは、尾張氏の祖であるから、彼が物部氏の祖と兄弟の関係にあるというのなら、物部氏と尾張氏は関連氏族だということになる。

さらに、尾張氏という氏族の性格は、その関連氏族に目を向けると、いっそうはっきりとしてくる。

『新撰姓氏録』が「ホアカリの後裔氏族」と記す津守《つもり》氏は、住吉大社（大阪市住吉区）を奉斎《ほうさい》する氏族である。

尾張氏の同族が、なぜ住吉大神を祀らねばならなかったのか。

これまでは、津守氏が、海人《あま》族の血を継ぐ氏族であり、その関係から海神である住吉大神を祀るものと説明されてきた。もちろん、この考え方は正しい。

しかし、彼らが祀る海神は、ただ海上安全を祈願するためだけの対象ではない。この神は「祟り神」である。津守氏による祭祀の主目的は、「住吉大神の祟り」を鎮《しず》めることにあったと見るべきだろう。

尾張氏も同様である。筆者は、伊勢神宮のもとの祭神は、住吉大神と同体と考えているが、当初、この「祟り神」を伊勢の地で祀っていたのは、尾張氏だったのではなかったか。

それで、尾張氏の祖であるタカクラジが、熊野に来た神武天皇に霊剣を献上した話につながってくる。天武天皇が、吉野を出て尾張に向かう前に、伊勢神宮の方向を遥拝《ようはい》（離れた地点から拝すること）して戦勝の祈願をした理由もわかるだろう。

ニギハヤヒとホアカリ

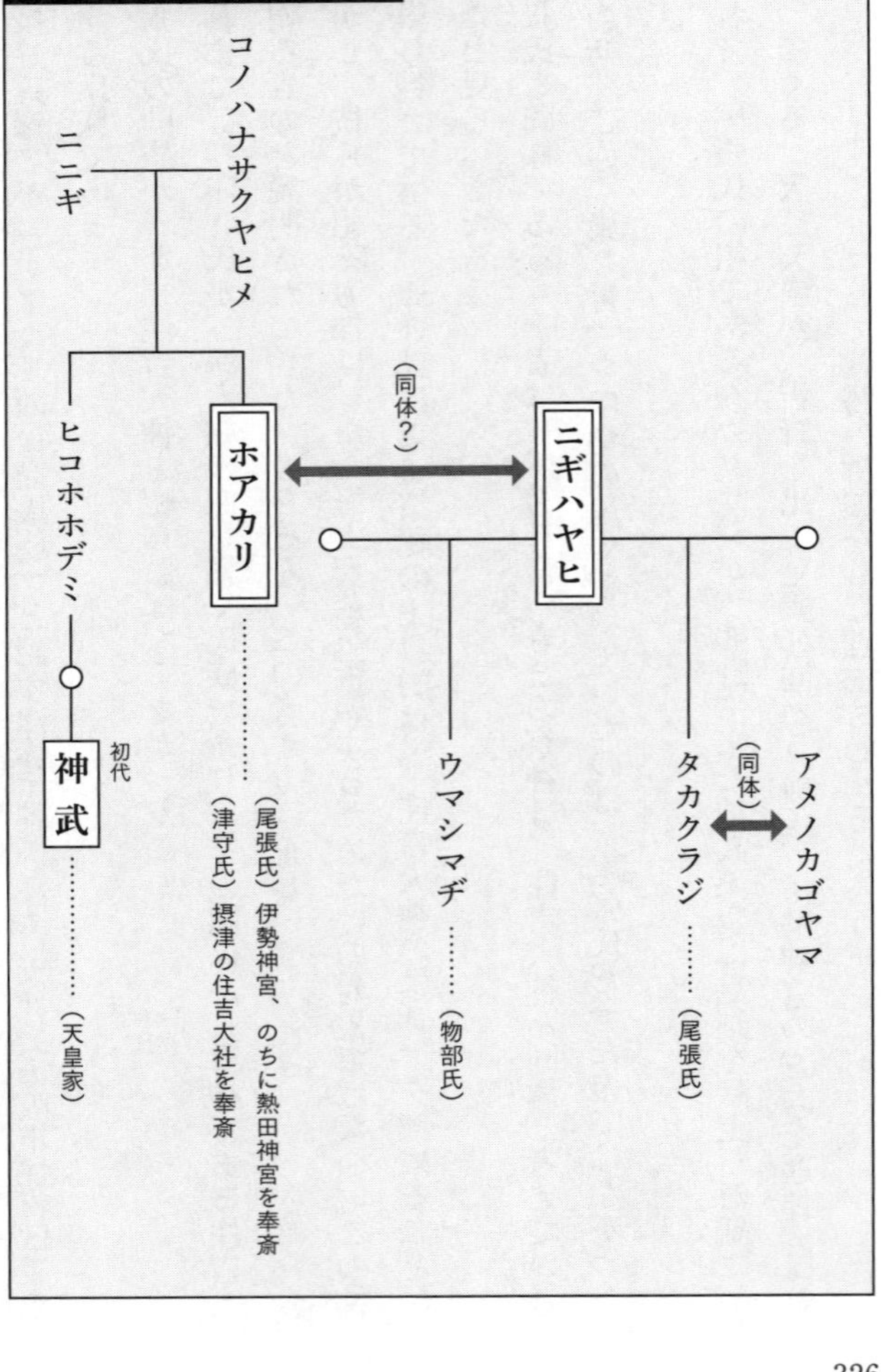

ニニギ
コノハナサクヤヒメ
ヒコホホデミ
ホアカリ
(同体?)
ニギハヤヒ
初代
神武
(天皇家)
(尾張氏)伊勢神宮、のちに熱田神宮を奉斎
(津守氏)摂津の住吉大社を奉斎
ウマシマヂ
(物部氏)
タカクラジ
(同体)
アメノカゴヤマ
(尾張氏)

つまり彼らは、ヤマトを中心に、東西の海で住吉大神を祀っていたのである。西の海で住吉大神を祀っていた人たちが津守氏で、東の海で住吉大神を祀っていた人たちが尾張氏だということだ。のちに伊勢神宮の祭祀からはずされた尾張氏は、伊勢からいまの尾張の地に勢力をのばし、そこで熱田神宮を祭祀し、栄えたのだろう。

また、やはりホアカリの後裔氏族とされる伊福部氏《いおきべ》は、因幡国《いなばのくに》（鳥取県東部）の宇倍《うべ》神社を奉斎する氏族である。宇倍神社の祭神は、武内宿禰だが、「住吉大神＝武内宿禰」なのだから、これもなんら不思議はない。

問題は、尾張氏を中心とするホアカリの後裔氏族が、どういったわけで、武内宿禰に祟られ、その魂を鎮めなくてはならなかったかである。

これには、ヤマト王権が成立したときの事情が、深く関係しているように思われる。物部氏と尾張氏の役割が妙にダブって見えることも、その周辺に蘇我氏の影がちらつくことも、無関係ではない。この謎を解くには、ヤマト王権が成立したころの歴史にさかのぼらなくてはならない。

第五章 トヨの名を持つ天皇

『日本書紀』と『古事記』の重要な違い

『日本書紀』と『古事記』の違いはいろいろある。まだまだ謎の多い二つの代表的史書であり、「記紀」とひとくくりで語られることも多いが、それぞれが編纂《へんさん》されたときの意図は明らかに異なる。

まず、『日本書紀』は「正史《せいし》」、つまり、正式な日本国の史書である。いっぽうの『古事記』は、正史ではない。

形態も大きく異なっている。なんといっても分量が違う。『日本書紀』は『古事記』の五、六倍はある。それだけ記事の内容も幅広いし、記述も細かい。

ただ、これが重要なことなのであるが、『日本書紀』の記事の量が圧倒的に多いからといって、『古事記』に書いてあることがすべて『日本書紀』に書かれているわけではない。もちろん、分量の多い『日本書紀』に書いてあって、『古事記』に書いていないことがあるのは、なんの不思議もない。問題は、その逆のケースである。

また、『日本書紀』の内容が、持統《じとう》天皇と藤原不比等《ふじわらのふひと》を中心とした勢力の影響を大きく受けているのは、疑いのないところであるが、それは、一文一句のすみずみまで徹底されているわけでもない。

これだけの大きな書籍となると、ひとりの著者が頭から終わりまで書くわけではないからだ。何人もの共同執筆者が草稿を書き、また多くの内外の文献から引用するなどしたのを、責任編集者たちが一冊にまとめたにちがいない。

すると、なかには、良心的な執筆者や編集者はいたはずだ。正統性のない権力に怒り、生まれつきの反骨心をむきだしにする、淡海《おうみの》三船《みふね》のような人がいただろう。

それで、おおっぴらにできない話を「たとえ話」にこめたり、あえて外国の史書を引用する形式をとったり、民の声にしたてたりして、文面になんとか残そうとするのである。だいたいの編集方針は偏《かたよ》っているが、全文を細かく読みこむと、全体の編集意図の流れとは、なじまないような文章や奇妙な表現と出くわす。

そういったものの多くが、最終的な編集の過程で削除され、変更されたであろうなかで、かろうじて生き残った「一文」を見つけだすのは、なかなかの快感だ。真実は細部に宿っているということを痛感させられる。

それに対し、全体の構成といったものは、編集責任者の意図を強く反映しており、個々の執筆者や編集者が意見をはさめる余地はないだろう。

『日本書紀』と『古事記』の、構成上の重要な違いのひとつは、どの天皇をあつかっているかである。どちらもはじまりは同じである。最初に「神代《かみよ》」として神話が描《えが》かれ、これに続く神武《じんむ》天皇からはじまるのだが、問題は、「どの天皇で終わっているか」である。トリは誰かということだ。

推古《すいこ》と持統《じとう》

じつは二つの史書は、成立時期にそれほどへだたりはない。『古事記』は和銅《わどう》五年（七一二）に献上された。このときの天皇は、元明《げんめい》天皇である。それから八年のちの養老《ようろう》四年（七二〇）に、『日本書紀』は完成している。これは元正《げんしょう》天皇の時代だ。

ともに構想や執筆には相当の期間を要しただろうが、『古事記』が『日本書紀』よりずっと古いというわけではないのである。

にもかかわらず、記紀のトリを飾る天皇の生きた時期は大きくへだたっている。ただし、それは奇しくも、ともに女帝である。

『古事記』が記す最後の天皇は、六世紀末に即位した推古《すいこ》天皇である。いっぽうの『日本書紀』が記す最後の天皇は、七世紀末に即位した持統《じとう》天皇である。ざっと一〇〇年は、生きた時代が違う。

なぜ、『日本書紀』より数年古いだけの『古事記』が、日本という国家の成立を語る場合に、重要不可欠と思われる七世紀の記述をばっさりと切り落としてしまったのか。これは、簡単に説明できることではない。

そして、いずれも女性の天皇で終わっているのは、たんなる偶然なのだろうか。

『古事記』は、推古天皇を「新しい時代のはじまりを開いた女帝」と位置づけた。これは間違いのないことだろう。しかし、雄略《ゆうりやく》天皇でもなく、天武《てんむ》天皇でもなく、また、同じ女性であっても、皇極《こうぎょく》天皇や持統天皇をさしおいて、なぜ推古天皇が選ばれたのかは、やはり簡単に説明がつかないのである。

とはいっても、『古事記』の推古天皇の記述は、わずか数行。とりあえずふれたというような体裁である。

それとくらべると、『日本書紀』の持統天皇は、たっぷり書かれている。持統天皇のことを書き残したいために、この「正史」を世に出したのではないかと思われるほどだ。

いや実際に、そのとおりなのである。最終的に『日本書紀』の完成が命じられた、いちばん大きな理由は、天武天皇から妻である持統天皇に皇位が移ったときの「正統性」、もっといえば、持統天皇の孫に皇位が移ったことの「正統性」を述べたかったからにちがいない。

推古天皇と持統天皇——この二人の女帝の関係のなかに埋もれた史実は、あまりにも重大である。

トヨの王家

持統天皇の正体をあばく前に、もうひとりの女帝、推古天皇が何ものであるかを知らなくてはならない。

系譜上は継体《けいたい》天皇の子でありながら、どうも「旧王家」の匂いが強い欽明《きんめい》天皇は、つごう四人の天皇をもうけている。

まず、長子と考えられるのが、欽明天皇の皇太子となった敏達《びだつ》天皇である。この天皇は、「尾張《おわり》系」の天皇である宣化《せんか》天皇の皇女、石姫《いしひめ》とのあいだに生まれた。

欽明天皇は、皇后である石姫のほかに、五人の妃《みめ》を召しいれる。そのうち、蘇我稲目《そがのいなめ》の娘である堅塩媛《きたしひめ》（蘇我馬子の姉か妹）とのあいだに生まれたのが、用明《ようめい》天皇と推古天皇の兄妹である。

また、『日本書紀』では「堅塩媛と同じ母の妹（同母弟《はらからのいろと》）」とされる小姉君《おあねのきみ》とのあいだに生まれたのが、崇峻《すしゅん》天皇である。

四人の天皇の和風諡号《わふうしごう》を見ておこう。

第三十代敏達天皇――ヌナクラノフトタマシキ（記紀とも）
第三十一代用明天皇――タチバナノトヨヒ（記紀とも）
第三十二代崇峻天皇――ハツセベノワカサザキ（『古事記』）、ハツセベ（『日本書紀』）
第三十三代推古天皇――トヨミケカシキヤヒメ（記紀とも）

ここでいくつか気づくことがある。

そのひとつは、崇峻天皇の「ハツセベノワカサザキ」が、前章で見た武烈《ぶれつ》天皇の「オハツセノワカサザキ」と、ほとんど瓜二つだということだ。武烈天皇と類似しているのだから、崇峻天皇は、雄略天皇とも類似性があるということになる。この天皇もまた、「武の王」なのだろうか。

もっとも、後世に出た人が、かならずしも先の人に倣《なら》ったとはいいきれないところが、古代史研究のやっかいなところであり、もどかしい点ではある。漢風諡号のなりたちを見ればわかるように、時代が下ってから、あらためて昔の人物の名がつくられるということが、実際によく起こるからだ。

同じように、敏達天皇の和風諡号である「ヌナクラノフトタマシキ」は、のちの天武天皇の「アメノヌナハラオキノマヒト」と「ヌナ」が共通している。これも、敏達天皇の諡号が先なのか、天武天皇の諡号が先なのかは、わからない。

さらに、用明天皇と推古天皇は、「トヨ」の名が共通している。この二人は「母が同じ兄妹」であるから当然なのかもしれないが、和風諡号に「トヨ」の名を持つ天皇が、どういうわけか、用明天皇以後になると、数多く出てくるのである。

第三十一代用明天皇――タチバナノトヨヒ（記紀とも）
第三十三代推古天皇――トヨミケカシキヤヒメ（記紀とも）
第三十五代皇極《こうぎょく》天皇――アメトヨタカライカシヒタラシヒメ（『日本書紀』）
第三十六代孝徳《こうとく》天皇――アメヨロズトヨヒ（『日本書紀』）
第三十七代斉明《さいめい》天皇――皇極天皇と同一人物
第四十二代文武《もんむ》天皇――アメノマムネトヨオオジ（『続日本紀』）
第四十三代元明天皇――ヤマトネコアメツミシロトヨクニナリヒメ（『続日本紀』）
第四十五代聖武《しょうむ》天皇――アメシルシクニオシハラキトヨサクラヒコ（『続日本紀』）

ちなみに、『古事記』は推古天皇までの収録なので、皇極（斉明）天皇と孝徳天皇の和風諡号は『日本書紀』にしか記載されていない。また、『日本書紀』は持統天皇までなので、うしろの三人の天皇の和風諡号は『続日本紀《しょくにほんぎ》』にある。

七人もの天皇に与えられた「豊（トヨ）」の名は、何を意味しているのだろう。これも

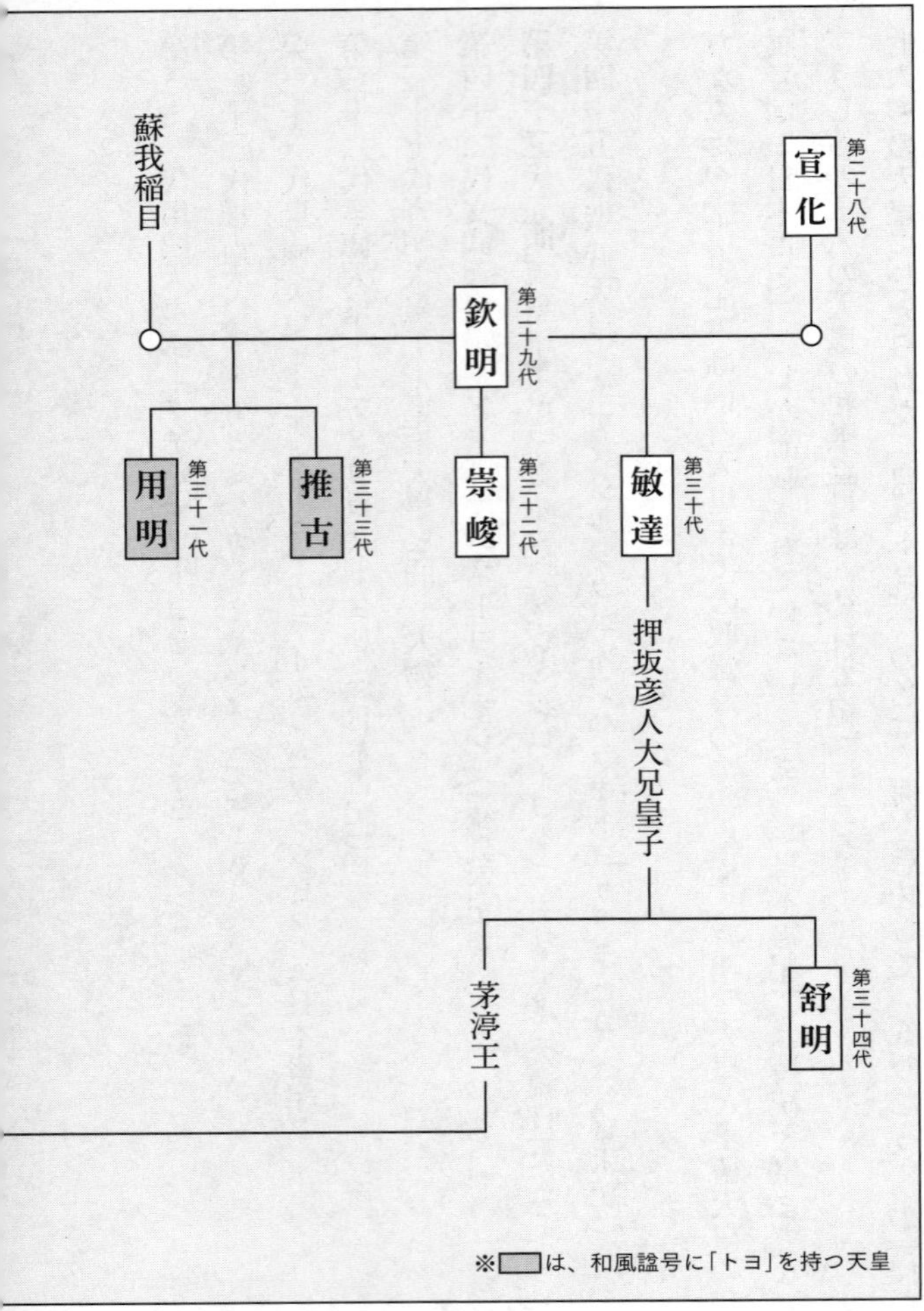

第二十八代
宣化
蘇我稲目
第二十九代
欽明
第三十代
敏達
第三十二代
崇峻
第三十三代
推古
第三十一代
用明
押坂彦人大兄皇子
第三十四代
舒明
茅渟王
※□は、和風諡号に「トヨ」を持つ天皇

「トヨ」の大王

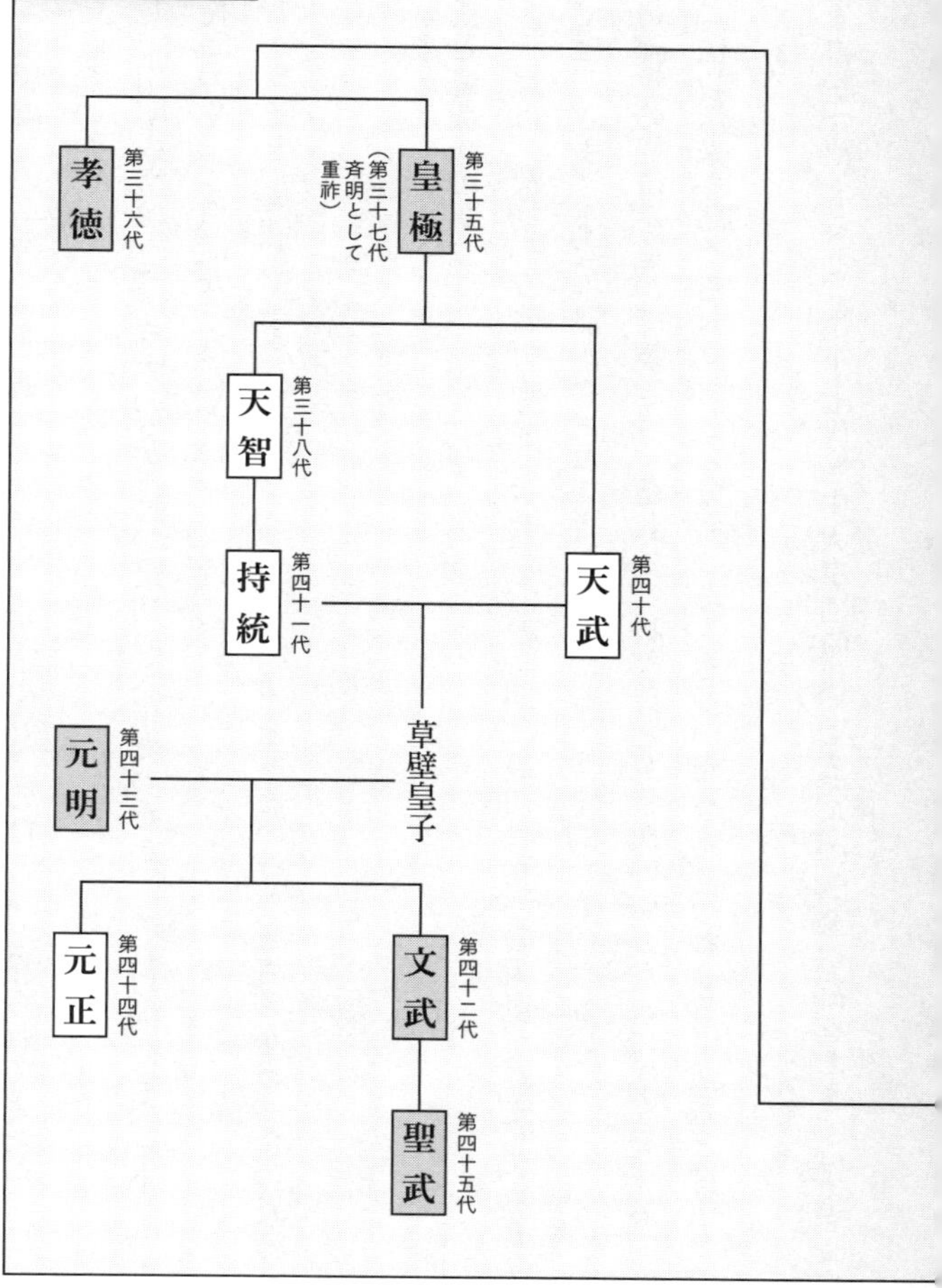

皇極
第三十五代
(第三十七代斉明として重祚)
孝徳
第三十六代
天智
第三十八代
持統
第四十一代
天武
第四十代
草壁皇子
元明
第四十三代
元正
第四十四代
文武
第四十二代
聖武
第四十五代

また、漢風諡号《かんふうしごう》の「神」や「武」と同じく、美字や好字のひとつと見られてきたが、はたしてそうなのか。

そして用明天皇は、「トヨ」の名を持つ最初の天皇だったが、それ以前にも、「トヨ」の名を持つ神や王、皇后などはいた。

もしかすると、「武の王家」と同じく、「トヨの王家」というべきものがあったのだろうか。

物部氏と蘇我氏の対立

推古天皇は、最初の女帝である。なぜ、この時期に最初の女性の天皇が誕生したのかについては、さまざまな推測がなされてきた。しかし、決定的なものはない。

女帝誕生の経緯を追ってみよう。それは、物部氏と蘇我氏のいさかいに端を発する。学校で「仏教伝来をめぐる対立」として習った人も多いだろう。いわゆる崇仏《すうぶつ》派と排仏《はいぶつ》派の対立である。

『日本書紀』によると、第十七代履中天皇の時代、ヤマトの磐余《いわれ》に都をおき、儲君《ひつぎのみこ》（皇太子）を立てたときに、「国事《まつりごと》」をつかまつったという四人の人物が登場する。登場順にあげてみよう。

平群木菟《へぐりのつく》
蘇賀（蘇我）満智《まち》
物部伊莒弗《いこふつ》
葛城円《かづらきのつぶら》

このうち、平群氏と蘇我氏は、武内宿禰《たけしうちのすくね》を祖とする「宿禰」の姓《かばね》を持ち、物部氏は「大連《おおむらじ》」、葛城氏は「大使主《おおおみ》（大臣）」であった。「大連である物部氏、大臣《おおおみ》である葛城氏のツートップ」に、平群氏と蘇我氏が加わる体制である。

ただし、葛城氏も武内宿禰を祖としているから、ということは、当時のヤマトの政治権力は、物部氏か、そうでなければ、武内宿禰の後裔《こうえい》氏族が牛耳《ぎゅうじ》っていたことになる。あるいは、双方の勢力が協力体制をとっていた。

ところが、第二十一代雄略天皇によって葛城円が亡ぼされると、「大臣」には平群真鳥《まとり》がつき、大伴室屋《おおとものむろや》と物部目《め》が「大連」となる。葛城氏がトップの座から落ち、ここに平群氏（これも武内宿禰後裔氏族）がおさまって、物部氏でも武内宿禰の後裔氏族でもない大伴氏が、あらたに権力の一端に加わった。

そして今度は、大伴金村《かなむら》によって平群真鳥が亡ぼされ、第二十五代武烈天皇が即位すると、大伴金村はその「大連」となった。

以下、「大連」と「大臣」の人事は次のように変遷していく。

第二十六代継体天皇――大伴金村（大連）、物部麁鹿火《あらかい》（大連）、許勢男人《こせのおひと》（大臣）
第二十七代安閑天皇――大伴金村（大連）、物部麁鹿火（大連）
第二十八代宣化天皇――大伴金村（大連）、物部麁鹿火（大連）、蘇我稲目《いなめ》（大臣）
第二十九代欽明天皇――大伴金村（大連）、物部尾輿《おこし》（大連）、蘇我稲目（大臣）
第三十代敏達天皇――物部守屋《もりや》（大連）、蘇我馬子（大臣）

これを見ると「武の王」であるから、かならずしも、武内宿禰の後裔氏族ばかりを尊重したというわけではなさそうである。実際に、雄略天皇は葛城円を亡ぼしたし、武烈天皇は、大伴金村のいうとおりに動き、平群真鳥を亡ぼしている。

たしかに、アカの他人より、関係氏族の年長者のほうがやりにくいということもあったのかもしれない。そういった人間関係は、いまの時代も古代も同じだろう。

もうひとつの見方としては、天皇よりも周辺の氏族のほうに強大な権力があり、むしろ彼らの同意や総和によって、天皇が決められていたのかもしれない。ちょうど、平安時代の天皇家と藤原氏の関係、中世の天皇家と将軍家の関係に近いものが、このときすでにあったということだろう。

そのため、いったん雄略天皇のような、強大な主権者が登場すると、周辺氏族との関係はぎくしゃくする。その権力をめぐって、物部氏、武内宿禰の後裔氏族、そのほかのヤマト土着の豪族たちが、ときには争い、ときには手をとりあって、波乱の古代史を形づくってきたのである。

さて、第三十代敏達天皇から、古代史ファンには見慣れた「物部守屋と蘇我馬子のツートップ」の時代となるわけだが、問題は、その父親たちの時代——物部尾輿と蘇我稲目の時代に起こった事件である。

ながらく実力者だった大伴金村が失脚したことで（表向きは病による引退）、物部氏と蘇我氏の対立構図ができあがる。ライバルが減っていくにつれ、両氏の関係が煮つまっていき、大伴金村という最高権力者の重しがとれたことで、最高権力をめぐる争いが激化したのだ。

ちょうどそのとき、発火点の役目をはたすことになる事件が起こった。欽明天皇十三年（五五二）、百済の聖明王《せいめいおう》から仏像と経論（お経とその注釈書）が贈られた、いわゆる「仏教公伝《こうでん》」である（「公《おおやけ》の伝来」というくらいであるから、民間レベルでは、すでに仏教は伝来していたのだろう）。

最新の仏教にたいへん喜んだ欽明天皇であるが、国家としてそのまま受けいれてよいものか悩んだ。さっそく群臣を集めて、意見を求めると、賛否両論にわかれた。

賛成したのは、蘇我稲目である。

「西蕃《にしのくに》の諸国では、もっぱらこぞって礼拝しています。日本だけが唯一この風潮に背《そむ》くことができましょうか」

物部尾輿らは、激しく反撥《はんぱつ》した。

「わが国家の天下《あめのした》に王《きみ》としていらっしゃるには、春夏秋冬の日ごろより天地社稷百八十神《あまつかみくにつかみももやそがみ》を祭祀することが、おつとめでございます。いまあらたに蕃神《となりのくにのかみ》を拝むことになれば、おそらくは国神《くにつかみ》がお怒りになるでしょう」

そこで欽明天皇は、ためしに仏像を蘇我稲目にあずけ、祀らせることにした。すると、その直後に疫病《えきびょう》が流行し、多くの人が亡くなった。

物部尾輿らは、蕃神の信仰をいち早く捨てるべきだと訴え、天皇も同意する。こうして、日本初の仏像は、難波《なにわ》の堀江《ほりえ》に投げこまれた。

つづく敏達天皇の時代にも、似たようなことが起こる。このときは、子世代の物部守屋と蘇我馬子の対立である。しかし、このときは、仏像を捨てた物部守屋だけでなく、敏達天皇も病に倒れ、世の人々はひそかに、「これは仏像を焼いたことの罪だ」と噂しあった。結局、蘇我馬子だけが仏教の信仰を許されることになった。

雀《すずめ》と鈴

敏達天皇が亡くなると、その殯《もがり》の席上でもうひと悶着《もんちやく》あった。蘇我馬子が太刀《たち》をはいて誄《しのびごと》を申しあげていると、その様子を見た物部守屋がからかったのである。

「まるで大きな矢に射《い》られた雀鳥《すずめ》のようですな」

そして今度は、物部守屋が手足をプルプルと震《ふる》わせながら誄を申しあげていると、蘇我馬子がやり返した。

「鈴を懸《か》ければよろしいのに」

手足をプルプルさせているから、鈴を懸けたら、さぞかしいい音が鳴るだろうというのだ。

物部守屋は大役に緊張していたのかもしれないし、いっぽうの蘇我馬子は小柄だったのだろうか。そうすれば、大きな刀が不釣《ふつ》りあいに見え、まさしく「大きな矢に射られた雀鳥」のようだったのかもしれない。

しかし、親子二代にわたってくりかえされた、仏教導入をめぐるいさかいよりも、この他愛もないヤジの応酬《おうしゅう》のほうが、もっと重要な意味を持っているように思われるのは、気のせいだろうか。

物部氏は、天皇家に王権を譲ってからも、一貫して権力の座にとどまりつづけた。物部守屋の「プルプルと手足を震わせる」動作は、天皇家に服属することで、ヤマトの地で伝統的な祭祀を守ってきた、物部氏に伝わる呪法だったとも考えられる。

そして、仁徳天皇につけられた「オオサザキ」、武烈天皇や崇峻天皇につけられた「ワカサザキ」の「サザキ」は、「鷦鷯」や「雀」と表記されている。ミソサザイやカササギのような「小型の鳥」をさすらしいが、スズメと混同されることもあった。

すると、蘇我馬子が「スズメ（雀鳥）」と見なされたのも、小柄だからではなく、蘇我氏が武内宿禰の子孫であること、つまり「武の王家」の血統を持つことを象徴的にあらわしたのではないか。

いずれにせよ、ヤマト建国以来の二大勢力が、物部と蘇我の両氏に集約され、雌雄《しゆう》を決する日に向けて、きなくさい動きを見せていた。敏達天皇の殯における「雀と鈴」のエピソードは、その残酷な未来を予告していた。

豊国《とよくにの》法師《ほうし》と豊国奇巫《くしきかんなぎ》

亡くなった敏達天皇の皇后が、トヨミケカシキヤヒメ（豊御食炊屋姫）、のちの推古天皇である。ただし推古天皇は、敏達天皇の死後すぐに即位したのではなく、先に同母兄の用明天皇が即位した。

この兄妹天皇の母が、「蘇我稲目の娘」とされる堅塩媛だ。つまり蘇我馬子は、用明天皇や推古天皇から見て伯父《おじ》さんにあたる。この場合、二人の天皇は「蘇我系」といえるだろう。

用明天皇は病弱で、その治世は二年もなかったから、存命中から、後継をめぐって、早くも政治的な策謀がくりひろげられていた。皇太子は、敏達天皇の第一皇子の押坂彦人大兄皇子《おしさかのひこひとのおおえのみこ》であったが、これに対して、物部氏と蘇我氏の双方から異論があったようだ。

物部守屋が推したのは、欽明天皇と小姉君のあいだに生まれた穴穂部皇子《あなほべのみこ》である。

いっぽうの蘇我馬子が即位をたくらんでいたのは、とくに明らかにはされていないが、用明天皇の第一皇子である厩戸皇子《うまやどのみこ》、つまり「聖徳太子」ではなかったかと思われる。

病に伏していた用明天皇は、群臣たちを集め、「われは仏法に帰依《きえ》しようと思うが、いかがか」と問いかけた。例によって、物部守屋は反対し、蘇我馬子は「おおせのままに」と賛成した。

このとき、「豊国法師《とよくにのほうし》」を連れて内裏《おおうち》（宮城内の天皇の私的なスペース）にあらわれたのが、穴穂部皇子だった。豊国法師は、「豊《とよ》の国」からやってきた医術の達人である。その術で用明天皇を快癒《かいゆ》させようとしたのだろう。穴穂部皇子は、なかなか行動力のある人物

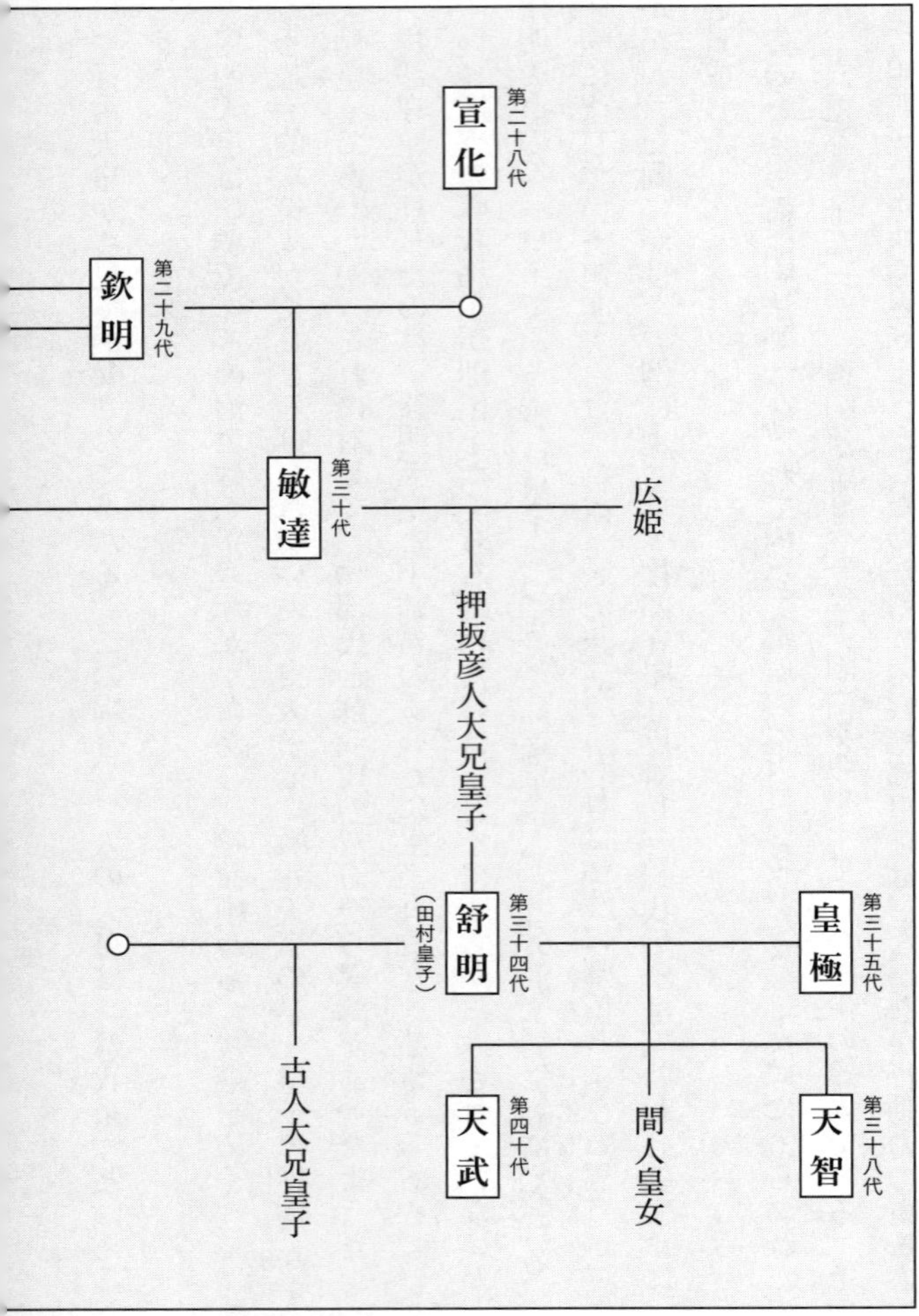
宣化
第二十八代
欽明
第二十九代
敏達
第三十代
広姫
押坂彦人大兄皇子
舒明
第三十四代
(田村皇子)
皇極
第三十五代
古人大兄皇子
天武
第四十代
間人皇女
天智
第三十八代

皇位をめぐる争い

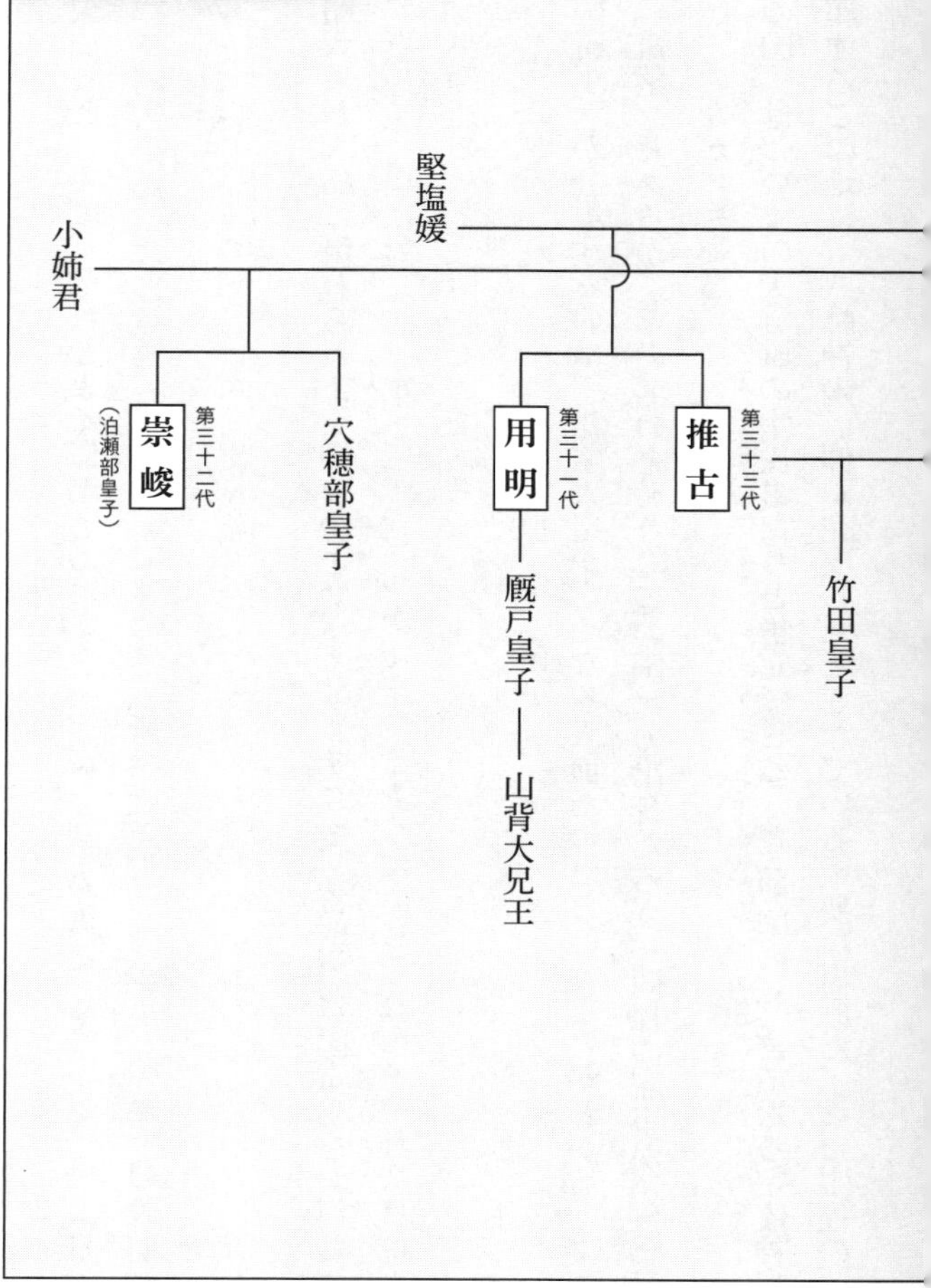
堅塩媛
小姉君
第三十二代
崇峻
(泊瀬部皇子)
穴穂部皇子
第三十一代
用明
厩戸皇子
山背大兄王
第三十三代
推古
竹田皇子

のようだ。

豊国法師といえば、それとよく似たものに「豊国奇巫《とよくにのくしきかんなぎ》」がある。豊国奇巫は、『日本書紀』や『古事記』には見当たらず、たとえば、『新撰姓氏録』の「巫部連《かんなぎべのむらじ》」の説明文のなかに登場する。

「雄略天皇が大病に倒れられた（御体不予《おおみまや》みたまう）。そこで、筑紫《つくし》の豊国奇巫をお召《め》しになり、真椋大連《まくらのおおむらじ》に対して、巫《かんなぎ》を率《ひき》い、つかえまつるように命じられた。それで真椋大連は、巫部連の姓《かばね》を賜《たまわ》ったのである」

「豊国奇巫」が登場するのは、雄略天皇が亡くなる直前だったということがわかる。文中には「筑紫《つくし》」とあるが、その名のとおり「豊の国」の出身だろう。同様の記事が、『続日本後記《しょくにほんこうき》』のなかにもある。

「豊の国」は、いまの大分県の宇佐《うさ》あたりと推定できる。豊前国《ぶぜんのくに》の一宮《いちのみや》である宇佐神宮が鎮座《ちんざ》するこの地は、八幡神《はちまんしん》の信仰が完成したとされている重要な場所だ。また宇佐の一帯は、古くより朝鮮からの渡来人が集住しており、『隋書《ずいしょ》』に登場する「秦王国《しんおうこく》」をこの地にあてる説が有力である。当然ながら、仏教信仰の先進地域でもあった。

話を戻すと、雄略天皇の末期に起きたのと似たような話が、用明天皇の末期にも起こったことになる。前者の場合、「豊国奇巫」を連れてきたのが真椋大連であり、後者の場合、「豊国法師」を連れてきたのが穴穂部皇子なのだが、これらの話、人物と時代の違いはあるものの、ことの経緯や登場人物の関連性は、瓜二つなのである。

さらに、穴穂部皇子の名の由来ともなった名代《なしろ》「穴穂部」がおかれたのは、雄略天皇十九年である。穴穂部皇子と雄略天皇は、おそらく無関係ではないだろう。

ところが、『日本書紀』などの系譜では、穴穂部皇子と雄略天皇は直接つながっていないようである。もしかすると、穴穂部皇子の母である小姉君が、雄略天皇とつながっていたのかもしれない。

また、豊国奇巫を連れてきたという真椋大連は、物部氏の関連氏族である。

このように穴穂部皇子は、物部氏とも、雄略天皇とも深い関連が疑われる。『日本書紀』の系譜を鵜呑《うの》みにして、穴穂部皇子は「蘇我系」の皇族と信じられてきたが、よく見ると、どうやらそうではなさそうだ。これなら、物部守屋が穴穂部皇子を強く推した理由も納得できる。

豊国法師登場のシーンに戻そう。

このとき物部守屋は、豊国法師を連れてきた穴穂部皇子を睨《にら》みつけ、おおいに怒ったとある。「(せっかく死期が近いのに)よけいな手だしをするな」ということだろうか。それとも、法師(仏教僧)だから、だめなのか、物部守屋自身が「豊の国」の勢力とのあいだに、何か諍《いさか》いがあったのか、このあたりの経緯はよくわからない。

蘇我馬子による二件の皇子殺し

退去した物部守屋は、別邸のある河内《かわち》の阿都《あと》(大阪府八尾市跡部《あとべ》)に引きこもり、仲間を集めはじめた。天皇が亡くなったら、すぐにことを起こそうとしたのかもしれない。

また、物部守屋の第一の懐《ふところがたな》刀ともいうべき中臣勝海《なかとみのかつみ》は、皇太子である押坂彦人大兄皇子や竹田皇子《たけだのみこ》(敏達天皇と推古天皇のあいだの皇子)の人形《ひとがた》をつくり、呪詛《じゅそ》を始めた。彼らが亡くなれば、穴穂部皇子にお鉢が回ってくると考えたのだろう。

そして、それがなんの効果もないとなると、皇太子の宮に、のこのこやってくる。いまさら味方のような顔をしようとしたのかもしれないが、皇太子の側も信用しなかった。中臣勝海は、皇太子の舎人《とねり》の迹見赤檮《とみのいちい》に殺される。

懐刀が暗殺されたとの一報を聞き、驚いたのが物部守屋である。蘇我馬子のもとにつかいをやって、「あなたがたは、はかりごとをしているのか。われはこうやって身を引いているのだ（政治的な野心はない）」と訴えた。しかし、それを聞いた蘇我馬子は、かえって兵を固めたのである。

もう、引き返せないところまで来ていた。追いつめられた物部守屋がひそかに穴穂部皇子を擁立しようと動き、その策略が蘇我馬子の側に漏《も》れた。穴穂部皇子は、佐伯《さえき》氏らの兵によって殺される。

穴穂部皇子の謀殺を陰で計画したのは、蘇我馬子だろう。とはいっても、蘇我馬子本人が、じかに皇子の殺害を指図《さしず》するわけにはいかない。そこで、かつぎ出されたのが、推古天皇になる前のトヨミケカシキヤヒメである。「前天皇の皇后」の詔《みことのり》を賜《たまわ》るという形をとることで、「皇子殺し」が正当化された。

肝心の穴穂部皇子が前皇后の命で殺されてしまうと、その後ろ盾《だて》である物部守屋を「誅《ちゅう》する」ことに、なんのためらいもなくなる。

蘇我馬子は、皇子や群臣たちとはかって物部守屋殺害を実行に移すが、このとき本隊に参加した氏族は、蘇我馬子のほか、紀男麻呂《きのおまろ》、巨勢比良夫《こせのひらふ》、膳賀拖夫《かしわでのかたふ》、葛城烏那羅《おなら》である。じつに膳氏をのぞく四氏が、武内宿禰の後裔氏族である。また、膳氏も武内宿禰と関連の深い大彦命の後裔氏族である。

さらに、物部守屋の死後、崇峻天皇として即位する泊瀬部皇子《はつせべのみこ》、竹田皇子、厩戸皇子(聖徳太子)などの皇子たちも、蘇我馬子の側についた。泊瀬部皇子は、穴穂部皇子の同母弟である。このとき、当時十四歳だった厩戸皇子が、四天王《してんのう》への祈願をして、蘇我馬子の軍を勝利に導いた話は、よく知られるところだ。

ひとつ気になるのは、そのなかに本来の皇太子であるはずの押坂彦人大兄皇子の姿がないことである。中臣勝海が殺された記事から、彼の名はいっさい出てこない。

ただ、その舎人であり、中臣勝海を斬った迹見赤檮が、戦のなかで物部守屋も討つという活躍を残しているから、すくなくとも皇太子は物部守屋の側についたわけではなさそうだ。皇太子本人はすこし距離をおいて、うまく立ち回ったのかもしれない。

あるいは、穴穂部皇子と泊瀬部皇子の兄弟間で皇位が争われることになって、さっさと降りたとも考えられる。裏にある黒いものを感じていたのだろうか。このあたりの経緯も、じつはよくわからない。

しかし、崇峻天皇として即位した泊瀬部皇子も、蘇我馬子によって殺される。こちらの謀殺は、蘇我馬子がじかに指図したので、いわば「弑逆《しいぎゃく》」である。この事件が、後世に蘇我氏の悪名を広める原因のひとつになってしまったのだが、どうしてこのときも、穴穂部皇子殺害のときのように念入りにやらなかったのか、まったく理解に苦しむ。

奇妙な崇峻《すしゅん》天皇の即位

もっといえば、崇峻天皇（泊瀬部皇子）という人物には謎が多い。どういうわけで、同母兄である穴穂部皇子に対抗する形で、蘇我馬子の側につき、物部守屋殺害の先頭に立ったのか。それほど天皇の地位に執着していたというのだろうか。

また、『古事記』のみに記される崇峻天皇の和風諡号（ハツセベノワカサザキ）は、武烈天皇のもの（オハツセノワカサザキ）と酷似しており、やはり雄略天皇との強い関連性が見いだせるのだが、彼も「武の王」なのだろうか。それにしては、武内宿禰の末裔である蘇我馬子によって、あっさりと消されてしまうのである。

さらに、この天皇は、大伴糠手《おおとものぬかて》の娘を「妃《みめ》」にむかえて、一男一女をもうけているが、「皇后」をおいたという記録はない。また、皇太子も立てていない（ことになっている）。天皇が即位して皇后も皇太子もおかないというのは、まったく「異例」である。これでは、天皇が亡くなったとき、いったい誰が跡《あと》を継《つ》ぐのか。

実際に崇峻天皇が亡くなると、推古天皇が即位し、「聖徳太子」が皇太子に立っている。ということは、崇峻天皇が即位した段階で、すでに「推古天皇――聖徳太子」体制が、既定路線になっていたのかもしれない。ただ、それでも、あえて皇后と皇太子を定めずに天皇即位するというようなことが、ありえるのだろうか。

それよりも、用明天皇の死後、すぐにでも推古天皇が即位しなかったのは、なぜなのか。あるいは、なぜ「聖徳太子」を即位させなかったのか。太子が幼いからというのであれば、推古天皇を摂政《せっしょう》にでもしなかったのか。考えれば考えるほど、崇峻天皇の即位は奇妙である。

謎の女人、小姉君《おあねのきみ》

崇峻天皇の母は小姉君である。しかし、この女人の出自が、これまた不確定なのだ。『日本書紀』は「堅塩媛の同母妹」というが、『古事記』では「堅塩媛の姨《おば》」とされている。

「姨」には、いまも用いられる「母の姉妹」という意味のほかに、「妻の同母の姉妹」という意味がある。つまり、本来は「母や妻の（母系の）姉妹」という広い意味を持つ言葉である。こうなると、「小姉君は、堅塩媛の妹」だともいいきれない。

「いずれにしても蘇我氏の出身だから、たいした違いはないんじゃないか」と思いたいところだが、じつは重要な意味が隠されていた。結論から先にいえば、この小姉君は、蘇我氏出身でない。筆者は、そう考えている。

それゆえ、崇峻天皇の政権は、蘇我馬子によって亡ぼされたのである。崇峻天皇の同母兄の穴穂部皇子を物部守屋が強く推していたのだから、彼らの母である小姉君は「蘇我系」でないことが明らかだろう。

物部守屋が穴穂部皇子と密接な関係にあったのに対し、蘇我馬子も泊瀬部皇子を推していたかのように考える人は多いが、そのような記述はない。泊瀬部皇子は、ただ物部守屋を攻撃する軍に参加したにすぎない。とくに蘇我馬子との個別の関係は書かれていないのである。

小姉君が「蘇我系」であれば、崇峻天皇はもうすこし丁重にあつかわれただろうし、殺されるまでのことはなかったかもしれない。しかし、即位することもなかったかもしれないのである。

では、小姉君が「堅塩媛の妹」でないとしたら、「蘇我稲目の娘」でないとしたら、いったい何ものなのか。

小姉君という表現も気にかかる。「君」の尊称を持つ女人は「異例」だからだ。通常、天皇の娘は「皇女《ひめみこ》」を称することが多いし、そのほかの貴人の娘も、「姫」「媛《ひめ》」「郎女《いらつめ》」などがつくか、何もつかない（呼び捨て）かである。

なぜ、堅塩媛のように「小姉媛」とはならなかったのか。その尊称からだけでも、ただならぬ血統を感じずにはいられないのである（ちなみに、『古事記』では「小兄比売《おえひめ》」と表記されている）。

謎の多いこの女人が、欽明天皇とのあいだにもうけたとされる子には、穴穂部皇子と泊瀬部皇子の兄弟をふくめて、四男一女がいた。

残る二人の男子は、茨城皇子《うまらきのみこ》と葛城皇子《かづらきのみこ》である。両人はすでに亡くなるか、天皇候補者からはずされていたと思われる。茨城皇子は、伊勢大神《いせのおおかみ》につかえる皇女をおかしたと記されるから、それが原因で失格したのかもしれない。

もっとも、こういった記述にデタラメが多いのはいうまでもない。穴穂部皇子も、敏達天皇の殯宮《もがりのみや》（遺体を安置する建物）に侵入し、そこで喪《も》に服していた皇后のトヨミケカシキヤヒメ（推古天皇）を犯そうとしたと書かれている。こうやって、皇位継承の不適格者をつくりだしていき、消去法でその後の即位を正当化するのである。

話を戻そう。そして、ただひとりの皇女が、穴穂部間人皇女《あなほべのはしひとのひめみこ》である。穴穂部間人皇女は、用明天皇の皇后となって四人の皇子を生むが、その長子が「聖徳太子」だ。

これだけ見ると、泊瀬部皇子が天皇になるべき血筋を有していたのは明らかだが、それにしても不思議なのは、なぜ兄弟たちをさしおいて、泊瀬部皇子が即位できたのかということだろう。『日本書紀』はつぎのように即位の理由を記している。

「炊屋姫尊《かしきやひめのみこと》(推古天皇)が、群臣らとともに、天皇(崇峻)をお勧《すす》めになり、天皇之位《あまつひつぎ》(即位)なさった」

つまり崇峻天皇は、推古天皇が推挙して即位したというのである。そういえば、穴穂部皇子殺害の最終決定をおこなったのも、推古天皇だった。これまで、蘇我馬子の権力ばかりが注目されてきたが、推古天皇の権威こそ絶大なのがわかる。

大々王《おおおおきみ》と大王《おおきみ》による政権

ここで、『元興寺伽藍縁起《がんごうじがらんえんぎ》幷《ならびに》流記資材帳《るきしざいちょう》』という文書をとりあげよう。これは、天平十九年(七四七)に朝廷に提出された正式文書で、元興寺の縁起(寺院の由来と歴史)が記されたものである。

元興寺は、いま奈良市中にあるが、もとは飛鳥の法興寺《ほうこうじ》（飛鳥寺）である。法興寺は、蘇我氏が建立した日本初の本格的寺院だが、その縁起には、仏教の普及につとめた蘇我氏がいくたびの迫害を受けたこと、そして、ようやくの思いでこの寺を建立したことなどが語られている。

話の内容は、ほぼ『日本書紀』にそっているものの、それにはない特筆すべきことがらを、いくつかふくんでいる。そのひとつは、物部守屋の殺害が書かれていないことである。もうひとつは、「大々王《おおおおきみ》」という謎の人物が登場することである。

とくに「大々王」という称号は、ほかに例を見ない。「大王《おおきみ》」は、天皇号ができる前の天皇にあたるが、それより上位の存在があったということなのか。

しかも「大々王天皇」という表記も出てくるから、「大々王」は、たんなる称号ではなく、固有の名としてもあつかわれていたのだろう。つまり、「大々王」といえば、この人物しかいなかったことになる。これは、前に見た「オオタラシヒコ」を彷彿《ほうふつ》とさせる。

では、「大々王」は誰なのか。同じ縁起のなかに、「他田天皇《おさだのすめらみこと》の大前《おおまえ》で、大后《おおきさき》大々王が白《もう》されて」という文が出てくる。「他田天皇」は敏達天皇のこと（他田はその宮のあった地名）だから、「大后大々王」とは、敏達天皇皇后の推古天皇しかいない。

ただ、不可解なのは、『元興寺伽藍縁起幷流記資材帳』はその冒頭で、「トヨミケカシキヤヒメ」という名をはっきりと示していることだ。それなのに途中から、「トヨミケカシキヤヒメ」という名を伏せ、「大々王」と呼ぶのである。

なぜ、わざわざ「大々王」という称号が用いられたのか。それは、同じ縁起のなかに「大王」と呼ばれる、もうひとりの人物が登場するからである。

この「大王」は、ほかでもない「聖徳太子」だ。

『縁起』の執筆者が、「推古天皇（大々王）——聖徳太子（大王）」という系譜を念頭においていたことがわかる。

ところが、ここでもうひとつの疑問点が出てくる。「大王」が一般的に天皇をあらわすにもかかわらず、「聖徳太子」は、『日本書紀』を見るかぎりにおいて、即位していないのである。

さらに『縁起』のなかで、「大々王」は「聖徳太子」を「わが子」と呼んでいる。「聖徳太子」は、推古天皇の兄である用明天皇の子とされているから、この伝えが正しければ

「甥《おい》」である。けっして「わが子」ではない。

のちに「聖徳太子」に対する信仰が芽生えてきて、彼を天皇に準じるあつかいにまで持ちあげたかったのか。あるいは、即位していたのに伏せられてしまっているのか。このあたりの事情は、いまもって大きな謎に包まれている。

いずれにせよ、推古天皇、用明天皇、崇峻天皇、聖徳太子、小姉君、穴穂部間人皇女などに関する系譜が、大きく変えられてしまった可能性は捨てきれない。

推古天皇が「聖徳太子」を「わが子」と呼んだのも、ただ「後継者」「近親者」という意味をあらわしたにすぎないのか、それとも実際に「わが子」だったのかは、『日本書紀』の記述からでは、見当がつかないのである。

ただここで、かりに推古天皇と穴穂部間人皇女が同一人物であるとするなら、つじつまは合う。推古天皇は、系譜にあるような堅塩媛の子ではなく、小姉君の子だということになるだろう。そうすると、推古天皇を「蘇我系（蘇我稲目の娘の子）」とする「常識」も、あやしくなってくる。

元興寺の縁起には、もうひとつ、興味深い場面がある。それは、「大々王」の懺悔《ざんげ》の言葉を聞いた物部氏らが、仏法を受けいれる場面である。
「わが現在の父母、そして眷属《けんぞく》（一族）たちは、愚かでよこしまな誘いにのって、三宝《さんぼう》（仏法僧）を破滅し、焼き流してしまった。われが後宮を法師寺《ほうしじ》（尼寺に対し、男性の僧が修行する寺）とし、丈六（仏像）を二体つくり、多くの寄進をおこなったのも、ひとえにこの功徳《くどく》をもって、わが父母、そして眷属たちの罪をあがない、これがとり除《のぞ》かれることを願ったからである」

こう懺悔の言葉を述べた「大々王」は、「もう二度と寺や仏像を焼き流してはいけない。寺のものを奪ってはいけない」と訴え、「それがふたたび起これば、かならず災難がふりかかるであろう。しかし、信心あつく、供養をうやうやしくすれば、福を得られるであろう」と結んだ。すると、大地が揺れ、雷雨があたりを清めたという。

その言葉を、「聖徳太子」が群臣たちに伝えると、物部氏や中臣氏は、心をひとつにして、仏法への帰依を誓った。

なぜ物部氏は、「蘇我系」の大王であるはずの推古天皇の言葉に耳を傾けたのか。

そして、推古天皇の母が、系譜に書かれたとおり「蘇我稲目の娘」であれば、三宝を破壊した罪をあがなう必要もなかったはずだ。蘇我氏は、仏教の最大の擁護者だったからである。

物部の女人と「妹《いも》の力」

もっとも、物部氏が推古天皇の言葉に耳を傾けたのには、大きな理由がある。それは、この女人に特別な霊力が認められていたからだろう。すなわち、「妹《いも》の力」である。それによって「トヨミケカシキヤヒメ＝推古天皇」は、物部氏と蘇我氏を結びつける存在ともなりえた。

「妹の力」のモチーフは、『日本書紀』や『古事記』の説話のなかでも、くりかえし語られるもので、男兄弟が、同じ母の姉や妹に対していだく強い紐帯《ちゅうたい》である。代表的な例が、狭穂彦《さほひこ》と狭穂姫《さほひめ》の兄妹の説話だろう。「妹」の狭穂姫は、垂仁天皇の皇后となったが、夫と兄が対立したとき、兄との死を選ぶ。

本書で先に紹介した説話のなかにも「妹の力」はあらわれている。たとえば大津皇子《おおつのみこ》は、伊勢の斎宮《さいぐう》をつとめていた「姉」の大来皇女《おおくのひめみこ》のもとを訪ねている。

また、この霊力は、かならずしも姉や妹だけのものとはかぎらない。東国に向かうヤマトタケルは、まっさきに伊勢に寄り、「おば」であるヤマトヒメから草薙剣をさずかっている。

広くいえば、女人の持つ霊力である。小姉君も、この「妹の力」を発揮した女人として尊重されていたのだろう。

そして、穴穂部皇子と泊瀬部皇子の皇位争いにおいても、推古天皇がその霊力のおもむくままに、泊瀬部皇子を選んだと考えられなくはない。その結果、穴穂部皇子の即位に執着した物部守屋は、反乱者として亡ぼされることになった。

もっとも、推古天皇が「蘇我系」ではなく、「物部系」であったとしたら、なぜ結果として、「物部守屋が亡び、蘇我馬子が栄える」ような決断をしたのか。これは、簡単な説明がつきにくい。

『日本書紀』によると、物部氏の「本宗家《ほんそうけ》」である物部守屋が亡んだのち、「物部氏の一族はちりぢりになって、地方に散らばり、姓氏を変えて生きのびた」とある。私たちも、この『日本書紀』の記述を鵜呑《うの》みにして、このとき、物部氏の中央での勢力は壊滅状態になったものと信じこまされてきた。

また『日本書紀』は、「蘇我馬子の妻が物部守屋の妹」であるとし、「物部守屋の死後、その財産をすべてわがものにした」と記している。むしろ、物部氏のとてつもない経済力を略奪するために、蘇我馬子は、天皇や皇子たちを巻きこんで、物部守屋を亡きものにしたというのだ。

ところが実際には、物部守屋以外の物部氏は中央での勢力を保ちつづけていた。『日本書紀』は、あくまでも蘇我氏を「大悪人」に仕立てるために、物部氏をあわれな犠牲者としたかった。それで、あえてその活躍を書いていないだけなのである。

物部守屋には、物部大市《もののべのおおいちの》御狩《みかり》という兄と、物部石上《いそのかみの》贄古《にえこ》という弟がいた（この表現に合わせると、物部守屋も「物部弓削《ゆげの》守屋」となる）。

物部氏の史書である『先代旧事本紀《せんだいくじほんぎ》』によると、推古天皇政権の「大連」は物部石上贄古であったという。そして、物部氏の「本宗家《ほんそうけ》」は、物部大市御狩だとしている。また、この物部大市御狩は敏達天皇政権の「大連」だったと記す。

物部大市御狩の子孫はとくに栄え、のちに石上《いそのかみ》氏を名のった。その末裔、石上麻呂《まろ》は元正《げんしょう》天皇の「左大臣」にまでのぼりつめており（このときの右大臣は藤原不比等）、麻呂の孫の石上宅嗣《やかつぐ》（淡海三船とともに「文人の首《かしら》」にあげられたあの人である）は光仁《こうにん》天皇の「大納言」になっている。

このように、物部氏はまったく滅んでなどいないのである。

物部守屋が蘇我馬子に殺されたことについて、『先代旧事本紀』のなかに、恨みがましい記述のないことが、その何よりの証拠ではないだろうか。

むしろ、「物部の女人」が蘇我馬子に娶られ、蘇我入鹿を生んだことを誇らしげに記しているほどだ。その女人とは、『先代旧事本紀』に登場する物部鎌姫大刀自連公《もののべのかまひめのおおとじのむらじきみ》で、さきほどの物部石上贄古の娘とされている。彼女もまた、小姉君と同じように「きみ（公）」の尊称をつけられている点に注目したい。

「（物部鎌姫大刀自連公は、）小治田豊浦宮《おはりたのとようらのみや》に御宇《あめのしたしらす》天皇《すめらみこと》（推古天皇）の御世《みよ》に参政《まつりごとあづかり》となり、神宮《かみつみや》を斎《いつ》きたてまつった。そして、宗我嶋大臣《そがのしまのまえつぎみ》（蘇我馬子）の妻となり、豊浦大臣《とようらのまえつぎみ》を生んだ。その子の名は入鹿連公《いるかむらじのきみ》という」

つまりこの女人は、推古天皇の時代に「参政《まつりごとあづかり》」となって、「神宮《かみつみや》」を祀り、蘇我馬子（嶋大臣）の妻となり、蘇我入鹿（豊浦大臣）を生んだ。

「参政」という役が正確にどのようなものであるかわからないが、「政」は、宗教的政事、つまり祭祀をあらわす。すると参政は、国家の祭祀の中心をあずかる役ということなのだろう。ここでいう「神宮」とは、伊勢神宮ではなく、石上《いそのかみ》神宮のことである。

物部鎌姫大刀自連公は、こういった国家の祭祀の代理をはたすことで、最高の権威を得ていたことがわかる。これが、「妹の力」の具体的な姿だったといえよう。

さらに大切なのは、物部氏の史書である『先代旧事本紀』の記述でありながら、蘇我入鹿に「公《きみ》」の尊称をつけ、最上の敬意がはらわれていることだ（蘇我馬子には姓の「宿禰」がつけられるのみで、蘇我稲目にいたっては「呼びすて」である）。

蘇我入鹿だけは、物部氏にとっても「特別」な存在なのである。物部氏の血を継いでいるのだから、それも当然だろう。

そしてここには、『日本書紀』が長々と描いたような、「蘇我本宗家＝大悪人」や「物部氏と蘇我氏の激しい反目」の姿は、みじんもない。物部守屋と蘇我馬子の個別の対立が起こり、いっときは暗闘をくりかえしたが、その後、氏族としての物部氏と蘇我氏は、ふたたび手をとりあって、ともに政治をつかさどったのである。

このとき、氏族間の紐帯の役目をはたしたのが、小姉君、推古天皇、穴穂部間人皇女、物部鎌姫大刀自連公といった「妹の力」の系譜だった。

男系天皇の系譜を貫こうとすれば、血なまぐさい政治抗争を生みやすい。雄略天皇の時代を思い起こしても、そのことは明らかだ。また、物部氏と蘇我氏のような、拮抗《きっこう》する二大勢力の時代になれば、男系天皇の地位をめぐって、どちらか一方が完全に倒れるまで対立が続くという、非生産的な状況におちいりやすい。

たとえば、「蘇我系」の男王が立てば、それは、今後も蘇我氏の王家が継承されていくことを意味する。これでは、しだいに物部氏は排除されていくことになるだろう。不満もつのって、それが次の反乱の火種になるかもしれない。

そこで「女帝」の存在が必要になってくる。

「神の子」の誕生

いったん「女帝」を立てることによって、観念上は、男系天皇の系譜の踏襲《とうしゅう》をいったんリセットできる。王統の根拠が、神にゆだねられるからだ。

その「神」からじかに「日継《ひつ》ぎ」をした「女帝」によって、理論上の「新しい王家」が誕生するという構造である。そのなかで「女帝の子」は、「日継ぎの皇子」、つまり「神の子」だということになる。

それはちょうど、仲哀天皇の死後、神功皇后の生んだ応神天皇が、「神の子」として崇《あが》められたのと同じ原理ではないか。この「神功皇后――応神天皇」の関係性が再現されたのが、「推古天皇――聖徳太子」だったということになる。

では、その「新しい王家」を生みだす力を与える「神」は何ものなのか。

天理《てんり》市にある石上神宮は、物部氏が奉祭していた社《やしろ》だが、その起源は、物部氏の祖であるウマシマヂの時代にさかのぼるという。『日本書紀』のなかで、「神宮」を称しているのは、出雲大神宮（出雲大社）、伊勢神宮とこの社だけだから、いかに重要視されていたかわかる。

石上神宮には、かつて本殿がなかった。拝殿《はいでん》だけあって、そこから奥の禁足地《きんそくち》を拝する。これが古来の神社の姿である。推古天皇が祀っていたのは、ここに坐《いま》す「神」なのだろう。

そこの楼門を出ると、正面には、美しい割拝殿《わりはいでん》が見える。廃寺となった内山永久寺《うちやまえいきゅうじ》の鎮守住吉社から移築され、いまは石上神宮の摂社《せつしゃ》の拝殿となっている。割拝殿というのは、建物の中央を人が潜《くぐ》れるようにつくられたものだ。鎌倉後期の神社建築の代表作として国宝に指定されている。

そして、この割拝殿のある摂社の名が、出雲建雄《いづもたけお》神社なのである。筆者がはじめてこの摂社の存在を知ったときは、「なぜ、石上に出雲が」と、心ときめいたものだった（ちなみに、その摂社本殿の隣には猿田彦《さるたひこ》神社本殿もある）。

祭神は社名にもあるとおり「出雲建雄」だが、いったい何ものなのか。名からして、「出雲神」であることはまちがいない。「イヅモタケル」とも似ている。この神は、石上神

石上神宮摂社、出雲建雄神社本殿（左）。右の小さな祠は、猿田彦神社本殿

出雲建雄神社拝殿。右手奥に見えるのが、石上神宮

宮の祭神の荒魂《あらみたま》であるという。すると、石上神宮の祭神も「出雲神」だということになるのではないか。

推古天皇は、この「出雲神」を祀る立場にあった女人であり、その霊力によって物部氏と蘇我氏を結びつける紐帯の役目をはたした。「祟る出雲神」を祀り、鎮《しず》めることによって、「神の子＝新しい大王」をもうけるのである。

その結果、「大々王」と呼ばれた彼女は、蘇我氏の権力者とのあいだに「聖徳太子」をもうけた。つまり推古天皇は、穴穂部間人皇女でもある。

石上神宮を祀っていた推古天皇は、「蘇我稲目の娘の子」ではなく、「物部系」の人物だった。おそらく『先代旧事本紀』に登場する物部鎌姫大刀自連公は、推古天皇と同一人物だろう。

なぜなら、推古天皇自身が、国家の祭祀をつかさどる性質を有している（それがあるゆえの最高権威である）のに、それとは別人の物部鎌姫大刀自連公が、あらためて「参政」という宗教的権威を与えられたというのであれば、分裂を生じるからである。

以上をまとめると、「推古天皇＝穴穂部間人皇女＝物部鎌姫大刀自連公」という図式ができあがる。そして、推古天皇と蘇我馬子のあいだに生まれた皇子は、「聖徳太子」であり、蘇我入鹿だということになる。『日本書紀』は、蘇我入鹿の貢献を隠すために、その善政の部分を切り離し、「聖徳太子」という虚像をつくりあげた。

ただし、正確にいうと、『日本書紀』に「聖徳太子」という名は出てこない。尊敬をもって「玄聖《すぐれたるひじり》の徳《いきおい》」と評されてはいるが、通称は「厩戸皇子」や「(上宮《かみつみや》)厩戸豊聡耳《とよとみみの》皇子《みこ》」、あるいは「上宮太子《かみつみやのひつぎのみこ》」である。『古事記』には一回しか出てこないが、その表記も、やはり「上宮之厩戸豊聡耳皇子」である。

「聖徳太子」という呼び名がはじめて用いられたのは、淡海三船の著作、八世紀なかばの『懐風藻』の序文とされている。そのあたりから聖徳太子信仰が広まり、平安時代には「聖徳太子」が一般的な呼び名となった。

この太子信仰も、当時の藤原氏が、彼らの祖先によって惨殺された蘇我入鹿の「祟り」をおそれ、ことさら熱心に祀ったものと考えれば、話がつながってくる。

「フル」の意味

推古天皇が「物部系」であることは、その漢風諡号からも推測できる。素直に「推古」の意をとれば、「古《ふる》を推す」となる。これをもって「復古をめざした天皇」とする説もあるが、「フル（古）」は、物部氏を象徴したものだろう。

この「フル」は一般に、「布留《ふる》」と表記されることが多い。物部氏の奉斎する石上神宮が鎮座するのは、かつての「布留村」である。いま、石上神宮で祀られる神は、フツノミタマ（布都御魂）、フツシミタマ（布都斯魂）、そしてフルノミタマ（布留御魂）の三神である。

これらは、第二章で述べた霊剣の「ミタマ」である。興味深いのは、ここの祭神も「三神形式」になっているということだろう。石上は、明らかに伊勢や住吉とつながっているのである。

『先代旧事本紀』には、石上神宮でおこなわれてきた鎮魂法が紹介されている。神宝の「十種瑞宝《とくさのみづのたから》」を「一二三四五六七八九十と唱《とな》えつつ、布留部《ふるへ》、由良由良止布留部《ゆらゆらとふるへ》」、つまり、「神宝をゆらゆらと震わせよ。そうすれば死者もよみがえる」という「魂振《たまふ》り」の

石上神宮鏡池のほとりに立つ石柱。もとは灯籠だったのだろう。
竿の部分に「布留社（ふるのやしろ）」と刻まれている

呪法である。

そこで、用明天皇の殯の席上で、物部守屋が手足をプルプルと震わせたのを見た蘇我馬子が、「鈴を懸ければいいのに」とからかったという話が思いおこされる。あながち、物部氏による呪法の本質と無関係ではない。

また、『新撰姓氏録』の「布留宿禰《ふるのすくね》」の説明文によると、孝昭《こうしょう》天皇の末裔である市川《いちかわ》氏(臣《おみ》)が、仁徳天皇の時代にヤマトの地に来て、石上郷布留村に布都努斯神社《ふつぬしのかみのやしろ》を祀ったという。これが石上神宮のはじまりであるという。

市川氏は四代のちに、額田《ぬかた》氏(臣)や武蔵《むさし》氏(臣)となった。その後、物部氏(首《おびと》)と名のっていたのが、天武天皇の時代に布留氏(宿禰)と名を改めた。

いずれも、「フル(布留)」や「フツ(布都)」という言葉が、物部氏と深い関係を持っていたことの一例だろう。

そして、石上神宮を奉斎する氏族のなかに、額田氏がいたという『新撰姓氏録』の記述は、たいへん興味深い。

幼年期を「額田部皇女《ぬかたべのひめみこ》」と名のり、後世に「古」の名を贈られた推古天皇が、「物部系」

氏族の出身であることは、もはや疑いがないようだ。

推古天皇の母である小姉君もまた、蘇我稲目の娘や妹ではなく、やはり「物部系」の女人だったといえるだろう。そうすれば、小姉君の「キミ」と物部鎌姫大刀自連公の「キミ」は、共通の意味として理解できる。「小姉君——推古天皇」の母子は、石上神宮につかえる聖なる女人の系譜だった。

小姉君が「物部系」であれば、その子の泊瀬部皇子（崇峻天皇）も「物部系」だということになる。この天皇が「物部系」だとすると、『古事記』に記された和風諡号「ハッセベノワカサザキ」がひっかかる。「サザキ（雀）」は、蘇我氏や「武の王」を意味するのではなかったか。

ただし、この諡号は『日本書紀』には出てこない（『日本書紀』の表記は泊瀬部天皇である）。『古事記』の執筆者が同様の事実を知らなかったとも思えないので、皇后も皇太子もいなかったというこの天皇の実在を疑うべきなのだろうか。

いずれにせよ、「推古天皇——聖徳太子」の体制が、安定をもたらすものと期待されたのは、「聖徳太子」が、ヤマト王権の誕生以来、その祭祀の重要な一端を守ってきた物部氏と、武内宿禰の末裔である蘇我氏のあいだの子であるからである。

ここで、武内宿禰の後裔氏族が、物部氏の女人を迎えたという事実が、たいへん重要になってくる。つまり、そのことによって、「武の王家」が誕生する土台ができていたと考えられるからだ。

「聖徳太子（蘇我入鹿）」が「大王」と呼ばれたのも、実際に天皇として即位していたからだろう。しかし、こういった事実のいっさいは、『日本書紀』からは消され、『古事記』も「推古天皇より先を書かない」ことで、結果として闇に葬った。

トヨの符号《ふごう》

ここで、話をいちばん最初に戻したい。男系の王統である「武の王家」と並列してあらわれる「トヨの王家」は、いわば女系の王統である。それは、「血のつながり」よりも、どちらかといえば「神との関係性」に重きがおかれる。つまり女帝は、神にもっとも近い存在であり、その霊力の発揮が前提となるのだ。

推古天皇の和風諡号「トヨミケカシキヤヒメ」を漢字にすると、「豊御食炊屋姫」である。この「御食《みけ》」は神にささげる供物で、「炊屋《かしきや》」はその食事をつくる建物を意味し、それは、国土の豊穣の象徴でもあった。

そして、もっとも重要なのが、頭につく「豊（トヨ）」である。同じ「豊」の字を持つ神として、伊勢神宮外宮で祀られる「豊受大神《とようけのおおかみ》」を思い浮かべる人は多いだろう。この神は、一般に内宮の「天照大神《あまてらすおおみかみ》」に御食《みけ》を提供する神とされているから、その性格や属性もたいへんよく似ている。

第二章で、いま「女体の皇祖神《にょたいのこうそしん》」として祀られる「天照大神」が、本来は「男神」であることを述べた。そうすれば、この神に御食を提供するという「豊受大神」が「女神」であることの説明もつく。

ところが、『日本書紀』や『古事記』でメインキャラクターの役目をはたす「天照大神」と比較して、「豊受大神」の影は薄い。いや、影が薄いどころか、『日本書紀』には一度も登場しないのである。『古事記』においても、一度だけ顔を出すが、前後の文脈が不自然だということもあって、後世の挿入記事ではないかと疑われている（『古事記』の最古の写本が十四世紀のものであるから、すべての記事がオリジナルのままというわけにはいかない）。

「豊受大神」も、謎の神である。記紀の編著者たちは、その名と事蹟《じせき》をどうしても残すことができなかった。なぜなら、「豊受大神」の正体こそ、古代史の謎を解く重要なカギであるからだ。

それにしても、ほんとうに正史が伊勢神宮の祭神について書かないなどということがあるだろうか。疑問に思う読者のみなさんは、ぜひ『日本書紀』のすみずみまで読んでみていただきたい。重要な神や人物ほど、かえって、その正体が隠されているのに、驚かれることだろう。権力者から圧力を受けながら苦闘する執筆者たちの姿が、目に浮かぶようである。

前にも述べたが、「豊受大神」は、神功皇后のことである。

すると、推古天皇の「トヨミケカシキヤヒメ」という諡号は、やはり「豊受大神=神功皇后」のイメージと重ねあわせられ、成立したものと考えられる。そのことをあらわす符号が「トヨ」だった。推古天皇は、神功皇后の再来として登場したのである。

というわけで、推古天皇の治世は、まさに「トヨづくし」になっている。

飛鳥におかれたその宮の名は「豊浦宮《とゆらのみや》」である。これは、神功皇后が穴門《あなと》（長門国《ながとのくに》、いまの山口県下関市長府《ちょうふ》）においた宮の名と同じである。

皇太子である厩戸皇子（聖徳太子）の別名は「豊聡耳皇子」であり、その父とされる用明天皇の和風諡号は、「タチバナノトヨヒ（橘豊日）」である。

用明天皇の時代にも、「豊浦皇子《とゆらのみこ》」という謎の人物が出てくる。これは、蘇我稲目の娘の石寸名《いしきな》とのあいだに生まれた田目皇子《ためのみこ》の別名とある。この皇子は、おそらく『古事記』で多米王《ためのみこ》と表記される人物だろう。多米王は、やはり蘇我稲目の娘である意富芸多志比売《おおぎたしひめ》とのあいだに生まれた子である。石寸名《いしきな》と意富芸多志比売は同一人物なのだろうか。

この多米王、『古事記』では、穴穂部間人皇女（間人穴太部王《はしひとのあなほべのみこ》）とのあいだに生まれた「聖徳太子」らよりも前におかれているのに、正体不明である。

そして、『日本書紀』の推古天皇の十八年十月九日の記事で、新羅と任那からの使者を迎える四人の大夫《まえつぎみ》のひとりとして、さりげなく蘇我蝦夷が初登場するのだが、このときの表記は「蘇我豊浦蝦夷臣」である。

やはり『日本書紀』では、のちの皇極天皇のところで「豊浦大臣《とゆらのおおおみ》」という名が出てくるが、これも『日本書紀』は蘇我蝦夷だとしている。

『日本書紀』は、蘇我本宗家《ほんそうけ》の系譜を「稲目――馬子――蝦夷――入鹿」とするが、『古事記』では、蘇我稲目までしか登場しない。ようするに、核心（馬子と入鹿の関係）を語ることを避けた。

いっぽうの『先代旧事本紀』が示した系譜は、「稲目――馬子――入鹿」で、蘇我入鹿は、蘇我馬子の子である。ここに蘇我蝦夷の姿はない。

どちらの系譜が真実であるかは確証できないのであるが、「嶋大臣」といえば蘇我馬子であり、「豊浦大臣」といえば蘇我入鹿だというのが、当時の実際の認識に近かったのではないだろうか。

『日本書紀』は、蘇我入鹿を「父や祖父の威を借りて、勝手をふるまうドラ息子」として描いている。だからこそ、天智天皇らに「成敗」されたのである。蘇我蝦夷が病のために任務遂行がままならないということで、勝手に息子の蘇我入鹿を「大臣の位になぞらえた」とあるが、そんなことがほんとうに可能だったのか疑わしい。

しかし、蘇我入鹿が、推古天皇や皇極天皇の認めた最高権力者であったなら、話は大きく違ってくる。そこで、蘇我入鹿を「大悪人」にしたてるためには、ウソの話をでっちあげなくてはならない。こうして、「息子の暴走をおさえられないダメ親父」として、「蘇我蝦夷」が捏造されたのではないだろうか。

ほんとうの蘇我入鹿は、「トヨ」の名を継いだ、血筋、能力ともに申しぶんのない、光り輝く大王だったはずである。

二人目の女帝

初の女帝である推古天皇の話をしたので、二人目の女帝、第三十五代皇極天皇についてもふれておこう。いわゆる天智天皇と天武天皇の母として知られる、この天皇の和風諡号にも、「アメトヨタカライカシヒタラシヒメ」と、「トヨ」の名がふくまれている。

ここで、どういう理由から、この女帝が即位したのかが問題になる。通説には、「第三十四代舒明《じょめい》天皇の妻だから」ということにされてきた。しかし、「男の天皇が先に亡くなったら、その皇后が跡を継ぐ」ことは、けっして「通例」ではない。

『日本書紀』によると、舒明天皇には四人の皇子がいたのだし、その殯のときにも、十六歳の東宮《もうけのきみ》開別《ひらかすわけの》皇子《みこ》が誄《しのびごと》をつとめたと、ちゃんと書いてある。この皇子がのちの天智天皇であり、「東宮」というのは、皇太子のことだ。

なぜ天智天皇は、父である舒明天皇の死後、すぐに即位しなかったのだろう。十六歳は若すぎたというのだろうか。当時の感覚からすれば若すぎるとはいえないし、若かったにせよ皇極天皇が摂政《せっしょう》をすればよい。何かほかの理由があるはずだ。

さらにいえば、舒明天皇の即位も波乱ぶくみであった。この天皇の父は、敏達天皇の第一皇子であり、泊瀬部皇子と穴穂部皇子の皇位争いの陰で、ひそかに身を引いていた、あの押坂彦人大兄皇子である。

推古天皇は生前に皇太子を決めていなかった。そして、亡くなる直前に、舒明天皇となる前の田村皇子《たむらのみこ》を枕もとに呼ぶと、「天皇というのはたいへんな任務であるから、軽々しく皇位につくことを口にしてはならない」といった。

つづいて推古天皇は、もうひとりの皇位継承者候補である山背大兄王《やましろのおおえのみこ》を呼ぶと、「あなたは年少で未熟である（肝稚《きもわか》し）。もし皇位につくことを心に望んでいても、口にはせず、かならず群臣たちの意見に従うように」と残していたという。山背大兄王は、「聖徳太子」の遺児とされ、その跡継《あとつ》ぎとされる人物である。

自分で決めずに、群臣たちの決議にゆだねてしまったのである。これで、もめないはずがない。神の代理人として、いっさいの重要事項を決めてきた推古天皇が、最後になって決めなかった。これは、どういうわけなのか。

田村皇子と山背大兄王の二人は、ほんとうに皇位を争っていたのだろうか。どうも、このあたりの経緯には、すっきりしない部分が多い。

いずれにせよ、舒明天皇の即位は、ひとつの重要な意味をもたらすこととなった。それは、王統のなかに「尾張の血」が復活したということである。

欽明天皇は四人の天皇をもうけるが、このうちの三人——用明天皇、崇峻天皇、推古天皇は、いずれも「物部＋蘇我」の協力体制から生みだされた天皇である。

ところが、ただひとり敏達天皇は、その母が、「尾張系」の宣化《せんか》天皇の娘である。その孫である舒明天皇も、尾張氏の血を引く天皇だということになる。

ただし、実際の話は、もっと複雑である。

押坂彦人大兄皇子には、舒明天皇のほかに、茅渟王《ちぬのみこ》という男子がいた。茅渟王の母は大《おお》俣王《またのみこ》という謎の人物で、つまり茅渟王は舒明天皇の異母兄にあたる。

この茅渟王が吉備姫王《きびのひめみこ》とのあいだにもうけたのが、皇極天皇と孝徳天皇の姉弟だった。推古天皇は「物部の血」を引く女帝だったが、皇極天皇は「尾張の血」を引いている。以上の系譜をまとめると、次のようになる。

目子媛《めのこひめ》（継体天皇妃、尾張氏出身）――宣化天皇――石姫皇女《いしひめのひめみこ》（欽明天皇皇后）――敏達天皇――押坂彦人大兄皇子――茅渟王――皇極天皇

すると、推古天皇が即位したときと同じような混乱状況が、推古天皇の死後、ふたたび起こっており、その収拾をはかるために立てられたのが、やはり「特別」な霊力を持つ女帝だったのではないだろうか。それが、皇極天皇である。

皇極天皇は、けっして「舒明天皇の皇后である」という理由だけから即位したのではない。『日本書紀』には、彼女の宗教的威力を伝える記事がある。

その元年六月は、十六日に小雨が降っただけで、旱《ひでり》に悩まされていた。翌月になって

も雨は来なかったのだろう。牛馬を殺して供物《くもつ》にしたり、市を移したり、河伯《かわのかみ》に祈禱《きとう》したり、また、経典を読み、蘇我蝦夷がみずから香をたいて発願したりと、いろいろやってみたのだが、せいぜい小雨があるだけだった。

ところが八月、皇極天皇が南淵《みなぶち》の河上にひざまずいて、四方を拝むと、たちまち雷が鳴り、大雨が降った。雨は五日も続き、田畑はよみがえった。百姓たちは大喜びして、皇極天皇を「至徳《いきおい》まします天皇」と称えたという。

こう考えると、皇極天皇が舒明天皇の妻だったというよりも、むしろ「舒明天皇が皇極天皇の夫」と表現したほうが、しっくりくるほどなのである（そのいっぽうで、蘇我蝦夷の祈禱が効力を持たなかったことが、さらりと書かれているのがおもしろい）。

ちなみに、皇極天皇がいったん皇位を退き、十年後に斉明《さいめい》天皇としてふたたび即位（重祚《ちょうそ》）するまでのあいだ、皇位にあったのは、その弟の孝徳天皇である。つまり、姉弟で皇位についている。これは、用明天皇と推古天皇の兄妹がともに皇位についたという話と、あまりにもよく似ているではないか。

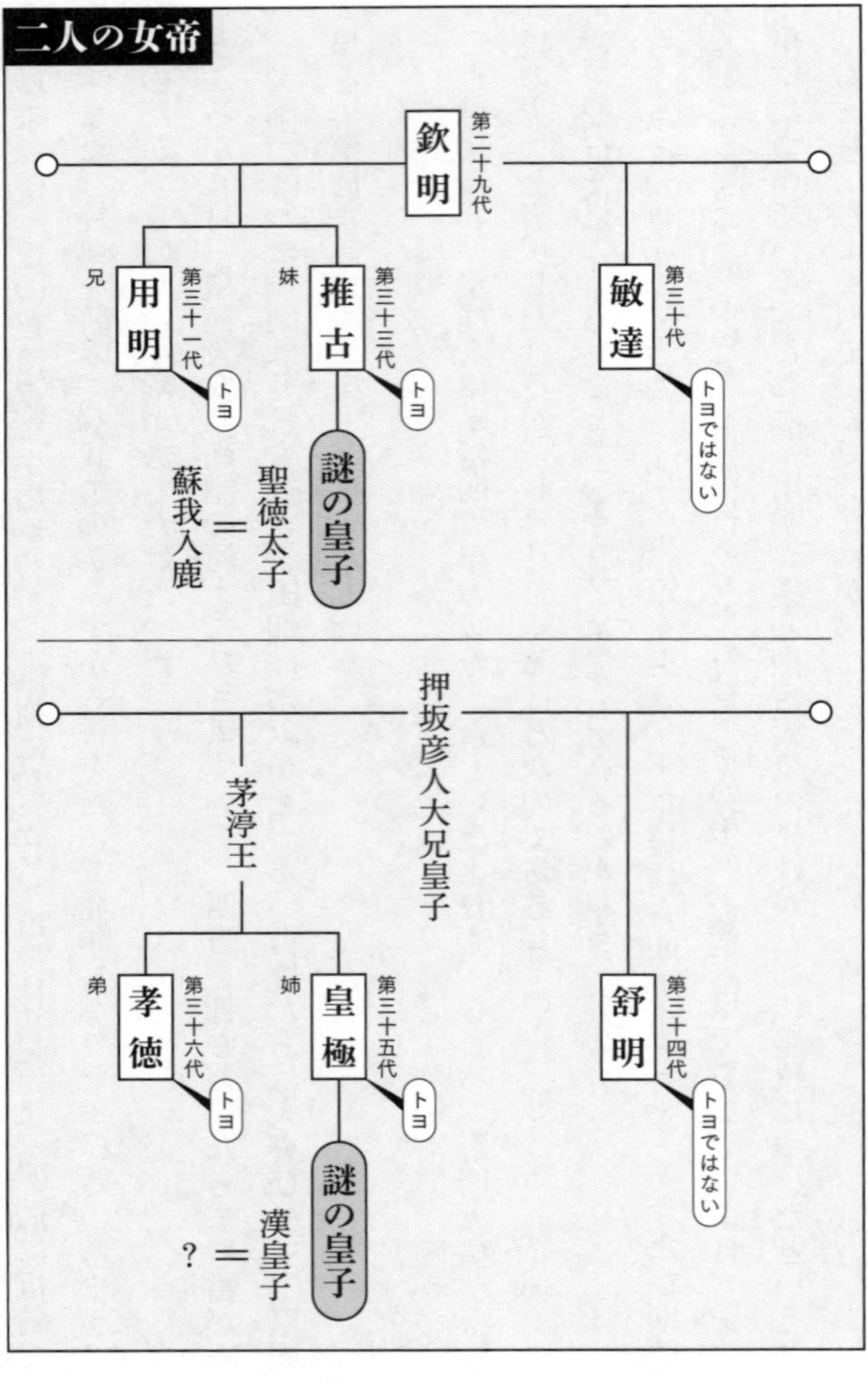
二人の女帝
欽明
第二十九代
兄
用明
第三十一代
トヨ
妹
推古
第三十三代
トヨ
敏達
第三十代
トヨではない
謎の皇子
聖徳太子
＝
蘇我入鹿
押坂彦人大兄皇子
茅渟王
弟
孝徳
第三十六代
トヨ
姉
皇極
第三十五代
トヨ
舒明
第三十四代
トヨではない
謎の皇子
漢皇子
＝
?

推古天皇の夫である敏達天皇、皇極天皇の夫である舒明天皇というように、女帝の夫が、ともに天皇であるところも、同じである。

また、「用明――推古」の兄妹天皇と「皇極――孝徳」の姉弟天皇の和風諡号には、すべて「トヨ」がふくまれているが、敏達天皇と舒明天皇の和風諡号に「トヨ」はふくまれない。

さらに、「用明――推古」の兄妹天皇と敏達天皇の三人は、いずれも欽明天皇の子であり、「皇極――孝徳」の姉弟天皇と舒明天皇の三人は、いずれも押坂彦人大兄皇子の直系(子か孫)である。

これらの類似する関係性は、いったい何を意味しているのか。

それればかりではない。推古天皇には、「謎の皇子」がいた。最重要人物でありながら、『日本書紀』はその存在を完全に包み隠した。すなわち、のちの文書のなかで、推古天皇が「わが子」と呼んだと伝わる「聖徳太子」、つまり蘇我入鹿である。

これと同じように、やはり皇極天皇にも「謎の皇子」がいたのだ。それが、漢皇子《あやのみこ》である。

第六章　古代の終わり

女帝が前夫とのあいだに生んだ皇子

『日本書紀』の斉明《さいめい》天皇（皇極《こうぎょく》天皇の重祚《ちょうそ》）の巻の冒頭は、つぎの一文ではじまる。

「アメトヨタカライカシヒタラシヒメ天皇（斉明天皇）は、先に《ママ》タチバナノトヨヒ天皇（用明《ようめい》天皇）の孫である高向王《たかむくのおおきみ》と婚姻して、漢皇子《あやのみこ》を生み、のちにオキナガタラシヒヒロヌカ天皇（舒明《じょめい》天皇）と婚姻して、二男一女をお生みになった」

のっけから唐突《とうとつ》に、「皇極天皇には前夫がいた（しかも、そのあいだには子がいた）」とぶちまけている。なかなかスリリングな展開である。ここで、前夫である「高向王《たかむくのおおきみ》」と、そのあいだに生まれた「漢皇子《あやのみこ》」という二人の人物が登場するのだが、この二人の名は、あとにも先にもいっさい出てこない。

ここで、二とおりの考え方が可能だろう。ひとつは、さほど重要ではないから再登場しないのだろうという考え方である。

もうひとつは、天皇紀の冒頭におくくらいだから重要なのだろう。しかし、あまりにも重要すぎる意味をふくんでいるために、伏せられてしまったという考え方である。

当然ながら、後者だ。せっかく皇極天皇の最初の男子が紹介されているのに、その後ゆくえ知れずというのは、どう考えてもヘンである。

また、高向王は「用明天皇の孫」というが、それなら、高向王の父にあたる人物、ようするに用明天皇の皇子の名が明かされないというのもヘンである。

そして、高向王と漢皇子の二人は『日本書紀』にかぎらず、ほかの書籍でもまったく無視されている。ただひとつ、『紹運録《じょううんろく》』という室町時代につくられた系図書だけが、「高向王は、用明天皇の子」と書いているにすぎない。

論点は二つある。

まず、天皇の近親者にあたる人物が、わざわざその存在を明らかにされながら、詳細を語られないのは、それが「重要人物の偽名」だからだろう。これ以上、その重要人物に出てこられては、まずいのだ。

ちなみに、高向王、漢皇子という「偽名」は、当代一流の文化人、高向漢人玄理《たかむこのあやひとげんり》（「玄理」は「くろまろ」とも読む）の名を借りて、創作されたのではないだろうか。

高向漢人玄理は、応神《おうじん》天皇の時代に渡来したという氏族の出身である。推古《すいこ》天皇の時代、留学生として小野妹子《おののいもこ》の遣隋使《けんずいし》に同行した。帰国後は国博士《くにのはかせ》となり、新羅《しらぎ》から皇子である金春秋《きんしゅんじゅう》（のちの新羅二十九代武烈《ぶれつ》王）を連れて帰るという手柄を立てたが、斉明天皇の時代、遣唐使の押使《おうし》（大使より上級）として唐にわたると、かの地で亡くなった。

高向漢人玄理は、たいへん魅力的な人物で、彼こそ高向王とする説も出ているが、こちらは飛躍が大きいと思う。

もっとも、創作するくらいなら、その存在じたいをバッサリ消してしまうこともできたはずである。ただそこは、この部分を担当した執筆者に良心があったのだと思う。おおっぴらにはできなかったが、後世のために、わかる人にはわかるようなヒントを残してくれたことに感謝したい。

もうひとつの論点は、なぜ後世の書籍が、「高向王は、用明天皇の（孫ではなく）子」と述べたかである。『紹運録』の執筆者は、そう、いいきれるだけの確証を得ていたのかもしれない。そうでなければ、あえてこの部分に異論をとなえる必要がないからだ。そして、やはり良心から、その事実を残しておきたかった。

裏を返せば、もし、高向王が「用明天皇の子」であったとしたなら、なぜ『日本書紀』は、それを「孫」と書きかえなければならなかったのかである。

「子か、孫か」がそんなに重要なのか——そう、思われるかもしれない。

ここで、「用明天皇の子」と聞けば、第一に誰を思い浮かべるかを考えてみてほしい。十人中八、九の人が、同じ人物を思い浮かべるのではないだろうか。古代でも室町時代でも、おそらくそうだっただろう。その人物とは「聖徳太子」だ。

つまり、『日本書紀』の編著者は、正直に「用明天皇の子」といって、ほとんどの人が瞬時のうちに「聖徳太子」をイメージしてしまうことがないよう、あえて「孫」と書きかえたとしか考えられない。

すると、皇極天皇の前夫「高向王」の正体は、蘇我入鹿《そがのいるか》である。皇極天皇は、蘇我入鹿と死別したことで、舒明天皇のもとに嫁《とつ》いだ。

蘇我入鹿の血筋がいかに尊ばれ、また、恐れられていたのかが伝わってくる。舒明天皇は、その血統の内側にもぐりこんだ。そして、蘇我入鹿の元妻であり、本人も霊力を持つ皇極天皇と婚姻したことが、舒明天皇即位の決定的な要因になったと思われる。

父は、天智天皇によるクーデターで殺されるまで、強大な権力と実績を誇っており、物部氏と武内宿禰《たけしうちのすくね》の後裔氏族のあいだにもうけられた古代の英雄、のちに「聖徳太子」として崇《あが》められる蘇我入鹿――。

母は、尾張《おわり》氏の血脈を持ち、本人も霊力にめぐまれた皇極天皇――。

問題は、この偉大な父母のあいだに生まれたハイブリッド、「漢皇子」なる人物は、何ものかということだ。

山背大兄王《やましろのおおえのみこ》は、ほんとうに聖徳太子の跡継《あとつ》ぎだったのか

ここで、「聖徳太子」の一族はすべて亡んだという話について、再検討しなくてはならない。

一般的は、このように認識されているのではないだろうか。「聖徳太子」の子孫は「上宮《かみつみや》（じょうぐう）」と呼ばれ、その長子である山背大兄王《やましろのおおえのみこ》は皇位継承者の筆頭と目されていたが、のちに舒明天皇となる田村皇子《たむらのみこ》との皇位をめぐる争い（舒明紀と皇極紀の両方に出てくる）に巻きこまれ、斑鳩寺《いかるがでら》で自死を選ぶ。このとき、一族郎党もこれにしたがい、いわゆる「上宮王家《じょうぐうおうけ》」は滅亡したと。

たしかに、山背大兄王が戦を避け、おのれひとりが身を引けば、万事は丸くおさまると、部下たちに語りかけるシーンが『日本書紀』にも感動的に描かれている。ところが、その『日本書紀』には、「父子ともに亡くなった」とはあるが、「すべて滅んだ」とは書いていない。

そればかりか、『日本書紀』は、「聖徳太子」の正妃《せいひ》として菟道貝蛸皇女《うじのかいたこのひめみこ》の名はあげているものの、彼女とのあいだの子については記していない。そのほかの妃についても、いっさい無視されている。つまり、どこを読んでも、山背大兄王が「聖徳太子の子」であるとは、ひとこともふれられていない。

にもかかわらず、山背大兄王は、推古天皇の死の直前になって、いかにも「聖徳太子の正統の跡継ぎ」のようにして登場する。これは奇妙である。

後世に「聖徳太子」の事蹟をまとめた『上宮記《じょうぐうき》』や『上宮聖徳法王帝説《じょうぐうしょうとくほうおうていせつ》』などの書籍が、妃とその子たちをあげるが、その妃は、膳部加多夫古《かしわでべのかたぶこ》の娘、蘇我馬子《うまこ》の娘、尾治王《おはりのおおきみ》の娘の三人で、つごう八男六女をもうけたとある。また、山背大兄王自身は、五男二女をもうけたという。

しかし、『上宮聖徳法王帝説』が、山背大兄王とともに死を選んだ人の数は、十五人と記している。この数は、少なくはないだろうか。もし、「上宮王家」というものが実在していたのであれば、さきほどの三人の妃が生んだ子やその孫たちをふくむと、この時点でたいへんな数になったと思われるからだ。

というわけで、「聖徳太子の一族がすべて、ほぼ同時期に亡くなった」というのは腑《ふ》に落ちない。もし、生き残りがいたとしたら、その末裔がいっさい歴史に登場しないという点が気にかかる。

「聖徳太子」の跡継ぎは誰だったのかという疑問も生じる。わかりやすくいえば、山背大兄王がほんとうに「聖徳太子」の跡継ぎだったのか、それ以前に山背大兄王は実在したのかという疑問と、「聖徳太子」にはほかに長子がいたのではないかという疑問である。

そこで浮上するのが、皇極天皇と、「高向王」や「聖徳太子」の虚像を与えられた蘇我入鹿とのあいだに生まれた漢皇子である。この皇子こそが、いわゆる「聖徳太子の長子」と考えれば、話はすんなりとまとまる。

もっといえば、この漢皇子が、のちの天武天皇である。つまり、天武天皇は、蘇我入鹿（聖徳太子）の子である。「そんなバカな」と思われるかもしれないが、すべての疑問を合理的な解答で満たすのには、この結論しか見当たらないのだ。

隠された天武天皇の青年期

天武天皇の諱《いみな》は、大海人皇子《おおあまのみこ》である。この名は、天皇の殯《もがり》の場で「大海氏《おおあま》」を名のる人物が幼少時の思い出話をしていることからも、信用してよいだろう。

『日本書紀』における大海人皇子の初出は、舒明天皇二年正月十二日の記事である。この日、舒明天皇は、のちに皇極天皇となる宝皇女《たからのひめみこ》を皇后とした。つづいて、系譜記事が挿入される。

「皇后（のちの皇極天皇）は、二男一女をお生みになる。ひとりは、葛城皇子《かづらきのみこ》（のちの天智天皇）と申される。つぎは、間人皇女《はしひとのみこ》と申される。そのつぎは、大海人皇子（のちの天武天皇）と申される。

また、夫人《おおとじ》である蘇我嶋大臣《しまのおおおみ》（蘇我馬子）の娘である法提郎媛《ほていのいらつめ》は、古人《ふるひとの》皇子、またの名は大兄《おおえの》皇子をお生みになる」

舒明天皇の子は、葛城皇子、間人皇女、大海人皇子、古人皇子の四人である。いくつか重要な点をあげてみる。

まず、「天智天皇が兄で、天武天皇は弟」という「常識」は、この記事がベースになっているのがわかる。

つぎに、天智天皇の諱《いみな》は、葛城皇子である。一般に通用している「中大兄《なかのおおえの》皇子」ではないことを確認しておかなくてはならない。

そして、皇后腹の（天智・天武の）兄弟のほかに、もうひとり異母弟がいた。「またの名は大兄皇子」との注をつけられた古人皇子、すなわち古人大兄《ふるひとのおおえの》皇子《みこ》である。

ところで天武天皇は、天皇の系譜のなかで二度、登場する。

ひとつは、大海人皇子として舒明天皇（義父）の系譜において――。

もうひとつは、漢皇子として斉明天皇（実母）の系譜において――。

ところが、「形に見える天武天皇の姿」が確認されるのは、天智天皇の時代になってからである。その三年二月、冠の階位《かいい》を増設し、名称を変更するよう「大皇弟《ひつぎのみこと》」に命じたという記事が出てくるが、この「大皇弟」が天武天皇のことと考えられる。

そのときの天武天皇の年齢は、すでに四十前後に達していただろう。すると、それまでの彼は、いったいどこで何をしていたのか。

天智天皇によって、父である蘇我入鹿が殺されたとき、天武天皇はどこにいたのか。

斉明天皇の時代、百済滅亡に応じて、天皇以下、皇太子、皇子や皇女たち一同が、筑紫《つくし》（福岡県西部）の朝倉橘広庭宮《あさくらのたちばなのひろにわのみや》に遷《うつ》る。しかし、ここに天武天皇らしき人物の名はない。そしてこの地で、斉明天皇は亡くなるが、実母の喪《も》に関する記述のなかにさえ、天武天皇らしき人物はあらわれないのである。

『日本書紀』の記述から、彼の姿はまったく見えてこない。かろうじて、孝徳天皇をひとり難波《なにわ》に残して、皇太子（天智天皇）、皇祖母尊《すめみおやのみこと》（皇極天皇）、間人《はしひと》皇后（孝徳天皇皇后で、天智天皇と天武天皇のあいだの皇女）らが、飛鳥に遷ったときに、それらしい記述があるのみである。

具体的にいえば、このとき、皇太子が「また皇弟等《いろとたち》（皇太子の弟たち）をひきいて」とあるのが、そのかろうじて残された足跡である。ただ、これも特定の人物をあらわしていないから、天武天皇のことをいっているのかはわからない。

もっとも、野心的な「兄」に目をつけられないよう、あくまで影の存在をふるまったという見方もできる。しかし、のちの天皇となる人物である。明らかに実名をあげてもいいところを、「皇弟等」という十把《じっぱ》ひとからげの表現でまとめられてしまったのは、不思議でならない。

それにしても、一族のなかで、なぜ天武天皇だけがその名を明らかにされないのか。ほんとうに、天武天皇は、天智天皇の即位までのあいだ、じっと影をひそめていたのだろうか。

むしろ、「天智天皇とは父が違う」という異説のほうが、しっくりくるし、天武天皇は最初から歴史の中心にいるべき人物なのではないか。

即位した天智天皇は、さきほどの古人大兄皇子の娘である倭姫王《やまとひめのみこ》を皇后とする。この倭姫王という名が、いかにも抽象的なのだ。実在したのか、それとも誰かの異名であるかはわからない。この皇后とのあいだに子は記されていない。

のちに持統天皇として活躍する鸕野讃良皇女《うののさららのひめみこ》と、その姉の大田皇女《おおたのひめみこ》を生んだのは、「嬪《みめ》」として召された蘇我倉山田石川麻呂《くらやまだのいしかわまろ》の娘の遠智娘《おちのいらつめ》である。つまり、持統天皇は皇后の子ではないということになる。

そして、『日本書紀』の記事には、遠智娘のほかに、その妹、阿倍倉梯麻呂《あべのくらはしまろ》の娘、蘇我赤兄《あかえ》の娘といった、つごう四人の「嬪」を召しいれたとある。四人のうち三人は、蘇我氏の出である。これだけでも、蘇我氏の影響力がまったく衰えていないのがわかる。

つづいて、天智天皇の子をもうけた「宮廷女人」の名が四人あげられる。そのうちのひとり、伊賀采女宅子《いがのうねめやかこ》が生んだのが、大友皇子である。

天皇の系譜において、「皇后」の子は圧倒的な権威を有する。皇后だけが、天皇の正式な妻であるからだ。そのつぎが「嬪」の子である。つぎが「夫人《おおとじ》」の子。最後に、宮廷女人によって産み落とされた子が続く。

この序列は、いかんともしがたい。子の格とは、母の格、もっといえば、その実家の格によって決まるといってよい。皇后や嬪たちに子がなければ、宮廷女人の子が権利を持つこともあるが、そうでないかぎり、宮廷女人の子は逆立ちしても、正式の妃たちの子に勝てない。皇位が欲しければ、クーデターを成功させるしかない。

そう考えると、宮廷女人の子である大友皇子が、のちに天智天皇の後継者となり、天武天皇と皇位を争ったことが、いかに「異例」であるかを、あらためて強く認識させられる。通常なら、とても天皇となりそうな血筋にはないからだ。

蘇我入鹿虐殺の目撃者

『日本書紀』は、長文を弄《ろう》しながら、肝心なところを書かない。だから、その大筋だけを鵜《う》呑《の》みにしてはいけない。細部にまで目をこらして、真実の種を拾いださなくてはならない。たいへんやっかいな書籍である。

舒明天皇の死後、「皇極――孝徳――斉明（皇極の重祚）――天智」と、表向きの皇統が四代続いたが、このあいだの記述を読みこむと、ひとりの重要人物が浮かびあがる。それは、古人大兄皇子である。

この皇子は、舒明天皇の系譜のなかで見たとおり、皇后（皇極天皇）とのあいだに生まれた二男一女とはべつに、蘇我馬子の娘とのあいだにもうけられたという。『日本書紀』は、あくまでも天智天皇と天武天皇に次ぐ「第三皇子」としているのだが、実際は、そうではなかった。姿を見せない天武天皇の代わりに、時代の要所でかならず顔を出している。

なんといおうが、天智天皇の皇后は、古人大兄皇子の娘である。これだけでも、この皇子の権威がいかに大きいものであったかが理解できるのではないか。

そして、古人大兄皇子は、天智天皇が蘇我入鹿を公式の場で虐殺したとき、皇極天皇とともにその場に居あわせたのである。いや、居あわせたなんてものではない。彼はその場の中心にいる人物として描かれていた。

皇極四年六月十二日に事件は起こるが、その現場は、宮廷で「三韓《みつのからひと》（百済《くだら》、新羅《しらぎ》、高《こう》句麗《くり》から来た使者）、調《みつぎ》（貢物）をたてまつる」という厳粛な儀式の最中だった。冒頭の一文を見てみよう。

「天皇（皇極）は、大極殿《おおあんどの》におられ、古人大兄が（その脇に）おられた」

原文では、古人大兄皇子は「侍《はべ》り」となっている。つまり、「天皇のすぐ脇についておられた」ということだ。このときの皇太子は、ほかでもない、古人大兄皇子だったのではないか。あるいは、皇極天皇に次ぐ地位にある人物だったのではないか。

そして、事件の概要はよく知られたとおりである。

蘇我倉山田麻呂が天皇の前で三韓の表文《ふみ》を読みあげるが、謀殺の件を事前に聞かされていたため、緊張で声が乱れてしまう。あやしんだ蘇我入鹿が理由を問い、蘇我倉山田麻呂がとりつくろうと、このときとばかりに中大兄皇子（天智天皇）らが飛びだし、蘇我入鹿の肩と脚を斬った（このときはまだ生きていたのである）。

蘇我入鹿は、転がるようにして皇極天皇の足もとにたどりつくと（御座《おもと》に転就《まろびつ》きて）、ひざまずいて訴えた。

「（あなたは）まさに天皇位にある天子でいらっしゃいます。われが何をしたというのでしょう。お願いです、審議してください。（まさに嗣位《ひつぎのくらい》に居《ま》しますべき天之子《あめのみこ》なり。臣《やつこ》、罪を知らず。乞《こ》う、垂審察《あきらめ》たまえ)」

驚いた皇極天皇は中大兄皇子に向かって、「なぜこのようなことをするのか。何があったのか」と説明を求めた。そこで中大兄皇子は平伏《へいふく》し、蘇我入鹿がいかにひどいやつかということを、つらつらと述べるのである。皇極天皇は殿の奥に下がってしまい、直後に蘇我入鹿は斬り殺された。

この日は雨が降って、宮廷の庭は水びたしだった。その庭に、むしろや障子《しとみ》をかぶせられた蘇我入鹿の屍《しかばね》が横たわり、これを古人大兄皇子が呆然と見ていた。ゾッとするような光景である。

惨殺現場を見せられた古人大兄皇子は、人に「韓人《からひと》が、鞍作臣《くらつくりのおみ》(蘇我入鹿)を殺した。わが心は痛んでいる」といったきり、私邸に引きこもってしまった。それにしても、何を根拠に、「下手人は韓人」といったのかは、この記事の謎とされている。

それはさておき、勢いづく中大兄皇子は、その翌日、蘇我蝦夷《えみし》も死に追いやる。そして、蘇我蝦夷と蘇我入鹿父子の埋葬を許し、その葬儀で泣くことが許された。まるで罪人のようなあつかいではないか。

『日本書紀』の皇極天皇の巻は、「(皇極天皇が退位し、天皇の)位を弟の軽皇子《かるのみこ》に譲り(孝徳天皇即位)、中大兄皇子を立てて皇太子とされた」という記事でしめくくられる。聖域で虐殺を指揮した人物が、事件の直後、皇太子に立てられたのである。これが事実であれば、クーデター以外の何ものでもないだろう。

古人大兄《ふるひとのおおえ》と中大兄《なかのおおえ》

ここで、「古人大兄皇子と中大兄皇子」という、きわめて対照的な人物設定がなされている点に注目したい。二人に共通するキーワードは、「大兄《おおえ》」である。この称号は、皇位継承者であることを意味しているものと思われるが、ほかに「大兄」の称号を与えられた人物には、押坂彦人大兄皇子《おしさかのひこひとのおおえのみこ》と山背大兄王がいる。

ところが、この四人いる「大兄」のなかで、中大兄皇子だけ、すこし印象が異なる。まず、彼のほんとうの名は葛城皇子だった。なぜ、ほかの例に倣《なら》って「葛城大兄皇子」としなかったのか。

そして、現代の私たちは即位前の天智天皇を「中大兄皇子」と呼んでいるし、本書でもこの「通例」にしたがって、そう表記してきたが、実際の『日本書紀』のなかに「中大兄皇子」という表記は出てこない。

意外に思う方も多いだろうが、れっきとした事実である。『日本書紀』での表記は、一貫して「中大兄」なのである。

その後、孝徳天皇の皇太子となり、斉明天皇紀のなかで「皇太子」とあるのも、おそらく彼である。即位してからは、もちろん「天皇」と呼ばれているから、『日本書紀』において、彼の名が「中大兄皇子」と記されたことはない（また、葛城皇子の名も、最初の系譜で記されたきり出てこない）。

なぜ『日本書紀』は、「中大兄」に「皇子」をつけなかったのか。もしかすると、「中大兄」は、『日本書紀』の編著者が便宜的につけた称号だったのではなかったか。

つまり、「中」というのは名ではなく、その人物の立場をあらわす称号である。彼のほかに「大兄」（皇位継承者）がいて、それと対抗させるために「中大兄」という称号を創作したとしか考えられない。「中の大兄」というのだから、「大兄」につぐ二番手の皇位継承者だったと推測できる。

では、このときの一番手の「大兄」は誰だったのかといえば、古人大兄皇子しかいない。皇極天皇の皇太子は、やはりこの皇子だったのである。

二度出てくる「吉野入り」の話

古人大兄皇子は、中大兄皇子のクーデター後、私邸に引きこもり、その後、「吉野入り」している。

退位を決めた皇極天皇から、弟の軽皇子に譲位され、孝徳天皇となるが、その前に軽皇子は再三固辞《こじ》していた。自分よりも古人大兄皇子のほうが皇位にふさわしいのではないかというのである。孝徳天皇は、古人大兄皇子にいった。

「(古人) 大兄命は、先の天皇 (皇極天皇) の所生《しょせい》 (お生みになった子) です。また (私より) 年長でもいらっしゃいます。この二つの理由から、あなたこそ皇位にあるべき方ではないでしょうか」

ところが、古人大兄皇子は手をふって固辞《こじ》し、「わたしは出家して吉野に入り、仏の道につとめます。そして天皇（孝徳）を（遠くから）お助けいたします」と答えた。そして、刀を地面に投げうち、部下たちにも武装を解かせ、さっそく法興寺《ほうこうじ》に向かうと、ひげを剃《そ》って、袈裟《けさ》をつけたという。

じつは、これとほとんど同じ話が、天智天皇の時代にも出てくる。

病床についた天智天皇は「東宮《もうけのきみ》」を部屋に引きいれ、あとのことをよろしく頼むといった。このときの東宮は、天武天皇である。

天武天皇は、天智天皇からの皇位継承を固辞し、「わたしが願いますのは、天皇（天智）のために出家して、仏道をおさめることです」と答えた。そして、さっそく内裏にある仏殿の南庭に向かうと、そこで胡坐《あぐら》をかき、髪を剃って、沙門《ほうし》（法師）となった。天智天皇は彼に袈裟を送ったという。その後、天武天皇は吉野に入った。

むしろ、こちらの話のほうが、よく知られているかもしれない。このように、古人大兄皇子と天武天皇は、まったく似たような経緯で「吉野入り」するのである。二人は、同一ている。

人物なのではあるまいか。

ところが古人大兄皇子は、謀反《むほん》の疑いをかけられ、通説では、中大兄皇子が送る兵によって殺されたことになっている。『日本書紀』は、このときの経緯をまわりくどく表現している。

中大兄皇子は、菟田朴室古《うだのえのむろのふる》らに、吉野にいたと思われる古人大兄皇子を討つよう命じた。しかし、本文中では、「古人大兄皇子らを討《う》たせた」とあるが、殺されたとは断言していない。「ある本《ふみ》にいう（異伝によると）」の形式で、古人大兄皇子が斬られた説をつけ加えているにすぎない。

古人大兄皇子は、ほんとうに殺されたのだろうか。もし、非業《ひごう》の死を与えられたのであれば、彼を祀る神社や伝承のひとつが、吉野か、その近隣に残されていても、おかしくはないだろう。しかし、そんなものはひとつとしてないのである。

古人大兄皇子は死んだことになって、生きていたのではないだろうか。そしてこの状況は、壬申《じんしん》の乱が起こる前の天武天皇と、あまりにも酷似《こくじ》している。

隠された系図の発掘

もうひとつ、天武天皇が、病床の天智天皇から「あとのことはよろしく頼む」といわれて、具体的にどのように答えたかについても、『日本書紀』の記述を確認しておこう。天武天皇の答えは、天智天皇の巻と天武天皇の巻に二度出てくる。

天智天皇の巻
「洪業《あまつひつぎ》（皇位）を大后《おおきさき》（天智天皇の皇后）におさずけになり、大友王（大友皇子）に諸政《もろもろのまつりごと》をお任せなさってください」

天武天皇の巻
「天下《あめのした》をあげて（皇位を）皇后におさずけください。そして、大友皇子をよろしく儲君《もうけのきみ》（皇太子）にお立てください」

そもそも天皇が、皇太子から皇位継承や立太子《りったいし》の助言を得るというのも奇妙な話だが、天武天皇の意見は一貫している。それは、「皇后への皇位継承」だ。

天智天皇の皇后は、古人大兄皇子の娘の倭姫王《やまとひめのみこ》である。なぜ天武天皇が、古人大兄皇子の娘を次期天皇に推《お》す必要があったのか。

それも、「古人大兄皇子＝天武天皇」であれば、話はひとつにつながる。ようするに、自分ではなく、わが娘を推して様子を見たということだろう。しかし、実際はそのようにはならなかった。

さらに、『日本書紀』にも記されているように、殺される直前の蘇我入鹿が、つぎの天皇に擁立《ようりつ》しようとしていたのは、古人大兄皇子だった。それが、蘇我入鹿誅殺の原因のひとつとしてあげられているのである。

「蘇我入鹿は、ただひとり上宮王《かみつみやのみこ》（山背大兄王）たちをお廃《す》てし、古人大兄を立てて、天皇にすることを謀《はか》っている」

蘇我入鹿が古人大兄皇子を推した理由も、「古人大兄皇子＝天武天皇」であったなら、ごく当然のことのように思われる。なぜなら、蘇我入鹿（高向王）の子が天武天皇（漢皇子）だからである。つまり蘇我入鹿は、わが子を皇位につけようとしたにすぎない。

すると、蘇我入鹿の屍を呆然と見つめる古人大兄皇子の姿の意味がはじめて理解でき、胸を打たれるのだ。天智天皇は、わが父を公然と惨殺した憎むべき仇《かたき》であった。

天智天皇の残虐性を目の当《ま》たりにした天武天皇は、その臨終《りんじゅう》の機会を待っていた。いざ、その日が訪れると、「わが娘に皇位を譲る気はあるか」という究極の問いを投げかけたのである。それが実現されないことを知り、天武天皇は挙兵を実行したのだった。

バラバラにされた蘇我入鹿と天武天皇の名をまとめると、次のとおりになる。

蘇我入鹿（母・推古天皇、父・蘇我馬子）＝聖徳太子＝豊浦大臣＝高向王
天武天皇（母・皇極天皇、父・蘇我入鹿）＝古人大兄皇子＝大海人皇子＝漢皇子

ようやく、『日本書紀』編纂《へんさん》の最大の目的が明らかになってきた。それは、天智天皇によるクーデターを正当化し、「大悪人天智天皇」を「大悪人蘇我入鹿」に書きかえること

であり、蘇我入鹿と天武天皇とをつなぐ糸を切断することだった。そうしたうえで、天智天皇と天武天皇の関係性（天智が兄で、天武が弟）を捏造《ねつぞう》したのである。

しかし、実際の天武天皇は、天智天皇が皇太子の地位を奪う前の皇太子であって、将来の「武の王」になることが嘱望《しょくぼう》された人物だった。

そして、二人は異父兄弟だった。天智天皇にとって、天武天皇は、母の前夫の子なのだから、おそらく年長だろう。

嶋宮《しまのみや》と近江遷都

孝徳天皇は、飛鳥の地を離れ、難波《なにわ》の地に新しい都を築いた。難波長柄豊碕宮《ながらのとよさきのみや》である。

ところが、この天皇が前天皇（皇極天皇）や皇太子（中大兄皇子）に捨てられたことは、すでに述べたとおりである。中大兄皇子らは、難波を離れ、「倭飛鳥河辺《やまとのあすかがわのほとり》の行宮《かりみや》」に戻ってしまう。このとき、群臣や官人たちも中大兄皇子と行動をともにした。

孝徳天皇が亡くなり、皇極天皇が重祚して即位すると（斉明天皇）、宮は「飛鳥板蓋宮《いたぶきのみや》」に遷される。

そして、斉明天皇が亡くなると、中大兄皇子は、「称　制《まつりごとをきこしめす》」している。つまり、即位をせずに国政をとった。通説では、母・斉明天皇の喪《も》に服したものとされている。その後、天智天皇の巻の前半は、朝鮮の政情不安が長々と語られており、有名な白村江《はくすきのえ》の戦にいたる。その結果、多くの亡命百済人が連れられて、日本にやってくる。

朝鮮の話が一段落すると、ようやく内政の記事が登場する。

「三年の春二月……天皇は、大皇弟《ひつぎのみこ》に命《みことのり》して、冠位の階名《しなな》を増して換《か》えること、および氏上《このかみ》、民部《かきべ》、家部《やかべ》などのことをのたまう。その冠は、二十六ある……」

まだ、即位をしていないのに「天皇」と記されている。これは、『日本書紀』の執筆者のフライングだろう（「大皇弟《ひつぎのみこ》」とあるのは、天武天皇）。

それにしても、新しい冠位の制定は、新しい朝廷の序列を決めるためのものだから、天皇がとりおこなう最重要事項のはずだ。中大兄皇子は、これほど重要な仕事をする前に、なぜ即位しなかったのか。やはり、どこかすっきりしない。

その六月には、「嶋皇祖母命《しまのすめみおやのみこと》」という女人が亡くなっている。この女人は、糠手姫皇女《ぬかてひめのみこ》とされるが、「命《みこと》」の尊称がつけられているのは、「特別」な存在であるからだろう。糠手姫皇女は、敏達《びだつ》天皇の子で、押坂彦人大兄皇子《おしさかのひこひとのおおえのみこ》の妻となり、舒明天皇を生んだ。皇極天皇から見て姑《しゅうとめ》にあたる人物で、いわば天智天皇の祖母である。

このとき、天智天皇の年齢はすでに三十代後半には達していたと思われるから、嶋皇祖母命が相当の長命であったのは、いうまでもない。

問題は、その名のなかにある「嶋」の一字である。「嶋」と聞いて思いだされるのは、「嶋大臣《しまのおおおみ》」と呼ばれた蘇我馬子だ。『日本書紀』の推古天皇三十四年五月の条には、つぎのような記事がある。

「飛鳥河の傍《ほとり》に（蘇我馬子の）家がある。すなわち、庭のなかに小池が開《ほ》られていた。よって小嶋が池のなかに興《つく》られていた。このため時の人は、嶋大臣という」

おそらく嶋皇祖母命は、この蘇我馬子の邸宅跡に建てられた宮に住んでいたのではないだろうか。すなわち、「嶋宮《しまのみや》」である。難波を離れた皇極天皇と中大兄皇子らがいたという「倭飛鳥河辺の（飛鳥川の辺《ほとり》にある）行宮」も、ここなのだろうか。

「嶋宮」の呼称としては、『日本書紀』天武天皇の巻に初出がある。天武天皇が、天智天皇と訣別《けつべつ》し、出家して吉野に向かう途中に立ち寄ったと記された宮だ。

また、天智元年に「大津宮《おおつのみや》（近江京《おうみのみや》）」で生まれたという草壁皇子は、持統三年に亡くなるが、このとき、柿本人麻呂《かきのもとのひとまろ》が『万葉集』に残した歌がある。

「嶋宮　勾乃池之　放鳥　人目尓戀而　池尓不潜（嶋宮の勾《まがり》の池に放たれた鳥も、人目を恋しがって、池のなかに潜《もぐ》ろうとはしない。生前の草壁皇子をしのんでいるのだろう）」

歌の内容からも、生前の草壁皇子は「嶋宮」にいたと思われる。このように、蘇我馬子の邸宅跡である「嶋宮」は、飛鳥のなかでも重要な場所として認識されていた。

そして、蘇我馬子――天武天皇――草壁皇子と住んだ「蘇我氏の拠点」ともいうべき宮に、蘇我氏の血を継いでいない糠手姫皇女（嶋皇祖母命）が晩年を過ごしていたというのは、どうもひっかかる。

彼女は、天智天皇から天武天皇に送られた人質だったのではないだろうか。

また、天智天皇と天武天皇は、おたがいの娘をそれぞれ娶《めと》っている。天智天皇は、古人大兄皇子（天武天皇）の娘の倭姫王を皇后とし、天武天皇は、天智天皇の二人の娘――大田皇女と鸕野讃良皇女――を娶っている。

これは、拮抗する二つの権力のバランスをとるためではなかったか。天武天皇は、けっして天智天皇の支配下にはなかったのである。

そうすれば、天智天皇がなかなか即位せず、近江に遷都した理由も見えてくる。

『日本書紀』は、天智天皇が、六年三月、都を近江に遷し、七年正月に即位したと記している。もちろん「即位前の遷都」などありえない。天智天皇は、天武天皇の監視をまぬがれるために、飛鳥から遠くにある近江の地まで遷ったにちがいない。

そして、天智十年正月には、「冠位・法度《のり》のことを施行」している。このとき、佐平《さへい》余《よ》自信《じしん》、沙宅紹明《さたくじょうみょう》、鬼室集斯《きしつしゅうし》、谷那晋首《こくなしんしゅ》、木素貴子《もくそきし》、憶礼福留《おくらいふくる》、答㶱春初《とうほんしゅんそ》などといった、七十人前後の亡命百済人たちが新しい階位を授けられた。

ようするに、亡命百済人が半島から日本に持ちこんだ莫大《ばくだい》な財力を得て、近江の新政権は築《きず》かれたのである。このあいだ、飛鳥を守っていたのは、天武天皇の政権である。

神功皇后《じんぐうこうごう》は「邪馬台国《やまたいこく》の女王」

天武天皇の治世は、日本古代史のなかでも画期ともいうべき時代だった。やはり改竄《かいざん》されてしまったが、蘇我馬子・入鹿親子の政治も、すぐれたものだった。

この蘇我氏の時代を支えたのが、推古天皇と皇極天皇という、二人の「トヨ」を名のる女帝だった。

そして、「推古天皇――蘇我入鹿」と「皇極天皇――天武天皇」という、二つの母子関係とイメージが重なるのが、「神功皇后――応神天皇」の母子関係である。二人の女帝は、神功皇后と自分たちを重ねあわせたからこそ、「トヨ」を名のったのである。つまり、神功皇后の再来として、二人の女帝は登場したことになる。

推古天皇たちに影響を与えた神功皇后は、どのような人物だったのだろう。

神功皇后は、天皇ではないのにもかかわらず、『日本書紀』のなかで単独の巻（巻第九）

を与えられている稀有《けう》な存在である（『古事記』では、単独の節はなく、仲哀《ちゅうあい》天皇の節のなかにふくまれている）。

夫とされる仲哀天皇より事蹟《じせき》が多く、また、仲哀天皇の巻にも神功皇后の話が多く出てくる。彼女は、古代の重要人物だった。にもかかわらず、なぜ天皇として認められなかったのか。これじたい大きな疑問である。

神功皇后の巻は、重要な記事が目白押しなのだが、なかでも興味をひくのが、ここに「魏志倭人伝《ぎしわじんでん》」からの記事が三点挿入（景初《けいしょ》三年、正始《しょうし》元年、正始四年）されていることだろう。

いずれも、倭から魏へ送られたつかいに関するものだが、なぜ神功皇后の巻にこれらが挿入されているのかといえば、神功皇后こそ、「倭王」と考えられていたからにちがいない。すなわち、『日本書紀』の編著者は、神功皇后を「邪馬台国《やまたいこく》の女王」にあてていたのである。

とはいっても、一般にいわれているような「神功皇后＝卑弥呼《ひみこ》」ではない。どういうことか、説明していこう。

邪馬台国は、二世紀末から三世紀にかけて、日本列島のどこかに実在していた。ということは、考古学が語るヤマト建国の時代と、ほぼ重なっていたことになる。

そのいっぽうで、崇神天皇の時代をヤマト建国の初期とすれば、三〇〇年ほど、ずれてしまう。そんなこともあって、通説では、この挿入記事を重視せず、神功皇后も、七世紀の女帝をモデルに創作されたにすぎないと考えてきた。

だが、この記事を挿入した人は、明らかに神功皇后と邪馬台国の接点を語ろうとしていたはずである。

『日本書紀』によれば、神功皇后は、九州の熊襲《くまそ》がそむいたために、越《こし》（北陸）から出雲を経由し、長門国《ながとのくに》の「穴門豊浦宮《あなとのとゆらのみや》」におもむいた。ここで夫の仲哀天皇と合流し、九州に圧力をかけたのである。

ややあって、北部九州の沿岸部を支配する首長《しゅちょう》たちは、こぞって恭順《きょうじゅん》してきたという。橿日宮《かしひのみや》（いまの香椎宮《かしいぐう》。福岡県福岡市）に拠点を構えた仲哀天皇らは、いよいよ本格的な「熊襲征討《せいとう》」に乗りだす。

ところがこのとき、神功皇后に神が憑依《ひょうい》し、神託《しんたく》を下した。

「天皇（仲哀）はどうして熊襲がまつろわない（服従しない）ことを気にしているのか。こんなものは得たところで、しょせん何もない国である。わざわざ兵をあげて攻めるに足りない。それより、これにまさる宝の国がある。たとえば、美女の眉のように平らな稜《りょう》線《せん》の向津国《むかつくに》（向こう岸に見える国）がある。その国には、輝くばかりの金銀彩色が多くある。栲衾新羅国《たくぶすましらぎ》という。もし、われをよく祭れば、刃《やいば》に血を塗らずして、その国はおのずとまつろうであろう」

つまり、「この神」を祀れば、刃を血に染めることなく（兵の被害なく）、新羅は簡単に手に入れられるという。まさしく、「武の王」の本義を思わせる「戦わずして勝つ」の呪力である。

ところが、仲哀天皇は、神託を拒絶したばかりか、それを侮辱し、神を怒らせてしまった。そして、まもなく亡くなったのである。神託の拒否と天皇の死の因果関係が、『日本書紀』には述べられておらず、『古事記』だけにあるということは、すでに話した。

憑依《ひょうい》した神の正体

その後、「この神は、何ものか」ということで、七日七夜にわたって何度も問いかけたところ、三つの答えが得られた。

「（伊勢国《いせのくに》の度逢県《わたらいのあがた》の五十鈴宮《いすずのみや》におる神）撞賢木厳之御魂天疎向津媛命《つきさかきいつのみたまあまさかるむかつひめのみこと》」
「（尾田吾田節《おたあたふし》の淡郡《あわのこおり》におる神）於天事代於虚事代玉籤入彦厳之事代主神《あめにことしろそらにことしろたまくしいりひこいつのことしろぬしのかみ》」
「（日向国《ひむかのくに》の橘小門之水底《たちばなのおどのみなそこ》にいて、水葉稚之出居神《みずはもわかやかにいでいるかみ》）表筒男《うわつつのお》・中《なか》筒男・底《そこ》筒男神」

これにより力を得た神功皇后は、どういうわけか、熊襲をあっさりと制圧している。そう考えると、仲哀天皇の死はなんだったのか。「熊襲征討」にこだわったことより、やはり神託を侮辱したところに死の理由があるのかもしれない。ちなみに、「熊襲征討」に派遣されたのは、吉備臣《きびのおみ》の祖である鴨別《かもわけ》である。

さらに神功皇后は、北部九州の首長たちをつぎつぎ制圧すると、ついに「新羅征討」を成功させるのである。その後、高麗《こま》（高句麗《こうくり》）や百済《くだら》も朝貢してきたという。もちろん、これは史実とは異なる。

神功皇后に憑依した神を見てみよう、三つの答えのうち、最初の「撞賢木厳之御魂天疎向津媛命」は、「五十鈴宮（伊勢神宮）」にいることから、「天照大神《あまてらすのおおかみ》」である。

つぎの「於天事代於虚事代玉籤入彦厳之事代主神」は、頭に装飾句がたくさんついているが、シンプルにいえば、「コトシロヌシ（事代主神）」である。

コトシロヌシは、オオクニヌシの子だから、もちろん「出雲神」である。「出雲の国譲り」につかわされた神のひとり、天鳥船《あめのとりふね》を前にして、「船を踏《ふ》み傾《かたむ》けて、天逆手《あまのさかて》を青柴《あおふし》垣《がき》に打ち成してお隠れになった」のは、コトシロヌシだった。つまり、実際に呪詛《じゅそ》のような行動をしたのは、オオクニヌシではなく、この神である。

そして、最後にあらわれたのが、「住吉《すみよしの》大神（住吉三神）」だ。名をかえて三度登場したのは、同体だからだろう。ようするに、「天照大神＝事代主神＝住吉大神」だといっている。

第一章にも、神功皇后の胎内にいる応神天皇について神託があって、やはり神の名を問いかけたが、このときは、「天照大神＝住吉大神」であった。今回は、さらに「出雲神コトシロヌシ」が加わっている。

この記事は、たいへん重要な内容をふくんでいる。

神功皇后に憑依した神、彼女が祀っていた神は「出雲神」だったということだ。いいかえれば、尾張《おわり》氏が伊勢で祀っていた神（天照大神の原型）、その同族である津守《つもり》氏が難波《なにわ》で祀る神（住吉大神）、そして、物部《もののべ》氏がヤマトの石上《いそのかみ》で祀る神（霊剣の御魂《みたま》）——これらは、すべて「出雲神」だったのである。

そこで、気になるのは、神功皇后が新羅を攻める前におこなったという祭祀である。これから新羅入りしようというのに、兵が集まらないのだ。

「すなわち大三輪社《おおみわのやしろ》を立てて、刀矛《たちほこ》を奉《たてまつ》った」

すると、たちまち兵になる人たちが集まってきたという。

ここにある「大三輪社」は、現在の大神《おおみわ》神社であり、この社には「出雲神《いづものかみ》オオモノヌシ」が祀られている。

こうなると、雄略天皇に祟りかけたという、葛城《かづらき》の一言主《ひとことぬし》神社にいます神の正体もわかるだろう。この「ヒトコトヌシ」は、コトシロヌシにほかならない。もっとも、雄略天皇はコトシロヌシに祟られたのではなく、「この神の祟り」を鎮《しず》めるための祭祀をおこなっていたのだろう。

「武の王」の祖は、「出雲神の祟り」を鎮めるために、ヤマトに招かれた。それが、「神の子」である応神天皇（神武天皇）だった。

招いたのは、葛城に住んでいた尾張氏や、吉備《きび》からヤマトにやってきた物部氏など、「出雲」を裏切った氏族の連合、すなわち「初期のヤマト政権」である。そのときの経緯が、象徴的に崇神《すじん》天皇の事蹟としてまとめられたのである。

では、出雲を裏切ったとは、いったいどういうことなのか。

神功皇后が九州に残った理由

初期のヤマト政権が、吉備、出雲、尾張、丹波《たんば》（タニハ）、越《こし》などといった地域の人が集まってできたことは、第二章で述べたとおりである。

ここから先は、『神社が語る　古代12氏族の正体』（祥伝社新書）でも述べたので、概略だけ追ってみたい。

出雲は、日本海側という地の利を活かして、朝鮮や、それと頻繁《ひんぱん》な交流のある北部九州との関係を深めて栄えていった。

吉備もまた、出雲と「山ひとつ越えたところ」にあるという地の利を活かして栄えていった。これに加え、目の前にある瀬戸内での海運技術と航路を発達させることで、より大きな繁栄を得ることができた。

瀬戸内をまっすぐ東へ向かうと、行きあたるのは難波である。その少し内陸が河内《かわち》。山をひとつ越えると、ヤマトだ。吉備の勢力は東へ東へと勢力を伸ばした。

とはいえ、先進の技術や文物の多くは、朝鮮から北部九州経由でもたらされていた。そのとき、本州のいちばん西の端にある下関《しものせき》と、九州のいちばん東の端にある門司《もじ》に挟まれた海峡（関門《かんもん》海峡）が要衝《ようしょう》となる。ここを封鎖すれば、瀬戸内の海運は機能を失う。

神功皇后が下関に「穴門豊浦宮」をおいたことも、これにつながってくる。北部九州の勢力に圧力をかける理由もあったが、瀬戸内の海運をコントロールして、吉備の勢力を抑制する目的があったかもしれない。

「出雲神」を祀っていた神功皇后、さらに、その伴侶《はんりよ》である武内宿禰は、出雲を中心とする日本海を代表する人物だった。

吉備が瀬戸内の海運を制したのであれば、そのいっぽうで、出雲は日本海の海運を制していた。出雲からやってきた人たちが、日本海の沿岸に点々と住みついていたのである。

そのひとつの例が、気比大神《けひおおかみ》の祀られる敦賀《つるが》であり、武内宿禰を祀る宇倍《うべ》神社のある因幡《いなば》（鳥取県東部）だろう。また、「応神天皇五代孫」を名のる継体天皇の故郷である三国《みくに》、ヒスイが採取される糸魚川《いといがわ》なども、その勢力範囲にふくまれるかもしれない。

その後、九州の熊襲が、きなくさい動きをとりはじめたというので、ヤマトはこれを制圧しようとした。

ところが、実際のターゲットは南部九州の熊襲ではない。このとき、山門県《やまとのあがた》（福岡県みやま市）を本拠として、近くの高良山《こうらさん》に住み、北部九州で宗教的支配をおこなっていた「邪馬台国の卑弥呼」を亡ぼそうとしたのである。

その「征討軍」として派遣されたのが、神功皇后だった。祭祀者である彼女は、まさにうってつけの役のように思われた。また、その夫である武内宿禰は、コトシロヌシのイメージとも重なる人物である。彼らは、ヤマトでもその「神威《しんい》」を認められていたのだろう。

北部九州の首長たちがこぞって恭順してきたというのも、ヤマトの軍勢が強力だったからではなく、やはり神功皇后らの「神威」を認めたからだろう。

神功皇后の軍は、地盤を失った卑弥呼を倒すことができたが、そのままヤマトへ凱旋《がいせん》して、権力の地盤固めというようにはならなかった。ここで、大きな問題が残された。邪馬台国の卑弥呼は、「倭国の王」を名のり、独自に魏《ぎ》との朝貢関係を持つことで、「親《しん》魏倭王《ぎわおう》」の称号を得ていたのである。その「倭王」が亡ぼされたとなれば、魏が動きだすかもしれない。

神功皇后は、九州に残り、邪馬台国の二代目を名のることを余儀《よぎ》なくされた。そうやって、卑弥呼からの権力の移譲《いじょう》がつつがなくなされたことを、魏に示す必要があった。神功皇后は、二代目「台与《とよ》」として邪馬台国に残ることとなった。

神功皇后に倣って、推古天皇や皇極天皇が名のった「豊（トヨ）」は、このときの「台与」の名に由来しているのである。

そのあいだに、ヤマトでは反対勢力がのろしをあげた。応神天皇の異母兄にあたる香《か》坂王《さかのみこ》と忍熊王《おしくまのみこ》である。神功皇后から見れば、先妻の子になる。

ただし、この姻戚関係は真実ではないだろう。応神天皇の異母兄と記されているのは、物部氏を中心とする「非・出雲（非・日本海側）」の勢力と思われる。彼らは、神功皇后が九州にいるすきに裏切った。出雲はふたたびハシゴをはずされたのである。

「神の子」として生まれた応神天皇を擁《よう》する神功皇后の軍は、東に向かう。『古事記』によると、このとき神功皇后は、「喪船《もふね》をひとつ用意し、御子《みこ》（応神天皇）をその喪船に載せて、御子はすでに亡くなってしまったと漏らされた」という。これにより、香坂王は「猪」に食べられる。追いつめられた忍坂王も自死を選ぶ。

応神天皇らは、「武の王」さながら、神の呪力で勝利を得た。

この応神天皇の「東遷《とうせん》」が、「神武東征《じんむとうせい》」と重なるイメージを持っていることは、すでに述べたとおりである。こうして「出雲神」は、ヤマトにふたたび祟ることとなった。これを鎮めるために立てられたのが、応神天皇（神武天皇）である。

のである。

蘇我氏は越からやってきた？

応神天皇から始まる「武の王家」は、何度も断絶しながら、そのたびに復興された。抵抗勢力との暗闘は続いたものの、氏族間の勢力関係が複雑化するなかで、命脈《めいみやく》を保ったのである。

そのなかで台頭してきたのが、武内宿禰の後裔氏族だった。葛城氏、紀《き》氏、蘇我氏などといった、古代史で大きな活躍を見せる氏族である。彼らは、出雲の勢力のおよんでいた越から、ヤマト入りしたのではないだろうか。武内宿禰の後裔氏族は、やがて天皇家や物部氏と肩を並べるような存在となり、とくに頭角をあらわしたのが、蘇我氏だった。

越の蘇我氏は、思わぬところで顔を出している。

飛鳥の山田寺《やまだでら》の境内には、山田重貞《やまだしげさだ》という人が立てた雪冤《せつえん》の碑がある。山田寺は、蘇我倉山田石川麻呂の氏寺である。彼が中大兄皇子に謀反《むほん》の疑いをかけられ死を選んだとき、一部の親族がともに亡くなるが、また一部の親族は地方に流されたという。

碑文《ひぶん》によると、これを立てた山田重貞は「越前粟田部《えちぜんあわたべ》（福井県越前市）」の人で、蘇我倉山田石川麻呂の遺児の末裔だった。蘇我氏の子孫である彼は、祖先にかけられた謀反の

山田寺跡には小さな堂がひとつ残るのみである。右手に見える覆屋のなかに山田重貞が立てた雪冤の碑がある。この碑は書の美しさでも知られている

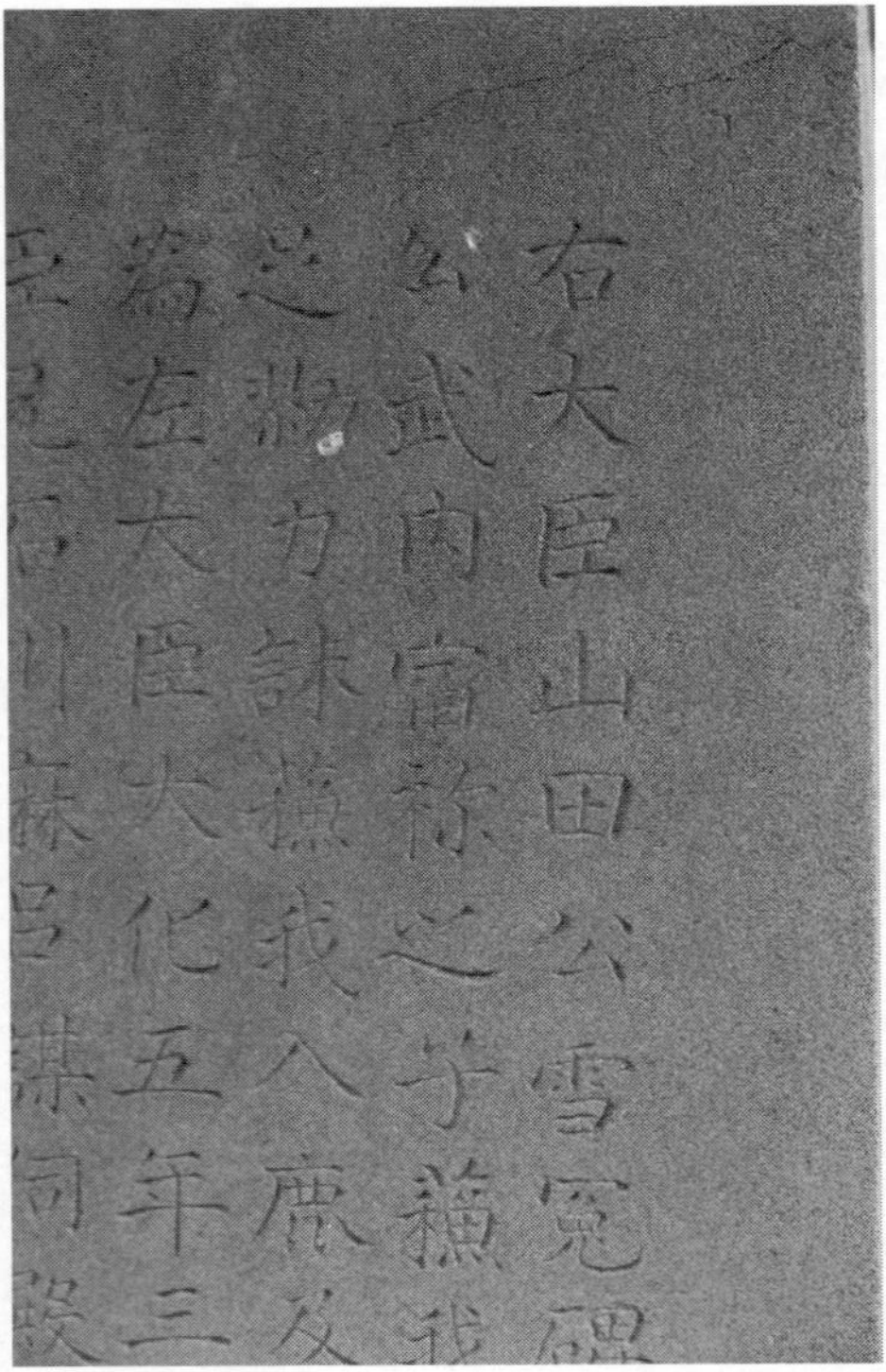

碑文の書きだしの「右大臣山田公」は蘇我倉山田石川麻呂をさしている。つづいて、武内宿禰の後裔であることが述べられる

冤《ぬれぎぬ》がいまだ雪《そそ》がれていないのを嘆き、そのことを述べるために石碑を立てたのである。
ここで問題なのは、蘇我氏の子孫が越にいたということだ。彼らの先祖は、ほんとうに縁もゆかりもない土地に流されたのだろうか。やはり、氏族の故地である越の地にみずからの意思で逃れてきたのではないかと思うのだ。

「出雲神」を祀る人たち

出雲の国造《くにのみやつこ》が新任されたとき、一年の潔斎をしてから、都におもむいて奏上《そうじょう》した『出雲国造神賀詞《かむよごと》』がある。このなかでは、次のような「出雲神オオモノヌシ」の言い分が述べられる。

「おのが命《みこと》（われ）の和魂《にぎみたま》を八咫《やた》の鏡にとりつけて、倭《やまと》の大物主櫛𤭖玉命《おおものぬしくしみかたまのみこと》と御名《みな》を称え、大御和《おおみわ》の神奈備《かんなび》にいませ、御子《みこ》の阿遅須岐高孫根命《あぢすきたかひこねのみこと》の御魂《みたま》を葛木《かづらき》の鴨《かも》の神奈備にいませ、事代主命の御魂を宇奈提《うなて》にいませ、賀夜奈流美命《かやなるみのみこと》の御魂を飛鳥《あすか》の神奈備にいませて、皇孫の近き守り神と貢《たてまつ》りおいて、（われは）八百丹杵築《やおにのきづき》の宮（出雲大社）に静まりいましき」

つまり、「われは出雲の杵築でおとなしくしているから、その代わりに四柱《よんはしら》の神をヤマトで祀れ」と述べているのだ。

オオモノヌシ（和魂）→大御和《おおみわ》の神奈備《かんなび》（三輪山）

アヂスキタカヒコネ→葛木の鴨《かも》の神奈備（葛城山）

コトシロヌシ→宇奈提《うなて》

カヤナルミ→飛鳥《あすか》の神奈備（雷丘《いかづちのおか》説、飛鳥坐《あすかにいます》神社のある鳥形山《とりがたやま》説、岡寺山《おかでらやま》説など諸説）

神奈備というのは、美しい形状をして、神が宿ると伝えられた信仰の山である。

本章のテーマから見て、まず注目されるのが、「宇奈提」で祀られるというコトシロヌシだろう。宇奈提の地名は、奈良県橿原《かしはら》市雲梯《うなて》町として、いまも現存している。当地には、河俣《かわまた》神社という古社があり、いまもコトシロヌシを祀っている。

曽我川に沿って広がる河俣神社の森

この神社を、『延喜式《えんぎしき》』の「神名帳《じんみようちよう》」にも掲載される「高市御《たけちみ》縣《あがたにます》坐事代主神社」に比定する説もある。「高市」と聞いて、まず思いだされるのは、天武天皇の皇子のなかで最年長と考えられ、「後皇子尊《のちのみこのみこと》」と称えられた高市皇子《たけちのみこ》だ。

古代の高市郡は、飛鳥をふくむ広い地域であるが、高市の神といえば、コトシロヌシだった。『日本書紀』には、天武天皇軍の勝利を決定づける神託が記されている。それは、高市の県主《あがたぬし》である許梅《こめ》に下った。

「われは、高市社におり、名は事代主神。また、牟狭社《むさのやしろ》におり、名は生霊神《いくたまのかみ》である……神日本磐余彦天皇《かむやまといわれひこ》(神武天皇)の陵《みささぎ》に、馬および種々の兵器をたてまつれ」

天武天皇は、やはり「出雲神」を祀っていたのである。

そして、雲梯町の北に一キロほど行ったところにあるのが、曽我《そが》町である。

このあたりは町の名にも残るように、蘇我氏の故地のひとつと考えられ、町内には宗我《そが》都比古《つひこ》神社が現存している。また、隣の小綱《しようこ》町には、蘇我入鹿を祀る入鹿神社もある。

宇奈提の地図
真菅駅
宗我都比古神社
曽我川
曽我町
入鹿神社
大和八木駅
小綱町
八木西口駅
金橋駅
忌部町
畝傍駅
雲梯町
河俣神社
畝傍山

入鹿神社本殿

ちなみに、曽我町と雲梯町に挟まれるようにしてあるのが忌部《いんべ》町で、こちらは忌部氏の本拠地とされているところだ。蘇我氏と忌部氏の浅からぬ関係がうかがえる。

それにしても、曽我町と雲梯町の地理的関係はまったくの偶然だろうか。雲梯町をふくむ一帯までを、蘇我氏の故地と見ることはできないだろうか。

また、この地にやってくる前の蘇我氏は、葛城に住んでいたものと思われる。蘇我馬子は、葛城を「臣《われ》の本居《うぶすな》」といい、のちに「祖廟《おやのまつりや》」が立てられた。祖廟とは、先祖を祀る社である。つまり、蘇我氏の祖神が祀られていた。

葛城は、コトシロヌシの一大信仰地だったらしく、「神名帳」を見ると、その名も鴨都《かもつ》味《み》波《は》八《や》重《え》事代主《ことしろぬし》命《のみこと》神社がある。いま、コトシロヌシとシタテルヒメを祀る鴨《か》都《つ》波《ば》神社である。そして、何度も登場した一言主神社の「ヒトコトヌシ」は、コトシロヌシである。

この地は、重要な社が目白押しなのだが、もうひとつ避けて通ることができないのが、高鴨《たかかも》神社である。

高鴨神社は、「神名帳」に記載される高鴨《たかかもの》阿《あ》治《ぢ》須《す》岐《き》詫彦根《たかひこね》命《のみこと》神社《のかみのやしろ》と思われる。社名にもあるように、主祭神はアヂスキタカヒコネ（『日本書紀』では味耜高彦根、『古事記』で

鴨都波神社本殿

境内にある遥拝所。鴨都波神社は、ちょうど三輪山と葛城山を結ぶ直線上に位置する

は阿遅志貴高日子根）だが、「神名帳」によると、この社の祭神は「四座」となっている。ところが、アヂスキタカヒコネ以外の祭神は、時代によって、いろいろ変わっている。どうも不明とされているようなのだ。

ほかの「三座」はどこへ行ってしまったのか。伊勢神宮のときと同じような話がここでも起こっている。伊勢や住吉の「四座」といえば、住吉三神（住吉大神）と神功皇后だったが、高鴨神社のもとの祭神も、この夫婦だったのだろうか。

コトシロヌシと蘇我氏

アヂスキタカヒコネは、『古事記』によると、オオクニヌシの子とされている。

「大国主命《おおくにぬしのみこと》（オオクニヌシ）が、胸形《むなかた》（宗像）の奥津宮《おきつみや》（沖ノ島《おきのしま》）にいます神、多紀理毘《たきりひ》売命《めのみこと》を娶《めと》ってお生みになった子、阿遅志貴高日子根命《あぢしきたかひこねのみこと》（アヂスキタカヒコネ）。次に妹の高比売命《たかひめのみこと》、またの名は下光比売命《したてるひめのみこと》（シタテルヒメ）。この阿遅志貴高日子根命は、いま、迦毛《かもの》（鴨）大御神《おおみかみ》といわれる神である。

アヂスキタカヒコネを祀る高鴨神社

また、神屋楯比売命《かむやたてひめのみこと》を娶ってお生みになった子、事代主命《ことしろぬしのみこと》（コトシロヌシ）……」

このように、アヂスキタカヒコネの名は、コトシロヌシよりも先に書かれている。しかし、オオクニヌシの子といえば、真っ先にコトシロヌシの名をあげるべきであろう。オオクニヌシに指名されて「出雲の国譲り」を呪いながら受けいれたのは、長子のコトシロヌシではなかったか。

コトシロヌシよりも先に書かれたアヂスキタカヒコネとは、何ものなのだろう。彼にまつわる説話が、オオクニヌシの系譜のあとに出てくる。

ある日、アヂスキタカヒコネは、亡くなった友であるアメワカヒコ（天若日子）の喪屋《もや》まで弔《とむら》いにくる。すると、アヂスキタカヒコネの容姿があまりにもアメワカヒコに似ていたというので、遺族（アメワカヒコの父と妻）がアヂスキタカヒコネの手足にとりすがって、「わが子は死んでいなかった」「わが君は死んでいなかった」と哭《な》き悲しんだ。

すると、アヂスキタカヒコネは、「われを穢《きたな》い死人になぞらえるとは」と怒りだし、喪屋を剣《つるぎ》で切りふせ、足蹴《あしげ》にしてしまったという。

この話には、ひとつ腑《ふ》に落ちない点がある。亡くなったアメワカヒコの妻というのは、シタテルヒメである。つまり、さきほどのオオクニヌシの系譜からすれば、アヂスキタカヒコネの同母妹だ。兄が、その妹から死んだ夫と間違えられて怒るなどという状況が、ほんとうに起こりえるだろうか。

シタテルヒメを祀る社が、いまも難波にある。先述した比売許曽《ひめこそ》神社だ。これは、『古事記』のなかで、夫であるアメノヒボコから逃れて、難波までやってきたというアカルヒメが祀られた比売碁曾社《ひめこそのやしろ》のことである。

「アメノヒボコとアカルヒメの夫婦」は、「武内宿禰（住吉大神）と神功皇后の夫婦」と重なっている。すると、「シタテルヒメ＝アカルヒメ＝神功皇后」の図式がなりたつ。

また、シタテルヒメの夫は、兄であるアヂスキタカヒコネと見間違えるほど似ていたという。夫と兄は同一人物なのではあるまいか。

また、すでに述べたとおり、高鴨神社で祀られるアヂスキタカヒコネは、住吉大神だった疑いがある。

以上をつなぎあわせると、「アヂスキタカヒコネ（アメワカヒコ）とシタテルヒメの夫婦」は、「武内宿禰（住吉大神）と神功皇后の夫婦」を別名であらわしたものということになるだろう。

さらに、「アヂスキタカヒコネとコトシロヌシは同体」と仮定すれば、さきほどの系図で、コトシロヌシが二番手におかれた謎も解ける。

アヂスキタカヒコネは、宗像三女神《むなかたさんじょしん》の一神、タキリヒメを母としている。この母神は、玄界灘《げんかいなだ》に浮かぶ沖ノ島に住み、海上安全の神である。ようするに海神だ。

いっぽうのコトシロヌシは、「出雲の国譲り」のとき、「取魚《すなどり》（魚釣り）」をするために、御大之前《みほのさき》（松江市美保関《みほのせき》町）まで出かけて留守だった。コトシロヌシから生まれた福神《ふくじん》恵《え》比須《びす》が鯛をかかえているのは、この説話による。また、いざ国譲りの段になって、「船を踏《ふ》み傾けて」いるのだから、やはり海神の属性が強い。

このように、アヂスキタカヒコネとコトシロヌシは、海の信仰にまつわる神という共通項がある。武内宿禰と応神天皇の父子が、敦賀《つるが》の気比大神《けひのおおかみ》と名の交換をおこなったときも、大神がしたお礼は、鼻の破れた入鹿魚だった。これも、海の信仰に深く関連するものだろう。

彼らは出雲や北部九州の沿岸部で祀られた神であり、その信仰が日本海に沿って東行、北上し、丹波や越まで広がっていった。

越に居住していたと思われる武内宿禰の後裔たちが、これらの神を信仰していたと考えて問題はないだろう。

高鴨神社の祭神がコトシロヌシだったとすれば、蘇我氏が葛城の「祖廟」で祀っていたという神の正体も明らかになる。

夫神　コトシロヌシ＝武内宿禰
妻神　シタテルヒメ＝神功皇后

出雲の末裔であり、「祟り神」である「出雲神」の霊を鎮めていたからこそ、蘇我氏にかぎらず、武内宿禰の後裔氏族は、ことごとく隆盛をきわめたのである。

継体天皇が越から迎えられたときには、武内宿禰の後裔氏族と、古くからヤマトに住む勢力との微妙な関係があったという。このとき、天皇とともに越からやってきたのが、蘇我氏たちだったという見方もできる。
「物部氏はよく神道を守ったが、蘇我氏は仏教を選択したので、神への信仰を捨てた」などという見方は、まったくでたらめなのである。コトシロヌシという「祟り神」を信仰していたから、その事実が歴史から抹消されたにすぎない。

史書の編著者たちは、蘇我氏の素性を隠すために、コトシロヌシの本性をくわしく書くこともできなかった。それで、いかにも「蘇我氏は神への信仰を捨て、仏教に鞍《くら》がえした」かのように脚色したのである。

また、古代史といえば、物部氏と蘇我氏の暗闘を思い浮かべる人が多いが、これも、継体天皇の即位から続くライバル関係が尾を引いたものと見るべきで、「神道 対 仏教」の対立でなかったことは明らかだ。

対立する氏族たちが手を結ぶときがあったことも、すでに述べた。「トヨ」の名を継ぐ女帝たちの誕生のゆえんである。

そして、「武の王」のクライマックスとして天武天皇が登場したときも、氏族たちの思《おも》惑《わく》は一致した。

天武天皇の父は、蘇我入鹿である。その母は、尾張氏の血を継ぐ女帝である。また、その即位前の実像である「古人大兄皇子」は「古（フル）」の名を持っている。これは、現存する系譜には残されていないが、物部氏の血を継いだことをあらわしたものだろう。すると、この天皇は、「物部＋尾張＋蘇我」の結晶だともいえる。

天武天皇は、大田皇女《おおたのひめみこ》の遺児である大津皇子《おおつのみこ》を後継者にしようとしていた。皇子の姉である大来皇女《おおくのひめみこ》を「伊勢の斎宮《さいぐう》」とし、当地で「出雲神」を祀らせた。新しい日本の将来をこの姉弟に託した。そして、さまざまな改革をおこない、みずから新しい日本を建国したのである。

持統天皇の嫉妬心が日本を変えた

しかし、天武天皇が亡くなると、鸕野讃良皇女《うののささらのひめみこ》（持統天皇）が、夫の描いた青写真を反故《ほご》にしてしまう。わが子の草壁皇子《くさかべのみこ》や孫の珂瑠皇子《かるのみこ》を即位させるという欲望を抑えることができず、そしてなにより、この女人は、姉である大田皇女の存在に強い対抗意識をいだいていたのではないだろうか。

大田皇女は、「特別」な存在だったと思われる。短命であったが、天武天皇の即位まで生きていれば、彼女がその皇后に立てられたのはいうまでもない。

しかも、大田皇女は死後、皇極天皇とその娘の間人皇女《はしひとのひめみこ》を合葬《がっそう》した、その墓の前に葬られている。間人皇女は、『日本書紀』の系譜では葛城皇子（天智天皇）と大海人皇子（天武天皇）のあいだにもうけられた子で、のちに孝徳天皇の皇后となった人物である。また、「間人」という名は、推古天皇の別名である「穴穂部間人皇女《あなほべのはしひとのひめみこ》」を彷彿《ほうふつ》とさせる。

間人皇女もまた、母の皇極天皇と同様、宗教的権威を持つ「特別」な女人だったのだろう。これら母子の合葬墓の前に葬られたということは、大田皇女がやはり「特別」な女人であったことを物語っているように思われる。

そして、大田皇女の娘である大来皇女も、「特別」な女人としてあつかわれていた。

斉明天皇（皇極天皇）は、中大兄皇子の求めるまま、政情不安の朝鮮を牽制《けんせい》するために「筑紫行《つくし》」を決行させられる。大田皇女もこれに同行し、その途中、大伯海《おおくのうみ》（岡山県瀬戸内市邑久《おく》町沖の海上）で女子を出産する。天武天皇とのあいだに生まれた最初の子である。

その娘は、土地の名をとって大伯皇女（大来皇女）と名づけられた。

これなどは、「新羅征討」から帰還したばかりの神功皇后が、応神天皇を出産した話とイメージが重なってくるではないか。大来皇女もまた、「神の子」だった。だからこそ、伊勢の斎宮に選ばれたのだろう。その弟である大津皇子と並んで、国の将来をゆだねる存在として嘱望《しょくぼう》されていたのである。

ところが、朱鳥《あかみとり》元年九月に天武天皇が亡くなり、鸕野讃良皇女（持統天皇）が称制《しょうせい》をしくと、姉弟の運命は一変した。十月には大津皇子の謀反が発覚し、大来皇女は十一月に伊勢から戻される。斎宮もこの前後に解任されたものと思われる。

幼いころの持統天皇は、姉である大田皇女に憧《あこが》れをいだいていただろう。自身よりも年長であって、「特別」な女人としてあつかわれる大田皇女に対抗しようなどとは、ゆめにも思わなかったにちがいない。しかし、同じ夫に嫁いだころから、その憧れは嫉妬心に変わっていったのではないだろうか。

姉の死後、嫉妬心は敵対心となって、その二人の遺児に注がれたのだろう。大来皇女は母の霊力を受けつぎ、大津皇子は天武天皇の後継者と見なされたからだ。

いわば、大田皇女と大来皇女は、古来の「妹《いも》の力」を継ぐ女人だった。持統天皇の敵対心は、この「妹の力」に向けられていたといってよい。

そこで彼女が歩んだ道は、みずからが神になることだった。つまり、「トヨの女王」の系譜を否定する新しい王権の確立である。まさに、女人でありながら、「武の王」をめざそうとしたともいえる。

そのためには、蘇我氏をめぐる歴史のみならず、これまでの神の系譜までを書きかえなくてはならなかった。そこで、藤原氏の関連氏族である中臣《なかとみ》氏に、神祇《じんぎ》のすべてが集中された。

「出雲神」を祀る数ある社《やしろ》のひとつにすぎなかった伊勢の社を、唯一無二、最重要の神宮とし、そこで祀られていた「男体の出雲神」の神を「女体《にょたい》の皇祖神《こうそしん》」の神にとりかえた。「天照大神《あまてらすおおみかみ》」の誕生である。

そして、「天照大神」のイメージと、女帝である自身のイメージとを重ねあわせた。持統天皇の和風諡号「高天原広野姫《たかまのはらひろぬひめ》」の「高天原」は、天皇みずからが神であることを物語っている。古来、「祟り神」を祀り鎮めてきた天皇は、このとき、祀られる側の存在となったのである。

では、どういうわけで、畿内にある住吉大社や石上神宮ではなく、東方はるか遠くにある伊勢神宮が選ばれたのか。

それは、ライバルの大来皇女がその斎宮をつとめていたからとしか考えられない。伊勢神宮を神祇改革の拠点にすることで、同時に、大来皇女と彼女の周辺にいる関係者たちを公職から一掃することができるからである。

ただ、大田皇女の娘である大来皇女の人気は、絶大なものがあったのだろう。それ以上の手出しをすることは、持統天皇といえどもできなかった。大来皇女の存在は、その後も持統天皇の胸のうちに暗い影となってありつづけた。目の上のたんこぶだったのである。

すっきりしない治世

天武天皇の殯《もがり》は、持統二年十一月に終わっている。ところが、その後もしばらく天皇は空位であった。三年四月には、草壁皇子が亡くなり、持統天皇が即位したとされるのは、四年正月である。すくなくとも一年以上、すったもんだがあったのだろう。持統天皇はすんなりと即位できたわけではなかった。

「持統」の漢風諡号は、そのほかの数多くある天皇の漢風諡号のなかでも「継体」と並び称されることが多い。「統を持《たも》つ」と「体を継《つ》ぐ」は、意味や言葉のなりたちがよく似ているため、あわせて「継体持統」と称し、代々継続する皇統を表現することもある。

「統」は、「多くの細い糸を一本にまとめた太い糸」の意である。また、最古の漢字辞典『説文解字《せつもんかいじ》』によると、「統は、紀である」という。皇紀の「紀」であり、日本書紀の「紀」であり、つまり、皇統が継がれたことの正統性をあらわしている。

いっぽうの「継体」の「体」も同じように、「多くの骨が集まって、ひとつにまとめられたもの」の意である。皇統とは、多くの勢力がひとつに集約される過程をあらわしたものともいえる。

ただ、代々継続してこその皇統である。わざわざ「継続した」ことを強調するこれらの諡号は、逆に奇妙な表現のように思われる。いうまでもないことを、なぜ、あえていわなければならないのか。

考えてみれば、継体天皇が誕生するまでには、長い紆余《うよ》曲折《きよくせつ》があった。結果として、応神天皇の子孫を連れてくることで落着したが、継体天皇自身も再三固辞していた。すんなり皇位継承したわけではなかったのである。それゆえ「体を継ぐ」という諡号は、やはりどこか皮肉めいている。

同じように、わざわざ「統を持つ」と称された天皇の即位も、すんなりなされたわけではなかったのではないだろうか。複数の皇位継承者がいて、それらを支持する氏族たちの争いをともなっての持統天皇即位ではなかったか。

さて、解任後の大来皇女の記録は、公式の史書のなかにはないが、彼女の行動をほのめかす内容は『万葉集』から、うかがうことができる。

「大津皇子を葛城二上山《ふたかみやま》に移し葬《ほうむ》るとき、大来皇女が哀傷《あいしょう》してつくられた歌二首

宇都曽見乃　人尓有吾哉　従明日者　二上山乎　弟世登吾将見。

（いまだ現世《うつせみ》の人であるわれは、明日からは、二上山を弟のいるあの世と見ればよいのか）」

哀切の情感あふれる名歌として知られるが、ここでの問題は、「大津皇子を葛城二上山

に移し葬る」の部分である。

かりにも大津皇子は、謀反の重罪を受けて死んだ人物である。通常の重罪人であれば、都から遠く離れた地にひそかに埋められたきり、その場所が明かされることもない。それが、二上山という古来の聖地に堂々と移葬《いそう》されたというのだから、「異例」というほかないのである。

なぜ、二上山への移葬が可能だったのかといえば、大来皇女の宗教的権威がいまだ失われていなかったからだろう。そして、この姉弟に同情する人たちが、現政権のなかにも多くいたということだろう。持統天皇はそれに代わる絶対的権威を得ていなかったために、大津皇子の移葬を阻止することができなかった。

すると、「持統四年正月に天皇が即位した」という記事も、ほんとうかどうかわからない。この即位の記事で、皇太子が立てられたという記述はないのである。その後、高市皇子が太政大臣《おおきまつりごとのまえつぎみ》に任じられ、「藤原の宮地《みやどころ》を観《みそなわ》す」という記事もある。新しい宮都となる地を視察するのは、天皇の特権事項のはずである。

そして高市皇子は、十年七月に亡くなったときに「後《のちの》皇《み》子尊《このみこと》」と称されている。それ

持統天皇と藤原不比等

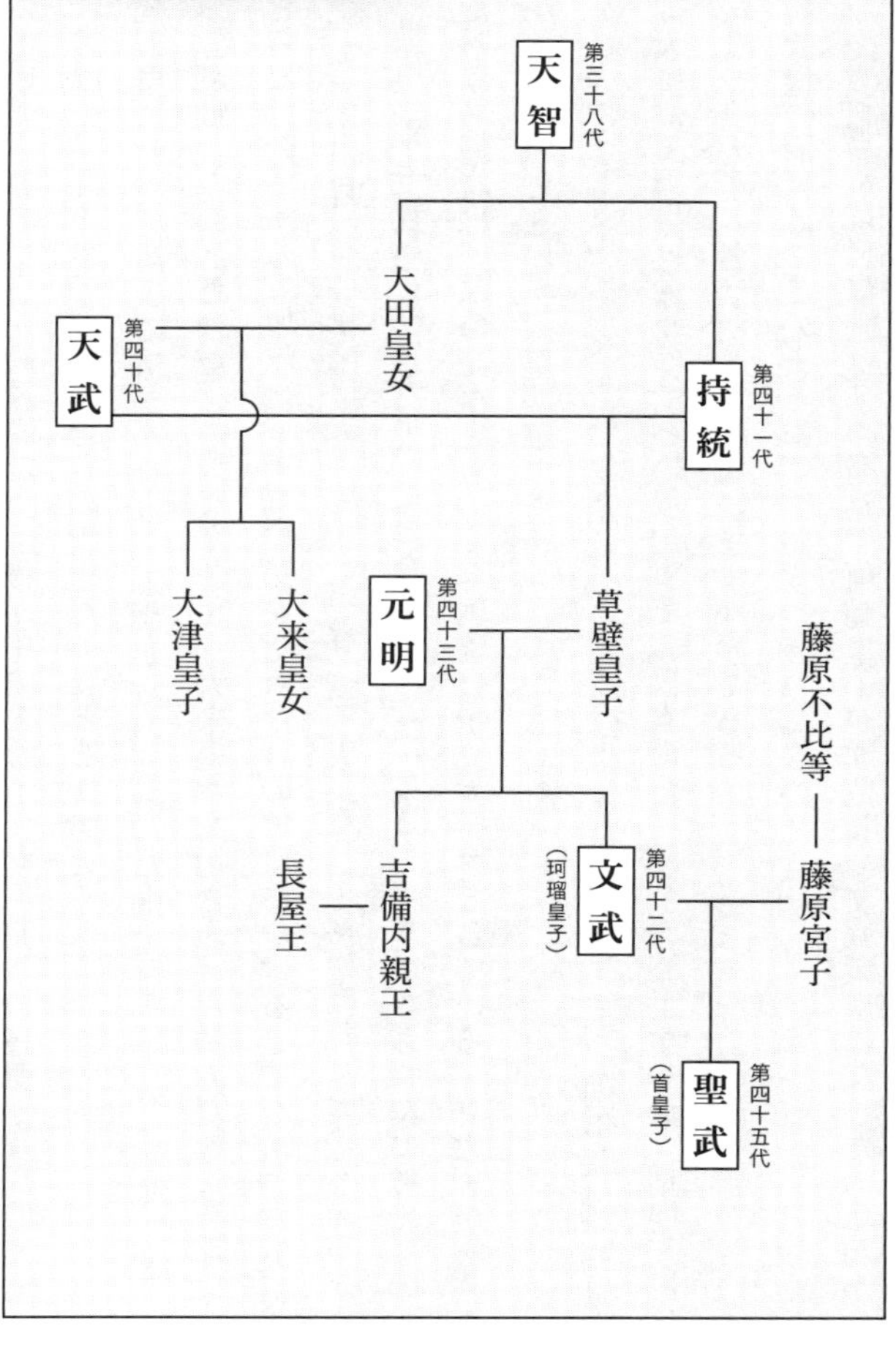
天智
第三十八代
大田皇女
天武
第四十代
持統
第四十一代
大津皇子
大来皇女
元明
第四十三代
草壁皇子
藤原不比等
長屋王
吉備内親王
（珂瑠皇子）
文武
第四十二代
藤原宮子
（首皇子）
聖武
第四十五代

までのあいだ、この皇子が政務をとり、彼が中心となって藤原京への遷都が実現したのだろう。もはや、高市皇子がそのときの天皇だったとしか考えられない。

持統天皇にとって最大の気がかりは、みずからの死後、草壁皇子の遺児（珂瑠皇子《かるのみこ》）に悪い影響がおよぶことだった。いつなんどき、大来皇女を担《かつ》ぎあげた勢力が起こらないともかぎらないのである。早々に、珂瑠皇子をそれなりの地位につける必要があった。

持統十一年正月に、「東宮大伝《みこのみやのおおきかしづき》」と「春宮大夫《みこのみやのつかさのかみ》」が任命されたという記事がある。「東宮」や「春宮」は皇太子のことだから、このとき、立太子があったと考えるのが普通だろう。通説は、この記事をもって「珂瑠皇子立太子」としている。立太子があったのだから、このときに「天皇即位」もあったのかもしれない。

しかし、『日本書紀』のなかに、その肝心の皇太子の名は出てこない。同年八月、「皇太子に禅天皇位（天皇位を譲る）」という記事で『日本書紀』は全巻終了するが、結局、最後の最後まで皇太子の名は明かされないままなのである。

持統天皇の治世は、このように、終始すっきりしない。

その後の記録から、草壁皇子の遺児、珂瑠皇子が即位して文武《もんむ》天皇になったのはわかるが、その時期は確定的とはいえないだろう。もし、確定的なのであれば、『日本書紀』の最後の一行は、「珂瑠皇子即位」で結ばれたにちがいないからだ。

天皇が死の前におこなったこと

持統天皇は譲位後も五年以上生きていた。そこから先の話は『続日本紀《しょくにほんぎ》』に引きつがれる。それによると、彼女は大宝《たいほう》二（七〇二）年十二月二十二日に亡くなるが、翌年の十二月に送られた諡号は「大倭根子天之広野日女尊《おおやまとねこあめのひろぬひめのみこと》」であった。ここに「高天原」の文字はない。つまり、「高天原……」の諡号は、その後になって追号されたものと考えられる。

持統天皇の神格化は、彼女の死後に完成されたのである。その仕事を実行したのは誰かといえば、藤原不比等をおいてほかにないだろう。

大宝年間に入ってからの藤原不比等の台頭はすさまじいものだった。その契機となったのは、やはり大宝元（七〇一）年十二月二十七日の条に、「この年、夫人《おおとじ》藤原氏、皇子を誕《たん》す」とあるように、娘の宮子《みやこ》が文武天皇の第一皇子を授かったことだろう。のちに聖武天皇となる首皇子《おびとのみこ》である。

同じ年の三月二十一日に昇進記事があるが、このとき、藤原不比等の上位には、多治比嶋《たじひのしま》、阿倍御主人《あべのみうし》がいて、同等に、石上麻呂《いそのかみのまろ》がいた。また、その後の八月三日の記事では、刑部親王《おさかべしんのう》らとともに携《たずさ》わっていた大宝律令《たいほうりつりよう》が完成したとある。そして、十二月二十七日の「この年、夫人藤原氏、皇子を誕す」の記事である。藤原不比等の地位がうなぎのぼりに上がっていくのがわかる。

ただ、疑問がないわけではない。まず、皇子誕生の記事は、十二月二十七日にあるが、「この年」とあるだけで、「この日に生まれた」とは書いていないのである。

それから、藤原宮子のことを天皇の「夫人《おおとじ》」としているが、「夫人」といえば、古代天皇の妻の序列では、ずっと下のほうである。文武天皇に「皇后」や「妃《みめ》」はいなかったのだろうか。もちろんいたはずである。彼らはどこへ行ってしまったのか。

藤原宮子が第一皇子を生んだことで、藤原氏が権力を得て、歴史の書きかえがおこなわれたと見るべきだろう。

そのため、当初は天武天皇の治世を称える目的で企画された「帝紀《ていき》」も、大きく方向転換し、持統天皇が孫への譲位を正当化するための『日本書紀』として後世に残されることることになった。おそらくは天武天皇で結ばれるはずだった正史に、持統天皇の巻が加えられることになったのだろう。

それにともない、内容も書きかえられた。究極の「武の王」として登場した天武天皇が、晩年、そのレガリア（王権の象徴物）であるはずの草薙剣《くさなぎのつるぎ》に祟られる。これでは、天武天皇が、ヤマトタケルと同様、神から見捨てられたことになってしまう。彼のすぐれた治世を貶《おとし》めるためのつくり話としか考えられない。

天皇の外戚《がいせき》となった藤原不比等は、体調がすでに思わしくなかっただろう持統天皇を動かして、みずから思うままの日本をつくりあげていく。

そうすると、持統天皇が病身をおして全国行脚《あんぎゃ》をした理由も見えてくる。彼女は、各地で天武天皇の鎮魂をおこないながら、新しい神祇の体制を浸透させようとしたのではないだろうか。

それは、藤原氏の関連氏族、中臣氏を中心とした祭祀の制度である。伊勢神宮と「天照大神」を頂点とし、中臣氏が代々その祭主を任じられ、「天照大神」のイメージと重なる持統天皇の神格化が進められていった。それは同時に、古代のおわりが告げられた瞬間でもあった。

そして、「この年、藤原不比等の娘が、文武天皇の第一皇子を生んだ」という記事が載せられた大宝元年十二月二十七日には、もうひとつの記事があった。

「大伯内親王《おおくのうちのみこ》、薨《こう》す（亡くなる）。天武天皇の皇女である」

天武天皇の皇女という「大伯内親王」とは、大来皇女である。なんと、持統天皇の曾孫が生まれたと記されたのと同じ日に、持統天皇の目の上のたんこぶだった女人が亡くなっていたのである。まだ四十歳になったばかりだった。

この二つの記事が同日におかれたことは、まったくの偶然なのだろうか。それとも、『続日本紀』の心ある執筆者が、後世の人のために、何かのサインを残そうとしたのだろうか。いずれにせよ、持統天皇の唯一の心残りが、天皇の死の一年前にとりのぞかれたのである。

大神神社から望む二上山

※本書は、関裕二の以下の既刊書を参照した。

『神社が語る　古代12氏族の正体』（祥伝社新書）
『信濃が語る　古代氏族と天皇――善光寺と諏訪大社の謎』（祥伝社新書）
『天皇名の暗号』（芸文社）
『「女帝」誕生の謎　古代史に見る女性天皇』（講談社）
『ヤマトタケルの正体』『壬申の乱の謎』『ヤマト王権と十大豪族の正体』（いずれも、ＰＨＰ文庫）
『新史論／書き替えられた古代史２　神武と応神「祟り王」の秘密』（小学館新書）
『伊勢神宮の暗号』『「天皇家」誕生の謎』（ともに、講談社＋α文庫）
『物部氏の正体』『蘇我氏の正体』（ともに、新潮文庫）
『「日本書紀」が隠し通した天皇の正体』（廣済堂文庫）
『天武天皇　隠された正体』（ワニ文庫）
『聖徳太子は蘇我入鹿である』（晋遊舎新書、ワニ文庫）

切りとり線

★読者のみなさまにお願い

この本をお読みになって、どんな感想をお持ちでしょうか。祥伝社のホームページから書評をお送りいただけたら、ありがたく存じます。今後の企画の参考にさせていただきます。また、次ページの原稿用紙を切り取り、左記まで郵送していただいても結構です。

お寄せいただいた書評は、ご了解のうえ新聞・雑誌などを通じて紹介させていただくこともあります。採用の場合は、特製図書カードを差しあげます。

なお、ご記入いただいたお名前、ご住所、ご連絡先等は、書評紹介の事前了解、謝礼のお届け以外の目的で利用することはありません。また、それらの情報を6カ月を越えて保管することもありません。

〒101-8701（お手紙は郵便番号だけで届きます）
祥伝社新書編集部
電話03（3265）2310
祥伝社ホームページ　http://www.shodensha.co.jp/bookreview/

★本書の購買動機（新聞名か雑誌名、あるいは○をつけてください）

＿＿＿新聞の広告を見て	＿＿＿誌の広告を見て	＿＿＿新聞の書評を見て	＿＿＿誌の書評を見て	書店で見かけて	知人のすすめで

★100字書評……天皇諡号が語る　古代史の真相

名前

住所

年齢

職業

関 裕二　せき・ゆうじ

1959年、千葉県生まれ。歴史作家。『聖徳太子は蘇我入鹿である』で衝撃デビューを果たしたのち、日本古代史を中心に、ユニークな視点から執筆活動を続けている。著書は、『神社が語る古代12氏族の正体』『信濃が語る古代氏族と天皇』『源氏と平家の誕生』(以上、祥伝社新書)、『古代史で読みとく 桃太郎伝説の謎』『古代史で読みとく かぐや姫の謎』(ともに祥伝社黄金文庫)、『新史論／書き替えられた古代史1〜5』など多数。

天皇《てんのう》諡号《しごう》が語《かた》る 古代史《こだいし》の真相《しんそう》

関《せき》 裕二《ゆうじ》 監修

2016年6月10日　初版第1刷発行
2016年7月10日　　　第2刷発行

発行者……………辻 浩明
発行所……………祥伝社しょうでんしゃ
〒101-8701　東京都千代田区神田神保町3-3
電話　03(3265)2081(販売部)
電話　03(3265)2310(編集部)
電話　03(3265)3622(業務部)
ホームページ　http://www.shodensha.co.jp/

装丁者……………盛川和洋
印刷所……………萩原印刷
製本所……………ナショナル製本

Printed in Japan　ISBN978-4-396-11469-5　C0221

〈祥伝社新書〉
古代史のベストセラー

316
古代道路の謎
奈良時代の巨大国家プロジェクト
巨大な道路はなぜ造られ、廃絶したのか？　文化庁文化財調査官が謎に迫る
文化庁文化財調査官
近江俊秀《おおみとしひで》

423
天皇はいつから天皇になったか？
天皇につけられた鳥の名前、天皇家の太陽神信仰など、古代天皇の本質に迫る
龍谷大学教授
平林章仁《あきひと》

326
謎の古代豪族　葛城氏《かつらぎ》
天皇家と並んだ大豪族は、なぜ歴史の闇に消えたのか？
平林章仁

370
神社が語る　古代12氏族の正体
神社がわかれば、古代史の謎が解ける！
歴史作家
関　裕二

415
信濃が語る　古代氏族と天皇
日本の古代史の真相を解く鍵が信濃にあった。善光寺と諏訪大社の謎
関　裕二